Couvertùres supérieure et inférieure
manquantes

LA SOCIÉTÉ FRANÇAISE

DU XVIᵉ SIÈCLE AU XXᵉ SIÈCLE

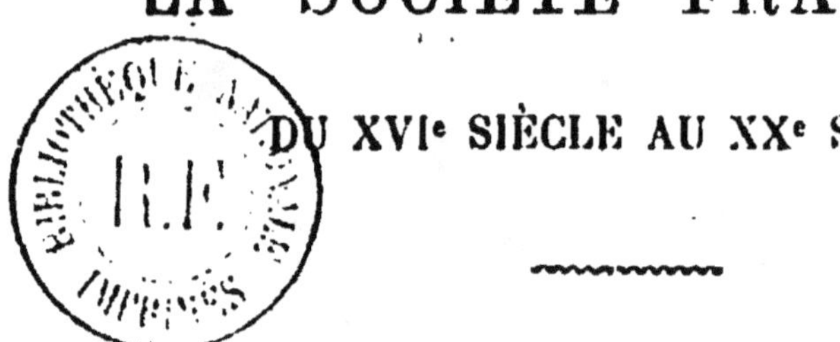

XVIᵉ ET XVIIᵉ SIÈCLES

OUVRAGES DU MÊME AUTEUR

Histoire de la Monarchie de Juillet, avec une Introduction sur le droit constitutionnel aux États-Unis, en Suisse, en Angleterre, en Belgique; 2 vol. in-8°. Calmann-Lévy, éditeur.
> *Couronné par l'Académie française.*

Les Causeurs de la Révolution, 1 vol. in-12. Calmann-Lévy.
> *Couronné par l'Académie française.*

Le Prince de Ligne et ses Contemporains, 1 vol. in-12. Calmann-Lévy.

Orateurs et Tribuns, 1 vol. in-12. Calmann-Lévy.

La Société française avant et après 1789, 1 vol. in-12. Calmann-Lévy.

La Comédie de société au XVIIIe siècle, 1 vol. in-12. Calmann-Lévy.

LA

SOCIÉTÉ FRANÇAISE

DU XVIe SIÈCLE AU XXe SIÈCLE

PAR

VICTOR DU BLED

~~~~~~~~~

XVIe ET XVIIe SIÈCLES

LA SOCIÉTÉ, LES FEMMES AU XVIe SIÈCLE

LE ROMAN DE L'ASTRÉE — LA COUR DE HENRI IV

L'HOTEL DE RAMBOUILLET — LES AMIS DU CARDINAL DE RICHELIEU

LA SOCIÉTÉ ET PORT-ROYAL

PARIS

LIBRAIRIE ACADÉMIQUE DIDIER

PERRIN ET Cie, LIBRAIRES-ÉDITEURS

35, quai des Grands-Augustins, 35

1900
~~~~~~~~~

A MONSIEUR STÉPHEN LIÉGEARD

AU POÈTE EXQUIS, A L'AMI PARFAIT, AU REPRÉSENTANT ACCOMPLI DE LA COURTOISIE FRANÇAISE

Son fidèle,

VICTOR DU BLED

PRÉFACE

Une histoire de la société française, c'est proprement une histoire des mœurs polies, de la grâce, de l'urbanité, des femmes et des hommes d'esprit, des salons et de la conversation, de l'amour mondain et de l'amitié : c'est la fleur même de cette civilisation dont les philosophes étudient la racine. Histoire intime en quelque sorte, inférieure au gré de quelques-uns, qui chemine modestement à côté de la grande histoire, la coudoie, la traverse souvent, comme ces chemins d'exploitation qui coupent les tranchées régulières dans nos forêts, comme ces gaves et ces rivières qui descendent dans les lacs. Histoire anecdotique, en portraits et tableaux, qui fait revivre, prend sur le vif les personnages d'antan avec leurs habitudes, défauts et qualités, les modes qu'ils lancent ou qu'ils suivent. Histoire intéressante à plus d'un titre, qui sort directement des mémoires, corrige, éclaire l'autre, dont les cadres ne semblent pas rigoureusement déterminés, car elle s'alimente aux sources les plus diverses, et la société, à l'instar de l'animal fabuleux, prend la couleur des époques où elle se baigne, des événements qui surgissent. Comme la pensée, elle s'emplit tour à tour de divin et d'humain, de sérieux et de frivole; comme l'abeille, elle fait son miel de toutes fleurs. Elle est, elle marche sans cesse, comme un organisme vivant, un perpétuel devenir. « Dieu existe-t-il? — Pas encore, répondait un jour Ernest Renan. » — La société française existe depuis le xvɪᵉ siècle.

Mais comment la définir? Il ne s'agit nullement de l'entendre en son sens le plus large, de la regarder comme la collection des êtres qui forment une nation, non plus comme un contrat d'association établi entre plusieurs personnes dans un but religieux, littéraire, artistique ou utilitaire. On dit : la société romaine, la société grecque, la société de Port-Royal, la Société de Jésus, une société en nom collectif. La société française est, si l'on veut, l'ensemble des personnes qui ont des loisirs, vont dans les mêmes endroits, s'habillent de la même façon, se recherchent dans le but de créer du bonheur ou des semblants de bonheur, de constituer une espèce d'assurance mutuelle contre les risques de l'ennui. Elle a mille points de rencontre, Paris, la cour sous l'ancien régime, les châteaux des grands seigneurs et des fermiers généraux, les villes de Parlement, tout endroit où le génie aimable d'une femme a su grouper quelques hommes distingués : comme place d'armes, les salons; comme foyer principal, la conversation parlée ou écrite, cette conversation française, si universelle, si généreuse, si profondément humaine; comme moyens, la comédie, le bal, les jeux d'esprit, la musique, la galanterie; comme passe-partout, la courtoisie, le désir de plaire. De savoir comment ces princes et ces personnages célèbres ont causé, pensé, aimé, comment ces favorites ont subjugué leurs maîtres, comment ces financiers ont dépensé leur argent, marié leurs filles aux ducs et pairs, comment les Mécènes ont protégé les arts, comment l'hôtel de Rambouillet a amélioré la morale et la langue, comment les gens d'esprit, les lettrés conquièrent droit de cité dans les salons de l'aristocratie, une telle curiosité n'a-t-elle pas sa raison suffisante? Les hommes d'État se montrent dans l'histoire officielle et solennelle tels qu'ils veulent paraître; dans l'histoire intime, grâce aux mémoires, auprès des femmes qu'ils aiment d'amitié amoureuse ou d'amitié sans épithète, ils déposent le harnais diplomatique, n'habitent plus les dehors de leurs âmes; on les surprend parfois en déshabillé moral, ils divulguent leur secret, ils veulent aussi leur part de bonheur, goûtent la volupté de la confiance et de la confidence. — «Vous ne m'aimez pas, disait Jean Jacques à un ami; vous ne m'avez jamais dit du bien de vous-même!» Ce n'est pas seulement des éloges de soi-même qu'un premier ministre fera devant son Égérie : il lui révélera ses projets les plus cachés, ses déceptions, ses espérances; celle-ci les

répétera à un intime, les rapportera dans son journal ; on les saura.

La société française a son domaine propre, mais
d'autres forces morales ou sociales empiètent sans
cesse sur elle et sont pénétrées aussi par elle : la
politique, l'art, la littérature. Plus tard j'essaierai
sans doute de déterminer leurs rapports, leur influence réciproque ; aujourd'hui je voudrais aller
au-devant de quelques objections.

De hauts et puissants esprits se sont élevés avec
force contre les salons, et, à vrai dire, cette querelle
n'est qu'une forme particulière de leur orgueil, ou
du scepticisme que leur inspirent l'esprit, le talent
des femmes. Les salons, opinent-ils, sont, resteront
toujours l'asile de la médiocrité, l'empire des oisifs,
la forteresse des amateurs en tout genre ; aucun
grand ouvrage n'en est jamais sorti. Et, puisqu'il
faut qu'une femme les dirige, regardez bien, vous
constaterez ceci : cette femme est veuve ou mariée à
un homme qui ne sait, ne veut, ne peut rien ; ou
bien l'homme a du talent, et le salon perd aussitôt
son caractère. Donc point d'influence politique, littéraire, scientifique. Le seul salon qui ait agi sur la
morale et la langue est l'hôtel de Rambouillet, et on
s'est moqué de lui ; en dehors de celui-là, il n'y a au
xvii siècle que la cour, et la cour n'est pas un salon.
Pendant le xviii siècle, leur prestige est infiniment
moindre qu'on n'a coutume de le croire ; les écrivains considérables ne font que les effleurer, ils

ne s'y fixent pas. Louis XV, ses ministres s'inquiètent-ils de ce que pensent les salons sur telle ou telle opération diplomatique?

Le paradoxe semble spécieux, il renferme une part de vérité, mais son absolutisme même donne largement prise aux objections. Et d'abord, qui peut préciser l'heure, le lieu où un homme de grand talent aura conçu l'œuvre maîtresse? Comment prouver sans réplique qu'elle n'est point sortie d'une causerie de salon aussi bien que d'une méditation solitaire? Qui sait de quels éléments subtils, impalpables, se forme ce chef-d'œuvre? La conversation est la grande école de l'esprit, observe Morellet, non seulement en ce sens qu'elle l'enrichit de connaissances qu'on aurait difficilement puisées dans d'autres sources, mais en le rendant plus vigoureux, plus pénétrant, plus profond. Et l'on sait la réponse du philosophe à cette question : « Un tel est donc très instruit? — Non, mais il a beaucoup dîné dans la bonne compagnie. »

Dût-elle servir seulement de modèle au romancier, au moraliste, à l'historien, cette société que vous malmenez si rudement n'aurait-elle point sa raison d'être? Ces oisifs aimables, ces lettrés de second ordre ne remplissent-ils pas une fonction utile, en faisant cette opinion publique qui eut, quoi qu'on dise, son principal siège au XVIIIe siècle dans les salons? Les *Maximes* de la Rochefoucauld, les *Caractères* de la Bruyère, les *Lettres* de Mme de

Sévigné, Saint-Simon, ne naissent-ils pas en droite ligne de ce monde qu'ils ont vu, observé, peint pour l'immortalité? Qui nous dit que Montesquieu, Voltaire, pour ne citer que ceux-là, ne lui doivent pas quelques-uns de leurs écrits? Niera-t-on du moins qu'ils aient aimé les salons presque autant que Fontenelle, qui écrivit pour les femmes la *Pluralité des mondes;* Fontenelle, qui une fois seulement sortit de chez lui pour ne pas dîner en ville, et c'était le jour de son enterrement? La *Correspondance* de Voltaire n'est-elle pas la merveille des conversations? Et quand un quasi-exil le força de vivre loin de Paris et de la cour, ne se console-t-il pas en causant à distance avec ses amis? N'a-t-il pas un salon, le sien, où il joue la comédie de société, un château où il accueille les gens d'esprit? Diderot fait les délices des salons d'Holbach et d'Épinay, fréquente chez Mme Necker, Jean-Jacques lui-même essaie de se former aux grâces chez Mme d'Houdetot. Quel aveu de sa part dans cette parole : « J'aimerais la société comme un autre, si je n'étais sûr de m'y montrer, non seulement à mon désavantage, mais tout autre que je ne suis ! »

Oui certes, derrière toute directrice d'un salon célèbre, il y a un homme, mari, amant, frère, ami intime, qui lui apporte le décor et la réalité du crédit, qu'elle domine parfois despotiquement : Fontenelle chez la marquise de Lambert, d'Alembert chez Mlle de Lespinasse, le duc Pasquier chez

Mme de Boigne, Guizot chez la princesse de Liéven ; mais c'est là une loi universelle et fatale, la loi d'ironie, la loi des influences occultes, et qui n'enlève nullement à un salon son caractère. Niera-t-on que les salons fournissent un aliment inépuisable à la littérature épistolaire ou fugitive, au roman, aux mémoires, au théâtre, à l'histoire, genres subalternes paraît-il, les seuls cependant qui, pendant longtemps, toujours peut-être, charmeront l'immense majorité des lecteurs ? Niera-t-on qu'en dehors des grands chefs-d'œuvre, il y ait ce qu'on peut appeler les petits chefs-d'œuvre, qui rentrent dans leur domaine ? Ne suffit-il pas de se demander ce que sont devenus les peuples qui n'ont point vu s'épanouir cette fleur suprême de civilisation, de constater que les salons ont exercé une sorte de magistrature du goût, de la politesse, décuplé la douceur de la vie, fait éclore les plus nobles amitiés ? Et c'est là un nouveau triomphe de l'esprit français, de cet esprit de sociabilité qui semble le génie propre de notre nation, comme le génie politique est celui de l'Angleterre, comme le génie philosophique et musical est celui de l'Allemagne, comme le génie de l'initiative appartient aux États-Unis, et le génie de l'absolutisme à la Russie, l'empire du silence ; de cet esprit de sociabilité, tour à tour cause et effet, qui a développé en nous le sens des idées générales, la faculté d'expansion, de propagande, cette puissance spéciale qui met en œuvre

les profonds sentiments, les nobles aspirations de
l'humanité, les traduit en actes, en droits, en lois;
de cet esprit de prosélytisme qui a commencé de se
manifester avec les Croisades, et d'où sortirent le
rayonnement de la civilisation au xviie siècle, la
philosophie au xviiie siècle, la Révolution; de cet
esprit enfin qui, longtemps, a fait de nous les frères
des peuples souffrants et opprimés, qui a suscité
d'incomparables prédicateurs, tant de grands orateurs, d'admirables diplomates, contribué à la clarté
sympathique de la langue, au charme de la conversation française. Comment ne pas se souvenir que
le prestige de la société française sur la société
étrangère, moins décisif aujourd'hui, demeura
tout-puissant pendant deux cents ans et plus; que
princes et seigneurs, dans toute l'Europe civilisée,
copiaient nos mœurs, nos modes, nos grâces, notre
urbanité, nos palais, l'étiquette de la cour, venaient
se mettre à l'école de nos rois et de nos femmes
d'esprit, recevaient des correspondances de Paris,
écrivaient eux-mêmes aux gens célèbres? On affecte
si souvent de dénigrer la France dans le passé et le
présent, qu'il n'est peut-être pas inutile de protester
en rappelant qu'elle est à l'avant-garde de l'univers
moral et intellectuel, que, seule peut-être, elle a
apporté aux autres peuples un peu de bonheur et
d'espérance, que sa gloire, parfois obscurcie, a de
foudroyantes résurrections, de magnifiques apothéoses.

L'influence des salons sur la littérature semble aussi avérée que l'influence de la littérature sur les salons. M. Brunetière a dit un jour que, depuis l'hôtel de Rambouillet jusqu'à Mme Récamier, l'histoire de la littérature pouvait se raconter par l'histoire des salons : la remarque a son prix sous la plume du profond critique et puissant orateur. Et il n'est pas moins vrai que les femmes, ayant en quelque sorte le monopole du goût, deviennent juges de la perfection de la langue, qu'elles ont forcé les auteurs à écrire clairement sur toutes sortes de sujets, banni de la causerie le pédantisme, la personnalité, la discussion violente, qui donneraient à leur cercle l'aspect d'une école ou d'une ménagerie. Qu'on ne vienne pas alléguer qu'il est impossible d'agiter, d'enfoncer les grandes questions dans les salons, parce que le bon goût cesse au point précis où l'originalité commence, et qu'il faut se contenter d'effleurer, de glisser sans appuyer. J'ai, dans ce même volume, indiqué quelle forte instruction reçurent les femmes des xvie et xviie siècles, qu'elles abordaient, discutaient toutes les questions, mariant la grâce à la force, exigeant de leurs alcôvistes une élégance ingénieuse, une érudition parfumée de courtoisie. Chez Mmes de Rambouillet, de Sablé, de Lafayette, de Sévigné, les sujets philosophiques, Descartes, sont en grand honneur, et, à défaut de la causerie politique interdite sous peine de Bastille ou pire encore, les problèmes religieux et littéraires, la querelle des Anciens et des Modernes, le jansénisme, le quiétisme, mettent en rumeur les beaux esprits. N'est-ce pas dans le cercle de la duchesse de Longueville que se prépare la Paix de l'Église de 1669? Et, dans les salons du XVIII⁰ siècle, n'entend-on pas des discussions à *faire tonner*? Dans cette cour de nos rois, cette cour qui est un salon, le plus grand de tous, un salon qui se partage en dix sociétés, qui a essaimé en quelque sorte, répandu l'esprit de sociabilité, fait la nation aimable à son image, les femmes jouent un rôle éminent : Anne de Bretagne, Diane de Poitiers, Marguerite de Navarre sœur de François I⁰ʳ, Mᵐᵉˢ de Montespan, de Maintenon, de Pompadour, Marie-Antoinette. L'Académie française réglait les décisions inconscientes prises dans les salons de la bonne compagnie. La Réforme en France s'accrédita par les femmes du XVI⁰ siècle, la Révolution a commencé par les salons du XVIII⁰ siècle, qui deviennent salons d'État, conspirent contre l'ancien régime par la conversation : l'un d'eux fut appelé l'œuf de l'Assemblée nationale. Traités en suspects par Napoléon I⁰ʳ, les salons reconquièrent leur influence politique sous la Restauration, ils l'ont perdue sans doute aujourd'hui, mais sans abdiquer le goût de ces grands problèmes de l'âme et de l'esprit que j'entends, que j'ai entendu débattre de la manière la plus brillante chez la marquise de Blocqueville, Mᵐᵉˢ Aubernon de Nerville, Louise Buloz, Charles Cartier, Gaston Pâris, Arman de Caillavet, Édouard Hervé, Gabrielle Fouquier, Fitch, Paul de Saint-Victor, Dieulafoy, de Marivault, Yung, Anisson du Perron, Barratin, Henri et Arthur Baignères, Denisane, Dorchain, Delzant, Stéphen Liégeard, Alexandre Singer, Edmond Adam, Foucaux, Émile Ollivier, Charles Hayem, Taine, comtesse de Beaussacq, vicomtesse de Janzé, comtesse de Chambrun, duchesse de Bellune, marquise de Brou, vicomtesse d'Avenel, princesse Jeanne Bonaparte, princesse Mathilde, MM. Édouard Pailleron, duc de Broglie, Camille Doucet, Antonin Lefèvre-Pontalis, Ernest Renan, etc.... Plusieurs de ces amies et de ces amis, hélas! ne sont plus.

En se multipliant à l'infini, les salons se sont démocratisés aussi et imprégnés d'exotisme ; ils ont perdu de leur prestige, de leur crédit, ou plutôt ce prestige, à force de s'éparpiller, semble se dissoudre, comme un flacon d'essence qui parfume une bouteille et devient presque insensible dans une pièce d'eau. Cependant le foyer existe toujours, il garde sa flamme, cette flamme qui ne saurait s'arrêter non plus que le feu des hauts-fourneaux, non plus que la civilisation elle-même dont la société polie est une sorte d'élixir. D'ailleurs, au-dessus des centaines de salons ou pseudo-salons parisiens où l'on donne des dîners et des fêtes, planent trente ou quarante réunions d'élite qui, maintenant encore, représentent la société française parfumée de beauté morale, de grandeur spirituelle. C'est dans l'une d'elles que l'on rapportait la jolie réponse de G. Sand à ce brillant causeur, qui, la rencontrant chez une amie, trahissait naïvement sa déception : « Vous venez ici pour travailler, monsieur; j'y viens pour me reposer. »

A cette même société française, à la royauté idéale de la femme, nous devons encore une chose d'un prix infini, le sentiment de la nuance.

La science du monde repose avant tout sur le sentiment de la nuance, sentiment très subtil, presque indéfinissable, fruit de la nature autant que de l'éducation, qui manquera toujours à certaines personnes, eussent-elles l'avantage de vivre dans la société la plus policée. Un tact consommé, fait de dons spontanés que perfectionne l'expérience, l'art de rendre à chacun, aux femmes, aux supérieurs, aux égaux, les égards qui leur sont dus, une conversation proportionnée au caractère, à l'esprit de ceux qu'on a devant soi, des silences variés qui, non moins que la parole, blâment ou admirent, nient ou acquiescent, ne sont-ce pas les bases fondamentales de cette science de la nuance qui, elle aussi, a sa tactique, sa stratégie, ses inspirations divines, apaise les amours-propres blessés, allume, entretient le feu céleste de l'amitié, gagne des batailles morales; science trop dédaignée aujourd'hui, très respectée, très répandue jadis? Un seul mot, une action indifférente suffisent à dénoncer son absence, un sourire, un geste révèlent l'adepte à l'initié. On peut avoir de l'esprit, du talent, du génie même, et ne rien comprendre aux nuances; elles sont les filles du goût, les compagnes de l'élégance, les consolatrices des délicats. Muses fidèles de la civilisation, gardiennes des rites sociaux, elles enseignent une sorte de langue sacrée, interdite aux profanes, doublent la puissance de séduction, parent de leurs suaves reflets tous les sentiments et l'amour lui-même, comme dans certaines journées d'automne, le soleil couchant enrichit de beautés nouvelles les forêts et la mer, la plaine et la montagne.

Dans un livre charmant, vrai livre de moraliste, où les raisonnements s'enchaînent les uns aux autres avec logique, précision et finesse, Charles Bigot a prononcé la défense, l'éloge de la sociabilité et du monde [1]. Il prouve à merveille par exemple que ce même monde nous fait nous oublier, augmente notre valeur d'esprit, et que par lui nous apprenons beaucoup, qu'il est très logique en se montrant plus sévère pour l'amour-passion que pour l'amour-caprice, car une coquette qui n'est que coquette sert la sociabilité, tandis qu'une passionnée l'exploite. La religion du monde, dit-il en substance, c'est la sociabilité; et cette religion a un culte, des rites précis, un cérémonial minutieux, une morale, une intolérance, comme les autres religions. On reproche au monde d'être ce qu'il n'est pas, ce

---

1. Charles Bigot : *la Société et le Monde*, Paris, 1895.

qu'il ne veut pas, ce qu'il ne peut être. Il n'a pour but ni l'amour, ni la famille, ni l'amitié, ni les services à rendre ; son unique but, c'est la sociabilité ; il réunit les hommes, il veut qu'ils trouvent plaisir à cette réunion, il a tout réglé en vue de ce plaisir, le reste ne le regarde pas. Mais, objectent encore les pessimistes, il est vain, superficiel, trop facile, trop accueillant, attache plus d'importance aux petites choses qu'aux grandes, met les qualités de l'esprit au-dessus des qualités du cœur. On peut répondre : le monde est médiocre parce que la majorité des hommes est médiocre. Un causeur aimable, un bon danseur, un musicien lui apportent plus d'agrément, lui rendent plus de services qu'un philosophe pédant, qu'un savant ennuyeux. Ni moral ni immoral, il est la vie, il suit son chemin, ne pense pas plus à ceux qui tombent qu'un commandant d'armée aux morts ou aux disparus. Les religions veulent faire des saints, les philosophies des sages, le monde n'en demande pas tant, il demande aux hommes de se plaire les uns aux autres. Qu'il ait une morale débile, soit ; et toutefois elle paraît souvent supérieure à celle qu'imposerait aux mondains leur propre conscience ; il rend des services à la moralité générale, en bloc ses jugements sont assez bons : il a fortifié le sentiment de l'honneur, le besoin d'être estimé. Inférieur par tant de côtés aux religions, aux philosophies, il reste par un point supérieur, car il n'accepte pas qu'on mutile la nature humaine, fût-ce pour la réformer, et mêle avec éclectisme les théories mystiques, puritaines, épicuriennes, stoïques, « Ce qui sauve l'humanité de l'éternelle maussaderie, c'est la frivolité, c'est la gaieté, c'est l'étourderie, c'est le sourire, c'est le plaisir. Alceste est toujours dans la logique et rarement dans le bon sens : aux Philintes le monde demeure redevable de sa paix relative ; aux Alcestes il doit les progrès moraux qui s'accomplissent insensiblement. » Les moralistes professent souvent une fausse conception du mérite ; le monde acclame celui-ci partout où un homme est quelqu'un et fait quelque chose. Il est égoïste, sans doute, et c'est pourquoi il dure. Une mise en commun de cent choses diverses destinées toutes à contribuer à l'agrément de tous, un pique-nique où chacun apporte son plat, qui l'esprit, qui le bon sens, l'entrain, l'élégance, la distinction, le nom, la fortune, le rang social, la beauté, le bonheur, ainsi peut-on le définir. Tout bien pesé, il s'est mis en travers des réformateurs, de ceux qui auraient fait de l'univers un lieu de bas plaisirs, comme de ceux qui l'auraient converti en un immense couvent ; « il a ainsi sauvé la santé intellectuelle et morale de l'humanité. » Et donc on pourrait discuter sur ce vers :

Le monde est un vaurien qui fait le délicat.

Ces raisons, d'autres encore, attestent l'importance d'une histoire de la société polie, prouvent qu'elle ne s'écrit point seulement avec des chansons, que la

futilité n'est pas la seule monnaie qui ait cours dans
le commerce avec les femmes. Cette histoire plonge
ses racines dans une foule de terrains, témoigne en
l'honneur de l'humanité et du progrès, démontre
une fois de plus la complexité des phénomènes, des
situations, des caractères : car l'on pourrait écrire
des volumes sur les contradictions des peuples et
des princes, des mœurs et des modes, comme Prou-
dhon en a écrit sur les contradictions économiques.
Ce XVIIe siècle, si grand par ses hommes d'État, ses
artistes, ses écrivains, ses généraux, ses prédicateurs, ses diplomates, ses magistrats, son unité monarchique, est aussi le siècle de la Brinvilliers et
du terrible drame des Poisons de 1679; les âmes les
plus suaves, les plus héroïques fleurissent à Port-
Royal, tandis qu'à la cour, cette cour si magnifique
de Louis XIV, de très grandes dames commettent
des crimes atroces. Où trouver un gouvernement
mieux cimenté, mieux ordonné, donnant une plus
forte sensation d'idéal et de grandeur? Des figures
plus nobles, plus sympathiques que celles de Pavillon, évêque d'Aleth, la marquise de Rambouillet,
Fénelon, la duchesse de Montmorency, la duchesse
de Liancourt, Vauban, Pascal? Et ce même gouvernement a conservé la torture, des émeutes éclatent
dans les provinces, la famine y sévit fréquemment;
la révocation de l'Édit de Nantes, la persécution de
Port-Royal entachent sa gloire; les prélats corrom-
pus, les femmes vicieuses, les courtisans prosternés

forment la contre-partie des êtres de pureté et de beauté morale, le mal paie la rançon du bien, comme il arrive pour chacun de nous, puisque, selon le mot de Mme de Montespan, « nous sommes à nous-mêmes, la plupart du temps, un grand monde, et nous parlons souvent dans notre âme, avec une populace nombreuse de passions, de désirs, de desseins, d'inclinations. »

On a écrit sur la société polie une foule d'ouvrages de détail, ingénieux, spirituels, pleins d'aperçus originaux; il n'existe aucun travail d'ensemble qui fasse revivre les hommes et les choses depuis le XVIe siècle, au moment où le monde et la cour commencent à se constituer, jusqu'à nos jours [1]. Je voudrais l'entreprendre, essayer de restituer les principales physionomies, de résumer les traits caractéristiques, laissant très souvent parler les contemporains, agir les personnages de la comédie. Pendant cinq ans, j'ai donné des conférences sur ce sujet, et le public parisien leur a fait le plus bienveillant accueil : ce sont ces conférences, plus ou moins augmentées, que je publierai successivement; beaucoup d'amis connus et inconnus m'ont fait l'honneur de me le demander, je les remercie sincèrement et les prie de m'accorder leur indulgence.

Après les études contenues dans ce volume, viendront : Les Nièces de Mazarin, les Couvents, les

---

1. Les très aimables livres du baron Imbert de Saint-Amand forment surtout une histoire de la Cour et des femmes de la Cour.

grandes dames de la Fronde, le Salon de Mlle de Scudéry, la Grande Mademoiselle, la Cour sous Louis XIV, la Vie mondaine et la conversation sous l'ancien régime, la Société d'après les sermons des Prédicateurs, les Amis de Mme de Sévigné, l'Académie française, le Cardinal de Retz et ses amies, Figures de Favorites, Courtisans et Favoris, la Princesse des Ursins, l'Amour platonique au xviie siècle, Modes et Costumes, les Médecins, la Comédie de société, Saint-Évremond et les libres penseurs, les Diplomates, les Grands séducteurs d'autrefois, les Comédiens et les Comédiennes du xviiie siècle, la Société et les sciences occultes, Amateurs et artistes, Magistrats, Fermiers généraux, l'Amour au xviiie siècle, les Femmes du xviiie siècle, les Salons du xviiie siècle, Mme de Tencin, la Marquise de Lambert, la Cour de Louis XV, la Cour de Louis XVI, les Hommes d'esprit à la fin du xviiie siècle, la Société de 1780 à 1793, la Société française devant le Tribunal révolutionnaire, la Société française pendant l'émigration, la Société sous le Directoire, la Cour de Napoléon Ier, les Danses anciennes dans les Salons, la Cour sous la Restauration, la Monarchie de Juillet et le Second Empire.

Puis sept ou huit chapitres sur les principaux salons du xixe siècle ; et enfin un volume sur les sociétés grecque, romaine, anglaise, américaine, allemande, russe, polonaise, suisse, italienne, espagnole. Il y a là, ce semble, de curieuses comparaisons à établir. Naturellement un certain nombre de ces études embrassent à la fois les quatre derniers siècles ; à propos de plusieurs d'entre elles, je reviendrai sur la société du xvi⁰ siècle, trop rapidement analysée dans ce premier volume.

Ainsi composé, le tableau demeurerait encore fort incomplet, mais il ne faut abuser ni du temps ni de la patience des lecteurs ; à ceux qui désireraient pousser plus avant le travail, les ouvrages cités au début de chaque chapitre offriront un assez vaste champ d'exploration.

Quinze ans d'études sur ces quatre derniers siècles m'ont encore conduit à cette conclusion que les salons du xix⁰ siècle demeurent, dans une certaine mesure, ce qu'ils étaient autrefois : des écoles de civilisation, où l'art de la causerie produit, grâce aux femmes, une charmante douceur de vivre, où la métaphysique du sentiment, la science de l'amour et de ses nuances infinies restent en somme la principale question, où la belle galanterie sert à voiler

Les bas amusements de ces sortes d'affaires.

Puisque, en effet, le monde ne saurait être un cloître ou un portique glacé, il importe grandement d'habiller avec élégance nos instincts, de trouver un compromis entre leur brutalité et l'ascétisme monacal. Ce sont les salons qui tirent encore le

meilleur parti de la nature humaine, en enseignant
la décence, la réserve, la politesse, la politique des
concessions gracieuses, en apprenant à mettre en
commun les qualités, belle humeur, bonne grâce,
besoin de plaire, à laisser chez soi la mélancolie,
les défauts contraires à la sociabilité : sans compter
que l'homme étant un être d'habitude, faire les
gestes de la vertu finit souvent par les inculquer
réellement ; ainsi les salons réalisent pour les
grandes personnes ce que l'éducation obtient des
enfants. « Je ne vois pas assez Dieu, disait une
femme, pour l'aimer au-dessus de toutes choses, et
je vois mon prochain beaucoup trop pour l'aimer
comme moi-même. » Les salons font ce miracle que,
tandis qu'on les habite, on veut avoir l'air d'aimer
son prochain comme soi-même ; ils produisent des
chefs-d'œuvre de réserve pareils à celui-ci. Un
grand seigneur fait remarquer à son fils qu'il est
en retard pour dîner ; celui-ci ne répond rien, et il
avait, au péril de sa vie, sauvé un homme qui se
noyait ; le lendemain, son père lui adresse des reproches de ce que les journaux aient parlé de l'incident ; le fils n'y était pour rien, et il continue de se
taire.

Mais, de même que la liberté, la science, les
voyages, le chemin de fer, le télégraphe, modifient
de plus en plus les conditions de la grande société
européenne, ces mêmes facteurs influent aussi sur
cette société restreinte qui s'appelle le monde poli.

La société d'autrefois avait ses vertus, ses maladies monarchiques, celle d'aujourd'hui a des vertus, des maladies républicaines ou démocratiques. On ne voyageait pas jadis, on vivait dans les châteaux, à Versailles, à Paris; une femme, disait-on, ne doit plus remuer ses os, à moins que d'être ambassadrice. Que de mondains maintenant passent leur hiver à Nice, Cannes, Alexandrie, en Algérie! Combien font le tour du monde, ou vont au cap Nord, à Constantinople, San Francisco, Tokio, comme jadis les belles marquises se rendaient à Spa ou à Forges ! De là sans doute un certain nivellement, une pénétration continuelle des diverses classes de la nation, une invasion cosmopolite qui déveloute les âmes, leur enlève la fleur de la grâce, mais qui présente aussi quelques avantages. La civilisation matérielle n'est pas seulement la *barbárie éclairée au gaz*, elle est aussi un agent de civilisation morale. Sans cesser d'admirer la royauté dans le passé, cette royauté qui a fait la France comme les abeilles font une ruche, il faut aimer la démocratie dans le présent, l'aimer malgré ses défaillances, ses orages, ses excès. Nous sommes un siècle de grands inquiets, un siècle écartelé à deux infinis, le siècle de la vitesse, de l'électricité matérielle et spirituelle : la soif inextinguible de l'inconnu nous brûle, nous oublions que le bonheur consiste aussi à désirer ce que l'on possède, qu'il est l'intérêt dans le calme. Nous agitons à la fois tous les problèmes,

poursuivons en même temps toutes les chimères, et
ne reposons plus sur l'oreiller si commode de l'unité
religieuse et monarchique. Mais cette angoisse,
cette ardente recherche ont leur coin de divinité :
les croyants sans temple eux-mêmes vivent, malgré
eux, à l'ombre de la religion, *du parfum d'un vase
brisé ;* ils entendent parfois monter du fond de la
mer le chant mystérieux des cloches de la ville
d'Ys, et, comme la petite mouette qui vole autour
de la vieille église perchée sur la falaise, leur âme
soucieuse, frissonnante, bat des ailes aux portes de
l'éternité. L'amour des humbles, des faibles, nous
hante de plus en plus ; le sentiment de la tolérance
et de la justice, de la solidarité, de la dignité, grandit ; nous cherchons avec courage la formule qui
conciliera la nécessité immanente de l'autorité et le
besoin sacré de la liberté, les droits du capital et
du travail, des peuples et de l'humanité. De très
nobles esprits, qui ont la piété avec ou sans la foi,
s'efforcent de développer une renaissance idéaliste,
de ramener vers les grandeurs de l'esprit une démocratie enivrée des « grandeurs de la chair, » trop
disposée à oublier que le matérialisme politique est
une doctrine de néant, qu'elle doit s'en dégager sous
peine de ne pas être, que la question sociale, sphinx
redoutable autour duquel rôdent tant de faux
Œdipes, est avant tout une question morale, qu'il
faut enfin regarder en haut pour voir clair en bas.
Et de plus en plus nombreux s'empressent leurs dis-

ciples, moisson des moissons de l'avenir, lorsque
ces penseurs, ces apôtres de l'infini élargissent les
sources du divin, enseignent que l'homme, *animal
religieux*, vaut en proportion de ce qu'il croit, que
l'amour de la patrie, du beau, du bien, le respect de
la famille, le désintéressement, l'esprit de sacrifice,
l'espérance de l'au delà, font partie d'un fonds commun, d'un patrimoine idéal qu'il importe de ne pas
laisser entamer, que l'univers n'est pas seulement
une usine et un phalanstère, mais aussi une église,
une âme et un poème. Tout bien pesé, pris en
masse, nous sommes plus heureux, nous valons un
peu mieux que nos aïeux, et, je l'espère, nos descendants seront plus heureux, vaudront un peu
mieux que nous.

VICTOR DU BLED.

PREMIÈRE CONFÉRENCE

LA SOCIÉTÉ AU XVIᵉ SIÈCLE, LES AMADIS

MESDAMES, MESSIEURS,

L'éloge de la société française n'est plus à faire. C'est presque un lieu commun de dire qu'elle a apporté une nouvelle grâce au monde, accru le nombre des monnaies idéales, augmenté le prestige de notre pays, devenu, par elle, celui où l'urbanité, la galanterie chevaleresque se sont le mieux fondues en une incomparable douceur de vivre. Fleur et fruit suprême de la civilisation dont elle est à la fois cause et effet, elle donne aux mœurs toute leur élégance, sert de refuge, de consolation à l'homme de travail aussi bien qu'à l'homme de loisir, rend la science plus aimable, met dans toute leur valeur l'esprit, la finesse, l'art de plaire, déifie la femme. Et sans doute ce dernier résultat déplaît à certains moralistes, ascètes de l'érudition, caractères absolus, géométriques, qui traduisent tout en formules, et trop souvent se contentent de maximer leurs pratiques, je n'ose dire leur misanthropie, de résumer en beau langage leurs déceptions ou leurs rancunes. Discuter leurs altières boutades, leurs paradoxes dogmatiques, semble chose vaine et stérile : on sait bien que cette influence de la femme, qui s'affirme surtout par l'intensité de la vie sociale, présente ses abus (quelle coutume, quelle institution n'a les siens ?), que le monde n'est pas à lui seul une école de morale, qu'il existe une fort grande différence entre l'homme vertueux et celui qu'on appelait au XVIIe siècle l'honnête homme ou l'homme de bonne compagnie, puisqu'un courtisan suppliait en ces termes une belle dame de *s'embarquer* avec lui : « Il ne tiendrait qu'à vous que je fusse le plus honnête homme du monde. » On sait qu'aussitôt qu'un certain nombre de personnes se réunissent, les sept péchés capitaux et leur innombrable postérité ne tardent pas à se glisser parmi elles. Mais examinez attentivement le passé, étudiez les classes qui ne font point partie de la société, vous constaterez que ces fameux péchés y règnent non moins hautement, avec la brutalité en plus. Et puis, dans ce monde brillant des trois derniers siècles, dans le monde contemporain, nous rencontrons une foule d'êtres exquis, que j'ose nommer des arguments spécieux pour l'immortalité de l'âme, qui satisfont en même temps le devoir et la société, les amis et la famille. Combien de femmes aujourd'hui demeurent irréprochables, sans ostentation, sans fracas, parfaits ministres de l'intérieur le matin, apôtres modestes et persévérants de la charité, comme en témoigne ce livre d'or des bonnes œuvres parisiennes dont la seule énumération remplit un gros volume, femmes du monde le soir, très admirées et adorées, tenant dans leurs salons le sceptre de la conversation ! Seulement, le bien ne fait pas de bruit ; le mal, au contraire, en fait beaucoup, et la plupart des critiques ramènent l'univers à leur petit horizon, jugent l'humanité d'après quinze personnes ou quelques volumes de mémoires satiriques.

Enfin, les auteurs dont le talent ne va pas au delà de l'esprit et de l'agrément, un Melin de Saint-Gelais, un Voiture, un Boufflers, n'avaient certes pas l'étincelle divine, mais les œuvres des grands écrivains qui ont aimé le monde ou l'ont fréquenté respirent un parfum spécial, un charme subtil qui est au génie ce que la grâce est à la beauté [1].

La vie de société en France présente ce premier caractère qu'elle a été surtout l'épanouissement de la vie de cour. Pendant tout le moyen âge, il n'y eut ni société ni cour dignes de ce nom : l'une et l'autre prennent naissance au XVIᵉ siècle avec les Valois, grands amis des femmes, des arts et des fêtes. Rien de pareil sous saint Louis et ses successeurs, bien qu'on trouve dans les mémoires du sire de Joinville le premier exemple de conversation générale à table dont

---

1. Pour cette première causerie, et en dehors des Mémoires, des auteurs du temps, qu'on ne saurait trop étudier, j'ai surtout consulté les excellents ouvrages de : MM. Édouard Bourciez, *Les Mœurs polies et la littérature de cour sous Henri II* ; — De Cruc de Stoutz, *La Cour de France au XVIᵉ siècle* ; — Albert Desjardins, *Les Sentiments moraux au XVIᵉ siècle* ; — R. de Maulde, *Les Femmes de la Renaissance* ; — Saint-Marc Girardin, *Cours de littérature dramatique*. — Voir aussi : Sainte-Beuve, *Causeries du lundi* ; — Lecoy de la Marche, *Le Roi René*, 2 vol. ; — *Brantôme, sa vie et ses écrits*, par Ludovic Lalanne ; — de Lescure, *Les Amours de François Iᵉʳ* ; — de Ribes, *La Société provençale au moyen âge, Une famille au XVIᵉ siècle* ; — René Doumic, *Brantôme et l'honnête galanterie* ; — Edmond Bonnafé, *Les Livres de civilité* ; — Gebhart, *Rabelais, la Renaissance et la Réforme* ; — E. Müntz, *La Renaissance* ; — Burckhardt, *La Civilisation en Italie au temps de la Renaissance*, 2 vol. ; — Mary Darmesteter, *Froissart*, 1 vol. Hachette ; — Jean Bouchet,

l'histoire fasse mention depuis les banquets des Grecs et des Romains. Sans doute pourrait-on, même dans le nord et le centre de la France, citer quelques princes, grands feudataires qui, pour eux ou plutôt pour leurs dames, favorisent les beaux entretiens, les jeux d'esprit, les récits des trouvères. Sans doute les comtes de Provence et de Toulouse ont une manière de cour, où chevaliers, dames et troubadours viennent rivaliser de vaillance, beauté et poésie dans les tournois ou les joutes pacifiques pour le prix du gai savoir.

Il faut encore faire une exception pour la cour d'Isabeau de Bavière sous Charles VI, pour Gaston Phébus, comte de Foix, vicomte souverain du Béarn, auquel Froissart, ce reporter de génie, comme l'appelle Mme Darmesteter dans sa belle étude, rendit visite en 1388 ; « un seigneur moult imaginatif, toujours prêt à soupçonner le mal et à le punir, quelquefois même punissant le bien, »

Épistres morales et familières du traverseur, Paris, 1545; — de Nolhac, *Érasme;* — Antoine Méray, *La Vie au temps des Trouvères*, 1 vol.; *La vie au temps des libres prêcheurs*, 2 vol.; — Préface de l'Heptaméron, par Anatole France, édition Lemerre; — L. Feugère, *Œuvres choisies* d'Estienne Pasquier; *Caractères et portraits littéraires du XVIe siècle;* — Hector de la Ferrière, *Les grandes chasses au XVIe siècle; Trois amoureuses au XVIe siècle; Amour mondain, amour mystique; Marguerite d'Angoulême: Une véritable abbesse de Jouarre; Les Projets de mariage de la reine Élisabeth; Lettres de Catherine de Médicis; La Saint-Barthélemy;* — Comte Jules Delaborde, *Éléonore de Roye, princesse de Condé;*—Forneron, *Les ducs de Guise et leur époque;*—Henri Baudrillart, *Gentilshommes ruraux de la France;* — Abel Lefranc, *Marguerite de Navarre et le platonisme de la Renaissance;* — Marquis de Belleval, *Les fils de Henri II: la Cour, la ville et la société de leur temps;* — Dupré Lasale, *Michel de l'Hospital*, 2 vol., 1899. — Consulter encore une pénétrante étude de M. Gaston Pâris et les récents travaux de V. Crescini, Rowbotham, Albert Aubert, Pio Rajna, E. Trojil, sur les Cours d'amour.

tuant son propre fils, ce qui ne diminue nullement l'admiration du bon chroniqueur, au demeurant le meilleur prince du monde, menant une vie royale et décadente, faisant de la nuit le jour et, pour son bon plaisir, dérangeant la vie naturelle de sa ville d'Orthez. Sa cour d'ailleurs est une oasis de paix au milieu des guerres et des schismes de la fin du siècle; rondeaux, virelais, scènes de comédie, tours d'acrobates, poèmes de quelque jongleur de passage, coupent les longs repas, « en toutes ménestrandies prenait grand ébattement, » surtout les ballets masqués, ces *étranges entremets,* intermèdes de chants et de danses. Le repas dépêché, le comte retourne aux galeries, aux *loges* d'Orthez construites contre le donjon, et s'y promène longuement, causant «moult doucement et amoureusement. » Les chevaliers qui ne logent pas au château reviennent dans la nuit, dure corvée !

> L'aller de nuit, qui trop me fait dolent.

Si veut Phébus, si veulent les courtisans. On cause, au petit matin on fait la lecture à haute voix, c'est Froissart qui donne au prince la primeur de son roman en vers de *Méliador;* et de constater avec délices que pendant ce déduit personne ne doit ouvrir la bouche. A la fin le comte tend à l'auteur la coupe où il vient de tremper ses lèvres, cause avec lui en beau et bon français, les compliments, plus ou moins sincères, bourdonnent; le vin circule une dernière fois, et les chevaliers ivres de sommeil peuvent cette fois dormir sans crainte, à moins que la chasse ne les appelle; car il y a seize cents chiens dans les chenils, et cette meute souveraine ne demeure pas inactive.

On entrevoit aussi une lueur de vie sociale dans

les Cours d'amour, ces prétendus tribunaux qui furent plutôt des réunions où l'on discutait gaiement des questions de casuistique sentimentale, comme dans le salon de Mlle de Scudéry on s'amusait à tracer un jour la carte du Pays de Tendre; où l'on débattait des requêtes semblables à celle d'un amoureux qui conclut que sa dame soit condamnée à détruire une cage où reposait une caille qui criait incessamment quand elle voyait le dict amoureux à l'huys de sa dame. On en vint à formuler un code de tendresse dont le premier article est celui-ci : l'obligation de mariage n'est pas une cause légitime contre l'amour. La belle comtesse de Narbonne, Ermengarde (1143-1197), tant admirée des rois et des poètes, décide dans un arrêt que l'époux divorcé peut redevenir l'amant de sa femme mariée à un autre. Éléonore de Guyenne prononce que le véritable amour ne saurait exister entre époux; elle permet aussi de prendre pour quelque temps une autre amante, afin d'éprouver la première.

La croisade des Albigeois ruina cette culture provençale; mais les arrêts d'amour, réimprimés cinquante-deux fois, demeurent en plein XVIe siècle un bréviaire de politesse ingénieuse, de galanterie raffinée, et comme une protestation permanente, au nom de l'idéal chevaleresque, contre la satire brutale des fabliaux, cette littérature boulevardière du moyen âge, contre les mœurs grossières de l'époque où ils furent rendus.

Jusqu'au XVIe siècle, la femme vivra donc presque aussi cloîtrée dans son château que dans un couvent; la vie féodale bat son plein, les communications sont difficiles, les guerres continuelles, les routes si peu sûres qu'une dame écrit au roi de France qu'elle n'ose se mettre en campagne de peur d'être volée ou maltraitée dans son honneur. Elle voyage à cheval, quelquefois en litière, et point du tout en carrosse, le *charlot branlant pour dames,* comme on disait, qui ne commence à entrer dans les habitudes que sous le règne de Henri II. De loin en loin elle figure dans les tournois, pour jeter, du haut d'une loge solitaire, le prix du combat à son champion : et l'on peut douter s'il faut compter comme un privilège enviable le droit que lui confèrent certaines coutumes, de battre son mari une fois l'an, le troisième jour après Pâques. Le respect pour elle est aussi plus verbal que réel dans un monde qui a le culte de la force et des grands coups d'épée, qui se souvient trop des malédictions de certains casuistes contre un sexe qui ne craint pas de mettre sur sa tête des *cheveux morts,* des cheveux de personnes qui sont peut-être dans l'enfer ou le purgatoire; dans un monde qui soutiendrait volontiers avec ces mêmes casuistes que le Christ n'est point mort pour un sexe qui a perdu le paradis. Bref, aucune des conditions de la vie sociale n'existe encore : état fortement constitué, possédant un centre, un foyer propre à attirer et retenir l'élite de la nation, culture intellectuelle assez intense, influence de la femme.

Mais voici poindre le xvie siècle, et avec lui un changement de tableau. Charles le Téméraire, le dernier des grands feudataires, est écrasé, et la noblesse commence à se transformer en aristocratie de cour; hommes et châteaux quittent le costume de guerre, le chevalier devient un cavalier et le tournoi un carrousel. Nos rois s'engagent dans des guerres de magnificence ; nos armées descendent en Italie, celle-ci nous apporte le génie artistique et littéraire de la Renaissance, la métaphysique de l'amour, et aussi, hélas ! ses vices élégants qui se propagèrent comme une pestilence. On sait comment nos soldats et nos capitaines furent reçus dans ce pays : Armide ne mit pas plus d'art et de coquetterie pour charmer Renaud que la ville de Gênes pour fêter Louis XII et ses chevaliers :« Grands et petits faisaient la vie aux anges, » dit un écrivain du temps. Parmi ces belles Génoises, il y en avait une, Thomassine Spinola, gracieuse, éloquente entre toutes, « si bien qu'il n'y avait homme si grand, si beau ou si riche qu'il fût, qui la voyant ou l'entendant, ne désirât être aimé d'elle. « Elle aima Louis XII et lui demanda d'être son *intendio.* L'intendio italien était ce que les chevaliers appelaient la dame de leurs pensées. Louis XII lui octroya ce don, et « souvent devisèrent ensemble de plusieurs choses, par honneur, » et la belle Spinola en fut si fière qu'elle mit tout autre homme en oubli, même son mari, qu'elle ne regarda plus que comme son frère, « ne voulant être la bienvenue que du roi seulement. » Tout d'abord les dames de France, et en particulier Anne de Bretagne, qui tenait sévèrement son mari et sa cour, virent d'assez mauvais œil ces *sœurs d'alliance,* si belles et séduisantes; mais peu à peu elles s'habituèrent à cette métaphysique amoureuse, et commencèrent de l'employer à leur usage ; les dames des pensées devinrent des *intendio,* et c'est sous ce nom que Marot déclarait sa passion à la sœur de François Ier, Marguerite de Valois : sans doute servait-il à abriter des commerces beaucoup moins platoniques que celui de Thomassine Spinola et de Louis XII.

Donc, au XVIe siècle, il n'y a plus qu'un maître dans

l'État : le roi. La résidence royale devient le foyer rayon-
nant auprès duquel les meilleurs viennent se réchauf-
fer ; les femmes ne sont plus frappées d'ostracisme,
Anne de Bretagne, François Iᵉʳ et ses successeurs les
attirent à la cour, où, jalouses de mériter leur prestige, d'accroître leur crédit, de gouverner ceux qui com-
mandent, elles mettent au service de leur beauté ces im-
mortels et sûrs auxiliaires, l'esprit, la religion, la science
et l'art. François Iᵉʳ, « considérant que toute la décora-
tion d'une cour estait des dames, l'en voulut peupler plus
que de la coustume ancienne. » La Réforme éclate, fille
de la Renaissance : une incroyable curiosité s'empare
des intelligences, princes et bourgeois, capitaines et
grandes dames espèrent découvrir des terres nouvelles
dans l'univers de la pensée, comme Christophe Colomb
et ses émules ont reculé les bornes de l'activité humaine
en lui offrant le nouveau monde. On commence à faire
moins de cas des fous et des bouffons, à apprécier les
propos spirituels d'un duc de Nemours, d'un vidame de
Chartres ; *dire le mot* devient un mérite aux yeux de la
noblesse. Et n'est-ce pas un signe caractéristique de voir
François Iᵉʳ, fondateur du Collège de France, recevant
à sa table Guillaume Budé, achetant à prix d'or les
éloges ou même le silence de l'Arétin ? N'est-ce pas
étonnant qu'il ait osé briser le moule étroit du moyen
âge, lui, le roi très chrétien, qu'il se soit en même temps
allié avec le pape, le roi schismatique d'Angleterre, les
princes allemands protecteurs de la Réforme et le Grand
Turc, pour tenir tête à Charles-Quint ?

Cette société naissante a tous les charmes, les impé-
tuosités et les inconséquences de la jeunesse ; elle se
rue joyeusement dans les exercices du corps et de

l'esprit; rien ne lui manque que le goût et la mesure. C'est une cohue de sentiments, d'idées et d'actions qui se heurtent et se contredisent, sans lien, sans logique, au gré de la folle du logis ; on dirait parfois d'un dieu ivre qui dans son sommeil crée tout ce qu'il rêve. A chaque pas se pressent des caractères originaux, indépendants, des courages indomptables qui portent au paroxysme la hardiesse des conceptions, la puissance d'enthousiasme, l'énergie des croyances. En étudiant les mémoires, les historiens du xvie siècle, vous éprouvez la sensation que donne Rabelais, ce génie désordonné et magnifique, brutal et sublime, qui représente son époque jusque dans les moelles. La fameuse description de l'abbaye mondaine de Thélème ne traduit-elle pas à merveille les aspirations contemporaines, n'est-elle pas l'image saisissante de la vie de cour au milieu du xvie siècle? L'architecture du monastère est celle d'un château d'alors, les costumes des grandes dames, « cottes de satin ou de damas, robes de toiles d'or à frisure d'argent, diamants, saphirs, perles indiques enroulés dans leurs chevelures blondes ou retombant sur les collerettes de dentelle, les cavaliers en pourpoint, l'épée au côté, la toque noire étincelante de pierreries et surmontée d'une plume blanche, » sont copiés sur ceux de la cour. Divertissements variés à l'infini, lances rompues dans les lices attenantes à l'abbaye, tir à l'arbalète, chasse au faucon, librairie immense où l'on trouve tous les livres grecs, latins, hébreux, français, italiens, espagnols, imprimés depuis quatre-vingts ans, bals et mascarades, tout ici est comme un portrait idéalisé par la puissante imagination de l'auteur.

On peut douter, par exemple, que la réalité s'accordât avec l'idéal, lorsque, terminant le tableau de cette société nonpareille d'épicuriens savants et vertueux, Rabelais ajoute : « Et leur règle n'estait que cette clause : fay ce que vouldras. Parce que gents libres, bien nays, bien instruits, conversants en compagnies honnestes, ont par nature ung instinct et aguillon qui toujours les poulse et faicts vertueux et retire du vice : lequel ils nommaient honneur. » D'ailleurs les disparates, les faiblesses de cette société ne manquent pas d'indigner les puritains d'austérité, de déconcerter les mécontents [1]. Qu'une Jeanne d'Albret écrive à son fils que ce ne sont pas les hommes à la cour qui prient les femmes, mais les femmes qui prient les hommes; qu'Agrippa d'Aubigné la compare à Sodome et Gomorrhe; qu'un ambassadeur toscan ose dire à Henri III de ne pas craindre la peste, « parce que la cour est une plus forte peste, sur laquelle l'autre ne peut mordre; » que la conversation et la correspondance des plus hauts personnages fourmillent de mots repoussants, de révélations étranges; que le courtisan, cette véridique image du prince, s'empresse d'imiter ses errements; qu'on ait ou non trouvé six mille lettres d'amour dans les papiers de Bassompierre, tout ceci n'a pas de quoi nous surprendre infiniment. Qu'un jour d'ennui, sept ou huit jeunes gens, la fleur de la noblesse française, s'avisent, en guise de passe-temps, d'aller lorgner, à travers une porte mal jointe, ce qui se passe dans la chambre des

---

1. À Urbin, la duchesse mère, une des reines du platonisme, le lendemain du mariage de son fils, entre dans la chambre nuptiale et adresse cette question à sa bru : « Eh bien, ma fille, est-ce une belle chose de dormir avec les hommes? »

filles d'honneur [1]; qu'un autre gentilhomme, en plein cercle de la reine, glisse entre la robe et la jupe d'une demoiselle d'honneur « une balle bellinière, » afin de s'amuser de sa confusion et des rires de la compagnie : de telles manières, certes, sentent plutôt la basse-cour que la cour. Et l'on sait quelles équipées Brantôme prête aux *honnestes grandes dames* de son temps; même en rabattant des trois quarts, leur dossier semble encore assez chargé.... Mais, à tout prendre, la cour de François Ier, de Henri II, vaut, pour les mœurs, celle d'Anne d'Autriche, de Charles II d'Angleterre, de Louis XIV. Sans doute, un voile de décorum, de bienséance a de grands avantages, puisqu'il permet de juger le passé avec l'optimisme des vieillards, et justifie le mot de la Bruyère : « la politesse n'inspire pas toujours la bonté, l'équité, la complaisance, la gratitude; elle en donne du moins les apparences et fait paraître l'homme au dehors comme il devrait être intérieurement. »

Le fond est sensiblement le même : Mme de Montespan, Mlle de Fontange, font vis-à-vis à Diane de Poitiers, à Mme d'Étampes; les désordres de Mme d'Olonne, de Mme de Chevreuse, ne le cèdent en rien à ceux de Mme de Crussol, de Mlle de Limeuil; Louis XIV risque même ce que n'osèrent pas les Valois : il légitime ses enfants adultérins, les déclare capables de lui succéder. Aux brutalités de certains seigneurs du xvie siècle, il conviendrait de comparer celle d'un Lauzun, qui, à la cour, par vengeance, écrase de son pied la main de la

_____

1. Voir dans Brantôme, ce cynique sans vergogne, le reste de l'anecdote, t. IX.

princesse de Monaco ; les crudités d'expression ne font pas peur aux dames du xviiᵉ siècle, et ce n'est guère que dans la société de la marquise de Rambouillet qu'on se sert de cette périphrase : « le front chargé d'un sombre nuage, » pour les maris minotaurisés. Le tour de la « balle bellinière » a pour pendant celui qu'on joue à Mˡˡᵉ de la Fayette devant Anne d'Autriche, en versant du jus d'orange sous sa chaise.

Le parallèle pourrait se continuer longtemps ; je me contente d'ajouter ce trait commun aux deux époques : beaucoup d'hommes se vantent de leurs bonnes fortunes, reçoivent sans scrupule de l'argent de celles qui les aiment, et ne croient pas que battre les femmes soit le fait d'un manant.

Au xviiiᵉ siècle, le comte de Tilly admet une distinction : Frapper sa maîtresse, rien de mieux ; sa femme, jamais. Montaigne constate tristement cette fâcheuse coutume : « De mon temps, le plaisir d'en conter (plaisir qui ne cède guère en douceur à celui même de l'effet) n'était permis qu'à ceux qui avaient quelque ami fidèle et unique ; à présent, les entretiens ordinaires des assemblées et des tables, ce sont les vanteries des faveurs reçues et de la libéralité secrète des dames. Vraiment, c'est trop d'abjection et de bassesse de cœur de laisser ainsi fièrement persécuter, pétrir et fourrager ces tendres mignardes douceurs à des personnes ingrates, indiscrètes et volages ¹. » Que d'imita-

---

1. Beaucoup méritaient cette jolie leçon de modestie donnée par une femme à son mari qui, dans un grand dîner, se targuait cyniquement de ses bonnes fortunes : « Vous êtes bien heureux, Monsieur, d'avoir mystifié tant de maris ; pour moi, je n'ai jamais pu en tromper qu'un seul »

teurs et de précurseurs n'a-t-il pas eus, ce grand seigneur qui, vainqueur enfin des scrupules d'une belle dame, le matin venu, se montre inquiet, agité, et comme celle-ci s'étonne : « Ah! s'écrie-t-il naïvement, c'est que je voudrais déjà être levé pour l'aller dire à tout le monde! »

Le même Brantôme qui raconte par le menu, amplifie les histoires galantes, proclame la cour « vray paradis du monde et escolle de toute honnêteté, de vertu, l'ornement de la France, » ajoutant qu'on rencontre là plus qu'ailleurs filles et femmes chastes, « ce que l'on doit fort priser, pour être bien à preuve. » J'imagine aussi qu'il y a quelque part une balance mystique où, sur un plateau, s'entassent les scandales de la force, les violations du droit, les injures à la morale ; sur l'autre plateau, les bonnes actions silencieuses, les infortunes supportées vaillamment, les héroïsmes obscurs, les prières, les espérances idéales, le travail intellectuel et physique de chaque peuple, que celui-là seul qui tient cette balance de précision sait peser, empêcher que des faux poids ne se glissent, et qu'en fin de compte, le second plateau l'emporte sur le premier. Et puis quelque disciple de Saint-Évremond pourrait bien répondre aux prophètes de malheur que la cour a charge de faire éclore la poésie, l'élégance, les arts, non de cultiver la morale ; que l'amour doit peut-être réparer les fautes commises contre le mariage par le despotisme de parents trop intéressés, par la fatalité des unions politiques ; que chaque siècle a eu ses Jérémies, auxquels manquait tout d'abord l'esprit de sérénité et de comparaison, et que les peuples ont continué à se bien porter, en dépit des imprécations de ceux-ci, des ironies amères de ceux-là.

Ainsi, cette société du XVIe siècle nous apparaît pétrie de contrastes et d'antithèses, chevaleresque et grossière, tantôt raffinée, tantôt rude dans son langage et ses actions, étourdie, superstitieuse, intolérante (Henri II et Diane de Poitiers vont ensemble voir brûler des sorciers et des hérétiques), ardemment éprise du beau littéraire et artistique, amoureuse de la guerre et de toutes les images de la guerre. Du respect de la vie humaine peu lui chaut. Qu'un homme ait sur la conscience « *quelque petite jeunesse de meurtre,* » qu'importe, pourvu qu'il l'ait exécuté avec audace et succès, comme il convient à « un habile et sage mondain. » Voilà la morale de Brantôme qui approuve plus nettement encore le meurtre par vengeance, et la plupart de ces beaux seigneurs ne pensent pas autrement. Quant à ces mots d'honnêteté, de vertu, qui reviennent si souvent sous sa plume, ils ne signifient pour lui qu'élégance : c'est la *virtù* des Italiens. D'ailleurs, il se pique de pudeur, de goût, de délicatesse de langage, « d'ombrager d'une belle modestie les contes un peu gras en saupiquets, » ce qui ne l'empêche pas de trouver tout à fait plaisante une facétie de Charles IX, conviant à une fête de la cour dix *enfants de la matte,* coupeurs de bourses émérites, qui, sur son ordre et à sa grande joie, dévalisèrent les invités et ne leur rendirent rien. Aimer à la fois en plusieurs lieux, afin de s'aguerrir d'avance contre le chagrin d'une trahison possible, ne pas demander à une femme d'être trop fidèle (la fidélité engendre l'orgueil et l'humeur revêche), se targuer de ses bonnes fortunes, car un amour secret ne vaut pas plus qu'un beau fait de guerre demeuré inconnu, ces règles font aussi partie de son bréviaire. La chasteté sans épithète est l'affaire des petites gens, et l'impudeur paraît le vice le moins blâmable à une reine ou très grande dame. Le corps n'est-il pas l'arme du délicieux amour ? Le soleil ne répand-il pas ses rayons sur tous ? « Tout de même doivent faire ces grandes et belles dames en prodiguant de leurs beautés et de leurs grâces à ceux qui en bruslent.... telles inconstances leur sont belles et permises, mais non aux autres dames communes.... telles dames moyennes faut que soient constantes et fermes comme les estoiles fixes et nullement erratiques. » Cette théorie n'a pas laissé de compter en tout temps des protagonistes déterminés.

Foin du platonisme ! Brantôme n'en, a cure, et sa morale poétique, confirmant sa morale en prose, atteste les véritables errements de la majorité.

> Je ne veux plus ainsi pétrarquiser,
> Faindre l'amour sous un parler si sage,
> Ny descouvrir mon cœur par le visage ;
> Je veux d'amour librement deviser.
> Je ne veux plus si fort temporiser,
> Cacher mon feu, ma fureur et ma rage,
> Couver mon mal sous un ardent courage;
> C'est trop l'amour sottement déguiser.
> Je cognais bien que la bouche indiscrette
> Nuit quelquefois à la chose secrette.
> Mais quoi ! Talard, il faut venir au point.
> Je l'ayme bien ; si faut-il davantage :
> Il faut jouyr, il faut passer sa rage,
> Car, pour parler, le feu ne s'esteint pas.

Une mode étrange, qui devait mieux lui agréer, est celle-ci. Le matin de la fête des Innocents, on se croyait le droit de surprendre dans son lit une femme de la famille et de la maison, et de l'*innocenter* en lui administrant le fouet à main plate : les chemises de nuit n'étaient pas en usage. Les personnes exposées à cette vilaine mystification, les jeunes en général, n'ont d'autre ressource que de découcher cette nuit-là ou de se lever à l'aube : encore n'y échappent-elles pas toujours. Clément Marot, dans une pièce de vers, menace Marguerite de France de l'innocenter, car il a grande envie de « voir ce gent corps. » Charles d'Orléans, neveu de cette princesse, s'étant levé trop tard pour elle, prend sa revanche le lendemain chez sa tante et chez une autre dame. « Je ne vous dirai pas à cette heure, écrit-il, tout ce que j'ai vu. » Il faut croire que portes et fenêtres fermaient bien mal à cette époque. Au reste, une femme trouve tout naturel de recevoir la visite d'un ami tandis qu'elle est au bain, à son petit lever ou à son petit coucher, et ces habitudes familières se perpétuent jusqu'en 1789. Comme la vérité, la pudeur varie selon les pays, les circonstances et les personnes.

«L'on avait de ce temps là, dit le duc de Bouillon, une coutume, qu'il était messéant aux jeunes gens de bonne maison s'ils n'avaient une maîtresse, laquelle ne se choisissait par eux et moins par leur affection, mais, ou elles étaient données par quelques parents ou supérieurs, ou elles-mêmes choisissaient ceux de qui elles voulaient être servies. Damville donna au jeune Bouillon Mlle de Chateauneuf, « laquelle je servais fort soigneusement, autant que ma liberté et mon âge me le pouvaient permettre (douze ans). J'étais soigneux de lui complaire et de la faire servir, autant que mon gouverneur le permettait, de mes pages et laquais. Elle se rendit très soigneuse de moi, me reprenant de tout ce qu'il lui semblait que je faisais de malséant, d'indiscret ou d'incivil, et cela avec une gravité naturelle qui était née avec elle ; nulle autre personne ne m'a tant aidé à m'introduire dans le monde, et à me faire prendre l'air de la cour que cette demoiselle.... Je ne saurais désapprouver cette coutume, d'autant qu'il ne s'y voyait, oyait ni faisait que choses honnêtes, la jeunesse plus désireuse lors qu'en cette saison de ne rien faire de messéant. Cette coutume avait telle force que ceux qui ne la suivaient pas étaient regardés comme mal appris et n'ayant pas l'esprit capable d'honnête conversation; depuis on n'a eu que l'effronterie, les médisances et saletés pour ornement, qui font que la vertu est mésestimée et la modestie blâmée, et rend la jeunesse moins capable de parvenir qu'elle ne l'a été depuis longtemps. » A vrai dire, c'était un bien dangereux système que celui qui faisait confier l'éducation d'un adolescent à la célèbre Mlle de Chateauneuf. Mais les jeunes gens d'alors se montrent infiniment plus précoces que les nôtres ; rien de plus commun que de les voir, comme d'Aubigné, endosser le harnais de guerre et d'amour, terminer leurs humanités avant quinze ans. On fait pratiquer aux enfants eux-mêmes l'escrime dangereuse. Vers la fin du règne de Henri II, le château de Saint-Germain, aménagé pour recevoir les fils de France, leurs sœurs et une petite cour composée d'une quarantaine d'enfants des deux sexes, devient une véritable école de gentillesse et de généreux exercices. Leçons de savants maîtres, belles entreprises et embuscades, joutes et tournois où les enfants d'honneur s'exercent à rompre des lances, armés de toutes pièces, costumes complets pour représenter des scènes tirées d'*Amadis de Gaule*, de la *Table ronde*, de *Roland fu-*

rieux ; on ne néglige rien pour les rendre parfaits chevaliers. Même ils s'envoient des cartels en bonne et due
forme, et toute la petite cour assiste en grande cérémonie à une rencontre entre Philippe Strozzi et Jacques
de Crussol, depuis duc d'Uzès, tous deux âgés de quatorze ans et intimes amis. Le cartel était rédigé en ces
termes : « J'entends dire que vous vous allez vantant
partout d'avoir pour moi plus d'estime et d'affection que
je n'en ai pour vous : ce que je ne puis admettre,
sachant en mon âme combien je vous suis attaché et
dévoué. Au surplus toutes comparaisons sont odieuses
et ne se peuvent souffrir en chose si sacrée que l'amitié.
Je suis donc résolu de vous faire avouer que mes sentiments ne le cèdent en rien aux vôtres, avec telles
armes de gentilhomme qu'il vous plaira choisir. »

Dans l'ordre de la galanterie, rappelons les danses,
les mascarades, ces ballets de diables et d'anges où, par
ordre du roi, les gentilshommes protestants sont quelquefois obligés de faire les diables. Mainte danse est
fort compliquée, tourne facilement au ballet et au spectacle, telle la *Pavane*, la *Gaillarde* et la *Morisque* ;
chaque province fournit la sienne, la *Volte* vient de
Provence, et le *Trehory* de Bretagne. Les branles
offrent de grandes variétés : branle de *Malte*, branle des
Sabots, branle des *Torches* où la torche passe de main
en main, branle des *Lavandières*, ainsi appelé parce
que les danseuses y font du bruit avec le tapement de
leurs mains, « lequel représente celuy que font les
battoirs de celles qui lavent les buées sur la rivière de
Seyne à Paris. » Les écrivains du XVI° siècle se plaignent
que l'*Allemande* soit trop lourde et le *Bal d'Italie*
trop voltigeant ; l'une est raide, guindée, pédante ;

l'autre empêche les cavaliers de causer avec leurs danseuses.

Pendant un bal au Louvre sous Henri II, tandis qu'on dansait la danse des *Mattacins*, pas d'origine espagnole, les cavaliers lancèrent soudain du côté des dames une bande d'oiseaux dont chacun portait au cou un écriteau avec un quatrain.

L'un disait :

> Une chose nous réconforte,
> Estant pris, comme nous trouvons
> Que les maistres que nous avons
> Sont prisonniers de main plus forte.

Un autre :

> Si noz seigneurs savaient voler,
> Et nous savions comme eux parler,
> Leurs corps iraient où leurs cœurs vont,
> Et nous nous plaindrions comme ils font.

Et les quatrains ailés voltigaient, porteurs de tendres pensées, et chacun d'applaudir l'aimable improvisation de Mellin de Saint-Gelais, le poëte de la cour, chapelain de Henri II et jouant auprès de lui le rôle que plus tard joueront Malézieux auprès de la duchesse du Maine, Collé auprès du duc d'Orléans, faiseur inépuisable de petits vers, organisateur de toutes les fêtes, l'homme universel et nécessaire, qui couvrait les psautiers des filles d'honneur de la reine d'autographes souvent assez vifs. Jugez-en par ce quatrain destiné au calendrier de Mlle de Saint-Léger :

> S'il vous plaisait marquer en tête
> Un jour ordonné pour m'aimer,
> Je l'aurais pour une grande feste,
> Mais point ne la voudrais chômer.

Pour peindre son amoureux martyre, ce singulier

aumônier de la cour de France se compare à tous les saints du paradis. Ne brûle-t-il pas sur un gril plus ardent que celui de saint Laurent ? N'est-il pas percé de plus de flèches que saint Sébastien ? Et ces mignardises érotiques font les délices du cercle où Catherine de Médicis, sévère pour la forme sinon pour le fond, et très habile à rabrouer et étonner les personnes, dit Brantôme, réunit chaque jour les courtisans pour leur apprendre le ton de la bonne compagnie. Mellin de Saint-Gelais aurait d'ailleurs pu s'élever au-dessus de ce rôle d'Apollon courtisan : ses vers sur les cerises, son beau sonnet à Ronsard, sa plainte à une dame à qui il a gagné douze baisers dans un pari et qui les mesure avarement, témoignent qu'il y avait en lui l'étoffe d'un vrai poète.

Voici par exemple les vers à la dame qui compte trop bien à son gré.

> Répondez-moi : trouverez-vous plaisante
> Une forêt beaux arbres produisante
> Dont en plein mai et saison opportune
> On peut compter les feuilles une à une ?
> Vîtes-vous onc, en un pré où l'eau vive
> Sème de fleurs et l'une et l'autre rive,
> Qu'on s'amusât à vouloir compte rendre
> Combien de brins il y a d'herbe tendre ?

Et, lorsqu'il s'adresse à Ronsard :

> Quand il te plaît, tu éclaires et tonnes,
> Quand il te plaît, doucement tu résonnes,
> Superbe au ciel, humble entre les bergers....

Mellin de Saint-Gelais a la grâce et la légèreté, il est l'aïeul littéraire de Voiture, de Benscrade, il appartient au xviiiᵉ siècle.

Et comme les dames raffolent de ses vers, du Bellay, interprète des jalousies de la Pléiade, compose la satire du poète-courtisan. Cette même cour qu'il a d'abord proclamée « la seule école où volontiers on apprend à bien et proprement parler », n'a que mépris pour la science, n'aime que les vers d'occasion.

> Car un petit sonnet qui n'a rien que le son,
> Un dizain à propos ou bien une chanson,
> Un rondeau bien troussé avec une ballade
> (Du temps qu'elle courait) vaut mieux qu'une Iliade....
> Et soit la seule cour ton Virgile et Homère....,
> Je veux qu'aux grands seigneurs tu donnes des devises,
> Je veux que tes chansons en musique soient mises,
> Et, afin que les grands parlent souvent de toi,
> Je veux que l'on les chante en la chambre du Roi.

Ce faisant, tu recevras les biens, les honneurs. En fait, les poètes de la Pléiade s'essayaient au métier de courtisan, mais ils y réussirent faiblement.

Les combats singuliers, autorisés par le connétable de France, en présence de toute la cour, deviennent assez rares ; en revanche, les duels, surtout pendant les guerres civiles, sont une plaie pour la monarchie, dégénèrent en véritables batailles où les témoins prennent part à la lutte et tombent bien souvent à côté de leurs amis. Les tournois où l'on joute à armes courtoises, c'est-à-dire émoussées ou privées de pointes de fer, ce qui n'empêche pas l'accident où Henri II trouva la mort, sont décidément remplacés sous Charles IX par le carrousel ou quadrille de cavaliers qui ne luttent plus que d'équilibre et de grâce. Voici, d'après Sauval, la description du carrousel de nuit donné par Henri II dans la rue Saint-Antoine, le 20 janvier 1558 : « A la clarté de quarante-huit flambeaux, le Roi, le dauphin, et avec lui plusieurs princes et autres grands seigneurs, furent d'un carrousel : les uns armés à la turque, les autres à la mauresque, et tous, montés sur de petits chevaux, sortirent de l'hôtel des Tournelles et de celui du connétable de Montmorency situé à la rue Saint-Antoine. Les Turcs, parmi lesquels était Henri II, accompagné du Dauphin et de quelques princes du sang, avaient sur l'épaule gauche un carquois plein de flèches et des habits de soie blanche, faits comme ceux des Levantins. D'une main ils tenaient un bouclier, de l'autre une boule de terre cuite, creuse. A leur tête marchaient à cheval les trompettes du Roi ; après, douze hommes habillés de blanc, à la façon des Turcs, montés sur des ânes et des mulets, ayant chacun devant eux deux tambours et deux timbales. A peine furent-ils dans le champ de bataille, que les Maures arrivent, et tous pour lors se mettent à courir les uns contre les autres ; tantôt s'entreruant leurs boules, et tantôt se tirant des flèches, d'abord deux à deux, et après tous ensemble, toujours au son des timbales, des tambours et des trompettes, qui faisaient une musique étrange à la vérité, mais assez bien concertée. A la fin ils se rallièrent, puis se rangeant en rond deux à deux et au son des mêmes instruments, ils se mirent à faire danser leurs chevaux en cadence avec des cris et des huées épouvantables. » Voilà de quelles parades s'esbaudissait la cour sous Henri II, les spectacles auxquels était conviée la foule, en plein Paris. Et la cour de Henri II, au XVIᵉ siècle, était, dans toute l'Europe, réputée la grande école du goût et du bon ton.

Les fêtes italiennes ne vont pas non plus sans quelque tumulte et exubérance où se retrouve la rudesse du moyen âge. A l'entrée de Renée de France dans la ville de Modène, le peuple, suivant l'ancienne coutume, se précipite sur la litière, le dais, les haquenées et s'en empare au milieu de luttes acharnées. En vain le duc a interdit ce pillage, sous peine de la potence. Entre autres réjouissances, il offre des courses entre femmes de mauvaise vie : pratique fréquente en Italie. A Rome, pendant le carnaval, on fait courir des courtisanes, des juifs, des estropiés tout nus.

Un jeu déplorable est celui des assauts. Les seigneurs de la cour se partagent en deux bandes, l'une attaquant de pierres et de bâtons une maison, l'autre la défendant avec les ustensiles et les meubles. Le vainqueur de Cérisoles, le comte d'Enghien, s'étant joint à ses parents de Bourbon pour assiéger les Guises, reçoit un coffret sur la tête, et tombe pour ne plus se relever. François Ier faillit avoir le même sort au début de son règne, en assiégeant la maison de son cousin de Saint-Paul : un tison enflammé lui brûle la chevelure, le voilà forcé d'avoir les cheveux ras, et aussitôt la cour de quitter la mode des cheveux longs, et après la cour, la France, après la France, l'Europe.

Un autre déduit, que princes et seigneurs, hommes et femmes cultivent passionnément, c'est la chasse. Meutes de cerfs, de loups, de sangliers, équipages de toiles, fauconnerie où l'on élève des oiseaux de proie pour chaque sorte de gibier, le tiercelet pour la perdrix, le lanier pour le canard, le gerfaut pour le héron, nos rois mettent leur vénerie sur un très grand pied. Cette cour n'est pas faite comme les autres, écrit l'ambassadeur de Toscane, on ne pense ici qu'à la chasse, aux dames, aux festins, et à changer de lieu. Lorsque la cour s'abat sur quelque contrée, elle y reste tant que durent les hérons, et ils durent peu. Selon que les cerfs voudront, nous ferons, observe Catherine de Médicis, et, afin de gagner la faveur de François Iᵉʳ, la rusée Florentine ne se contente pas d'apprendre le grec, de faire venir les plus beaux manuscrits, elle le suit à la chasse. Diane, « dont l'hiver valait mieux que le printemps, l'été et l'automne des autres, » Diane fait d'Anet, construit par Philibert Delorme, orné par Jean Goujon, un merveilleux rendez-vous de chasse. Cette passion devient aux mains des Guises un moyen de retenir l'autorité. Ambroise Paré affirme que Charles IX, l'auteur de la *Chasse royale*, est mort pour avoir trop sonné de la trompe à la poursuite du cerf, et les dames se plaignaient à lui-même qu'il fît plus de cas de ses chiens que d'elles.

Jacques du Fouilloux lui dédie sa *Vénerie*, Clamorgan lui fait hommage de son *Traité de la chasse au loup*, Baïf, Ronsard célèbrent ses exploits cynégétiques, et le second rime l'épitaphe de Courte, la chienne favorite du roi :

> Courte les perdrix éventait,
> Courte les connins tourmentait,
> Courte trouvait le lièvre au giste,
> Courte jappait, Courte allait viste.

Henri II ne se montre pas moins jaloux de la chasse que Louis XI. Une de ses ordonnances porte : Amende de 25 livres à tous ceux qui sans qualité chasseraient la grosse bête ; faute de paiement, le fouet jusqu'à effusion de sang ; la récidive punie de bannissement ; en cas de rupture du ban, la mort. Défense aux rôtisseurs de vendre lièvres, perdrix, hérons, ailleurs qu'en plein marché, et au delà du tarif fixé. — La chasse est d'ailleurs un prétexte aux doux entretiens, et pour les poëtes, un motif de compliments rimés. Maurice Scève, seigneur de Fléchères, un décadent du xvi⁰ siècle, rajeunit assez agréablement le vieux thème dans ces vers :

> Délie aux champs, troussée et accoutrée
> Comme un veneur, s'en allait esbattant.
> Sur le chemin d'Amour fut rencontrée,
> Qui partout va jeunes amants guettant,
> Et luy a dit, près d'elle voletant :
> Comment vas-tu sans armes à la chasse ?
> — N'ai-je mes yeux, dit-elle, dont je chasse,
> Et par lesquels j'ay maint gibier surpris ?

Que dire des superstitions de cette société, de sa croyance aux sciences occultes, de ce mélange d'astrologie et d'astronomie, de chimie et d'alchimie, d'un Ruggieri, d'un Nostradamus exerçant par leurs prophéties une sérieuse influence sur les événements contemporains ? Tempêtés et inondations, comètes et parhélies, songes, magie et sorcellerie, examen des cartes, tout est matière à pronostics et horoscopes. En vain l'Église lance ses foudres contre les sorciers, enchanteurs et devins qu'elle assimile aux hérétiques : plusieurs de ses dignitaires les consultent et, en dépit de tout, les astrologues se montrent si sûrs de leur crédit que Nostradamus envoya de sa propre initiative des avertissements à Côme I⁰ʳ de Médicis.

François I⁰ʳ, Rabelais, repoussent, il est vrai, de semblables billevesées, mais Catherine de Médicis a toute confiance en Ruggieri, et fait construire pour ses astrologues la tour de la Halle aux blés ; d'Aubigné garde auprès de lui un muet qui devinait les pensées les plus secrètes et lui révélait l'avenir ; Paracelse croit aux gnomes, aux salamandres et aux nymphes ; Boguet, grand juge de l'abbaye de Saint-Claude, se vante, dans son livre sur les *Discours des sorciers*, d'en avoir fait brûler sept cents en dix ans. La pratique de l'envoûtement garde d'innombrables dévots. « En 1589, furent faites à Paris force images de cire que les ligueurs tenaient sur l'autel et les piquaient à chacune des quarante messes qu'ils faisaient dire durant les Quarante heures en plusieurs paroisses de Paris ; et à la quarantième piquaient l'image à la place du cœur, disant à chaque piqûre quelque parole de magie pour essayer de faire mourir Henri III. Aux processions pareillement et pour le même effet, ils portaient certains cierges magiques qu'ils appelaient par moquerie cierges bénits, qu'ils faisaient éteindre au lieu où ils allaient, renversant la lumière contre bas, disant je ne sais quelles paroles que des sorciers leur avaient apprises. » Et l'on sait que des vœux criminels, des simulacres d'assassinat ont parfois pour résultat de transformer leurs auteurs en assassins.

Hâtons-nous d'ajouter que la science de la divination n'est pas toujours un grimoire mystérieux et effrayant, qu'il se convertit parfois en passe-temps de société, par exemple avec le *Plaisant jeu du Dodechedron de Fortune*, que l'on pourrait comparer à ces patiences au moyen desquelles on exerce la sagacité des enfants. C'est presque un amusement de salon, comme la chiromancie, l'art de dire la bonne aventure d'après les lignes de la main qui, aujourd'hui encore, a beaucoup d'adeptes plus ou moins sincères.

Catherine de Médicis prêche l'étiquette, la politesse, l'art de la conversation, la décence, fait la police de la cour. Dans une lettre de 1563 à Charles IX, elle montre avec force la nécessité d'un ordre et d'une règle, à quel prix une société devient monarchique, lui enseigne le secret d'être *roi* à toute heure, la vie de représentation, cette maîtrise de soi qui est la rançon du pouvoir : « Je désirerais que prinssiez une heure certaine de vous lever, et, pour contenter vostre noblesse, faire comme faisait le feu Roy vostre père ; car, quand il prenait sa chemise et ses habillements, entraient tous les princes, seigneurs, capitaines, chevaliers de l'ordre, gentilshommes de la chambre, maistres d'hostel et gentilshommes servans...., et il parlait à eux et le voyaient ; qui les contentait beaucoup.... »

Et puis elle tient un cercle, réunit autour d'elle les courtisans chaque jour dans l'après-midi, à moins qu'on ne chasse, qu'on ne coure la lance ou la bague. Henri II y venait après son dîner, et là, chaque seigneur entretenait celle qu'il aimait le mieux ; ce devis durait deux heures et se répétait le soir après souper, s'il n'y avait bal. Catherine déteste les railleries trop amères, les mots qui dépassent le ton de la bonne compagnie, cherche à éviter le scandale, fait sentir le poids de sa colère à ceux qui enfreignent les lois de la bienséance. Lorsque Matha traite Mlle de Méray de *coursière bardable*, la reine entre dans une telle colère qu'il dut quitter la cour pendant quelque temps.

Elle est d'ailleurs habituée à tout exiger de ses filles d'honneur, qui lui obéissent comme elles feraient à Dieu lui-même, chacune répétant tout bas le mot de Marguerite de Valois : « Je ne lui osais parler, mais quand elle me regardait, je transissais de peur d'avoir fait quelque chose qui lui déplût. » Tantôt par passe-temps et tantôt par correction, elle leur donne le fouet, « faisait despouiller ses dames et filles, je dis les plus belles, et puis elle les battait du plat de la main avec de grandes claquades et plamussades assez rudes, et les filles qui avaient délinqué quelque chose avec de bonnes verges. Aucunes fois, sans les despouiller, les faisait trousser en robe et les claquetait et fouettait, selon le sujet qu'elles luy donnaient, ou pour les faire rire ou pour plorer. » |Françoise de Rohan, cousine de Jeanne d'Albret, lui rappelait plus tard, avec une grâce timide, des vivacités qui, d'ailleurs, n'étonnaient personne à cette époque.

> Plus j'ay de toi souvent esté battue,
> Plus mon amour s'efforce et s'évertue
> De regretter ceste main qui me bat ;
> Car ce mal-là m'estait plaisant esbat.
> Or, adieu donc la main dont la rigueur
> Je préférais à tout bien et honneur.

Cette sévérité ne laissait pas d'exciter mainte protestation, et Mellin de Saint-Gelais se fait l'avocat des amis de la licence, plaide la *cause de Cupidon*, met dans la bouche d'un personnage de mascarade ce dizain aux filles d'honneur :

> Si du parti de celles voulez estre
> Par qui Vénus de la cour est bannie,
> Moy, de son fils ambassadeur et prestre,
> Savoir vous fais qu'il vous excommunie.
> Mais si voulez à leur foy estre unie,
> Mettre vous faut le cœur en leur puissance,|
> Pour respondant de vostre obéissance ;
> Car on leur dit qu'en vous, mes damoiselles,
> Sans gage sûr y a peu de fiance,
> Et que d'Amour n'avez rien que les ailes.

En réalité, Catherine contribua beaucoup à développer cette morale de cour où entrent, à des degrés divers, la poésie, les arts, l'élégance, le platonisme, le culte de l'honneur et des bonnes manières.

II.

Deux ouvrages du xvi° siècle, les *Contes de la reine de Navarre* [1], les *Amadis*, reflètent la conversation coutumière, les mœurs de la société polie, l'idéal que celle-ci s'était formé de l'amour. Dans les *Prologues* et *Épilogues* des contes, Marguerite de Navarre met en scène une dizaine de personnages, très vivants, bien nuancés et filés, qui, chacun, ont un caractère particulier, des idées arrêtées, et l'on a conjecturé, non sans vraisemblance, que sous les noms d'Hircan, Saffredent, Dagoucin, dame Oisille, Nomerfide, Ennasuite, Parlamente, etc., l'aimable sœur de François Ier avait voulu peindre des contemporains : elle-même serait Parlamente, et le bourru Hircan, son second mari; Ennasuite, Anne de Vivonne, mère de Brantôme; dame Oisille, Louise de Savoie; Simontault, Jean de Montauzé. C'est un pêle-mêle d'entretiens qui tantôt vont à la préciosité

---

1. Genin, *Notice sur Marguerite d'Angoulême.* — E. Littré, *Revue des Deux Mondes*, 1er juin 1842. — L. de Loménie, *Revue des Deux Mondes*, 1er août 1842. — Comte de la Ferrière-Percy, *Marguerite d'Angoulême*, 1862. — Haag, *La France protestante*, t. VII. — Lefranc : *Les dernières poésies de Marguerite de Navarre*, 1896. — *Bulletin historique de la Société de l'histoire du protestantisme*, 1897, 15 janvier et s.; *Les Idées religieuses de Marguerite de Navarre.* — Félix Frank, *Les Marguerites de la Marguerite des princesses*, 4 vol. — Voir aussi : Saint-Marc Girardin, au tome III, p. 111 et s. du *Cours de littérature dramatique*; Bourciez, de Maulde, Le Roux de Lincy, Montaiglon; Anatole France, préface de l'*Heptaméron*, édition Lemerre; Comtesse d'Haussonville, *Marguerite de Valois.* — L'*Heptaméron*, dit de Maulde, n'est pas une œuvre de jeunesse, mais le testament de sa vie mondaine et philosophique, et une autobiographie, puisque plusieurs anecdotes se rapportent à elle-même, à son frère, à des amis intimes.

délicate du Grand Cyrus ou de l'hôtel de Rambouillet, tantôt retombent dans la bourbe des fabliaux ou de Rabelais ; car les mots crus, les équivoques scabreuses, les déclarations à peine voilées n'effraient guère les dames. On aborde la métaphysique des passions, on discute, chacun selon son tempérament et son goût, diverses sortes d'amour : l'amour chevaleresque, qui prend pour modèles les chevaliers de la Table ronde, « tous preux éprouvés dans cent combats, consciences d'or, corps de bronze dont l'habit est fait de quatre étoffes : courage, richesse, adresse, courtoisie; » l'amour platonique, tel que l'Italie du xvᵉ siècle l'avait renouvelé en l'altérant; l'amour frivole et moqueur, que nos pères appelaient l'amour à la hussarde; l'amour élégant et poli, tel que Marguerite de Navarre, sage et femme de bien pour son compte, le prêchait, qui aime la causerie spirituelle, ne flétrit pas la faute, mais lui apporte la parure du bon ton. Aussi bien toutes ces sortes d'amour ont pour champions volontaires ou involontaires les poètes, qui amollissent les cœurs et plaident en même temps que la nature, cette éternelle enjôleuse, la *cause de Cupidon*. Texte, matière, exemples, traités ne font défaut aux personnages des *Prologues*. Quel beau thème de controverse que le livre où Nifo analyse les quinze principaux motifs d'amour ou de *réamour* mondain. 1º La jeunesse; 2º la noblesse (l'aristocratie ne vient-elle pas de l'amour comme l'amour de l'aristocratie?); 3º la richesse; 4º le pouvoir (à cette catégorie, Nifo rapporte spécialement l'amour des princesses); 5º la beauté; 6º la sensualité; 7º la gloire (les femmes aiment la postérité sous la forme des poésies, des portraits, des statues qu'elles inspirent); 8° l'amour pour l'amour, la délicate sensation de se sentir adorée; 9° l'amour élégant, *smart*, dirait-on aujourd'hui, à l'usage des snobinettes qui prisent davantage les pourpoints, le luxe de leurs admirateurs que l'intelligence et l'âme; 10° l'amour obséquieux, qui se manifeste par des cadeaux, des fêtes, des dîners : le prince Ferdinand de Salerne triomphe par un bal. Puis viennent les amours par procédés secondaires, les fureurs de mélodrame, l'amusement, l'esprit, l'adulation.

« Et encore ai-je une opinion, dit Parlamente, que jamais homme n'aimera parfaitement Dieu qu'il n'ait parfaitement aimé quelque créature en ce monde. — Qu'appelez-vous parfaitement aimer? dit Saffredent; estimez-vous parfaits amants ceux qui sont transis et qui adorent les dames de loin, sans oser montrer leur volonté? — J'appelle parfaits amants, répond Parlamente, ceux qui cherchent en ce qu'ils aiment la perfection, soit la bonté, la beauté ou la bonne grâce toujours tendant à la vertu. » Et le bourru Hircan n'entend pas de cette oreille, il aime avec tout soi-même, non seulement de la tête à la ceinture, et il ne prête pas aux dames des sentiments plus éthérés que ceux qu'elles lui inspirent; les belles théories métaphysiques d'amour dévot et vertueux lui semblent viande creuse, et il repart fort délibérément : « Quand nos maîtresses tiennent leur rang en chambres ou en salles, assises à leur aise comme nos juges, nous sommes à genoux devant elles, et nous semblons tant craintifs de les offenser et tant désirant de les servir, que ceux qui nous voient ont pitié de nous.... Mais quand nous sommes à part, où l'amour seul est juge de nos contenances, nous savons très bien

qu'elles sont femmes et nous hommes, et de là le pro-
verbe est dit :

> A bien servir et loyal être,
> De serviteur on devient maître.

Pour être plus réservé dans la forme, Saffredent ne
vaut guère mieux au fond : « Madame, je vous supplie
croire que Fortune aide aux audacieux, et qu'il n'y a
homme, s'il est aimé d'une dame, mais qu'il le sache
poursuivre sagement et affectionnément, qu'à la fin n'en
ait tout ce qu'il demande ou partie ; mais l'ignorance et
la folle crainte fait perdre aux hommes beaucoup de
bonnes aventures, et fondent leur perte sur la vertu de
leur amie, laquelle n'ont jamais expérimentée du bout
du doigt seulement, car oncques place bien assaillie ne
fut qu'elle ne fût prise. » La Rochefoucauld se souve-
nait-il de Saffredent lorsqu'il formula cette maxime :
« La plupart des honnêtes femmes sont des trésors cachés, qui ne sont en sûreté que parce qu'on ne les
cherche pas ? »

A l'autre pôle, voici Dagoucin, l'idéaliste pétrarqui-
sant, platonisant, dantisant à outrance : « Comment,
Dagoucin, raille Simontault, êtes-vous encore à savoir
que les femmes n'ont ni amour ni regret ? — Je suis encore à le savoir, car je n'ai jamais osé tenter leur amour
de peur d'en trouver moins que j'en désire. — Vous
vivez donc de foi et d'espérance, dit Nomerfide, comme
le pluvier du vent ; vous êtes bien aisé à nourrir. — Je
me contente de l'amour que je sens en moi et de l'espoir qu'il y a au cœur des dames, mais, si je le savais,
comme je l'espère, j'aurais si extrême contentement que
je ne saurais le porter sans mourir. »

Peut-on accorder l'amour et la vertu? Ces sentiments ne sont-ils pas deux ogres dont l'un doit fatalement dévorer l'autre? Les hommages des hommes sont-ils sincères? Grandes et graves questions, vieilles comme le monde et immortellement jeunes, sans cesse débattues et tranchées, toujours renaissantes, parce que la matière en est aussi durable que l'humanité! « Ne pensez pas que ceux qui poursuivent les dames prennent tant de peine pour l'amour d'elles, car c'est seulement pour l'amour d'eulx et de leur plaisir. — Par ma foi, ce dist Longarine, je vous croy; car pour vous en dire la vérité, tous les serviteurs que j'ay jamais eus m'ont toujours commencé leurs propos par moi, monstrant désirer ma vie, mon bien, mon honneur, mais la fin en a été pour eux, désirant leur plaisir et leur gloire. Par quoy le meilleur est de leur donner congé dès la première partie de leur sermon. — Il faudrait donc, repart la coquette Ennasuite, que dès qu'un homme ouvre la bouche, on le refusât sans savoir ce qu'il veut dire? » Et son amie Nomerfide ne veut pas croire non plus que les hommes « aiment par mal. Est-ce pas péché de juger son prochain? » Cependant Saffredent a pris soin de les avertir des pensées de derrière la tête de son sexe : « Qui est celle qui nous fermera les oreilles quand nous commencerons nos propos par l'honneur et par la vertu? Mais si nous leur montrions notre cœur tel qu'il est, il y en a beaucoup de bienvenus entre les dames de qui elles ne tiendraient compte. Mais nous couvrons notre diable du plus bel ange que nous pouvons trouver, et, sous cette couverture, avant que d'être connus, recevons beaucoup de bonnes chères.... »

Ces conversations, où l'amour joue le grand premier rôle, ne rappellent-elles pas une fine observation d'un personnage de la *Clélie :* « Quand on est longtemps avec des femmes, il faut de nécessité leur parler ou de l'amour qu'elles nous donnent, ou de celui qu'elles donnent aux autres, ou de celui qu'elles ont donné, ou de celui qu'elles peuvent donner : car je suis assuré que même les plus prudes et les plus sévères des matrones romaines, quand elles ont été jeunes, se seraient ennuyées avec de fort honnêtes gens, si on ne leur avait jamais parlé que du culte des dieux, des cérémonies des vestales, des lois du royaume, de la conduite de leur famille ou des nouvelles de la ville. » Ainsi donc, dès que les femmes ont leur place légitime à la cour et dans la société, l'amour devient le sujet fondamental de la conversation et de la littérature. La beauté est reine, ne connaît point les distances, et c'est un dicton bientôt consacré qu'au pays de dame il n'y a point de prince ; beaucoup estiment que la beauté vaut la vertu, qu'elle est la vertu même, et sans attendre la célèbre comparaison du vase myrrhin, Brantôme n'hésite pas à déclarer que la beauté de Jeanne de Naples méritait l'absolution que lui octroya le pape Clément V, il regrette même que la France n'ait point sacrifié la loi salique à Marguerite, fille de Henri II, femme de Henri IV, et prêche l'inconstance aux belles personnes.

En général, les interlocuteurs des Prologues s'efforcent de ne point ressembler à cette race de gens de cour qu'on appelait *les marquis et marquises de Belle-Bouche,* prompts à la médisance, et, sitôt qu'un bon brocard leur vient à la pensée, poussés par un démon intérieur à *le cracher,* sans épargner ni parents, ni amis, ni grands.

Ces conversations, parfois assez longues, s'engagent toujours à propos du conte qui vient d'être fait. « Je serais porté à croire, observe finement M. Bourciez, qu'il ne devait pas en être autrement dans la réalité, et qu'au cercle de la reine par exemple, le point de départ de la conversation a souvent été une anecdote, un fait précis, un menu scandale raconté par quelque nouvelliste à la mode, quelquefois peut-être par un capitaine revenant d'Italie ou d'Allemagne. C'est qu'en effet, lorsque l'esprit de société est en voie de formation, lorsque la langue est encore imparfaite, peu souple, l'observation morale et la psychologie sont presque dans leur enfance, on a besoin d'un fait positif pour y rattacher ses remarques et ses réflexions, pour prendre soi-même conscience de ses sentiments, et arriver à les traduire en formules générales.... Au moyen âge, la société, réunie dans un château, se fût contentée d'entendre réciter par quelque trouvère la belle histoire d'*Amis et Amiles*, et cet exemple naïf d'une héroïque amitié, poussée jusqu'au dévouement aveugle, eût seulement provoqué quelques exclamations : les sentiments sont encore trop confus pour s'exprimer. Le xvie siècle est une époque intermédiaire. On aime déjà à raisonner, mais il faut un point de départ immédiat à ces raisonnements. On aime à se mettre à la place des gens dont on vient d'entendre l'histoire, on les juge ou on les loue, ou se demande ce qu'on ferait soi-même en pareille occurrence ; suivant le parti que l'on a pris, le voisin commence à vous décocher des traits malicieux, il faut riposter ; les hommes font des déclarations voilées ou des plaisanteries encore un peu grossières, les femmes se défendent, en riant, de les bien comprendre, et c'est le grand train de la conversation qui commence, à bâtons rompus, c'est la causerie libre et familière, déjà française, et qui court.... »

Un détail qui a son prix : les personnages de l'Heptaméron commencent par communier.

Ici est le miroir des princesses, dit Charles de Sainte-Marthe au début de l'oraison funèbre de Marguerite de Navarre, sœur de François Iᵉʳ, cette autre reine du platonisme, à laquelle ses principaux biographes, Anatole France, Mᵐᵉ de Genlis, la comtesse d'Haussonville, octroient un brevet d'absolue vertu, niée par quelques-uns à cause de son étonnante coquetterie cérébrale, intacte j'imagine, si on admet la théorie des nuances, et que l'absolutisme humain n'a rien à voir avec l'absolutisme divin.

Comme elle arrangea le plus entreprenant de tous ses adorateurs, l'amiral Bonnivet, qui avait osé s'introduire en sa ruelle, la nuit, par une trappe, dans un déshabillé fort galant, comme il fut mordu, égratigné par elle, forcé de lâcher prise ; comme elle garda le silence sur une aventure qui eût coûté la tête à Bonnivet si elle se fût plainte, une telle épreuve lui fait grand honneur et donne raison à ses défenseurs.

> Sur telles affaires toujours
> Le meilleur est de ne rien dire.

Ce qu'on ne saurait trop louer aussi, c'est le culte et la propagande ardente, perpétuelle, de ce même platonisme, une âme qui vibre à toutes les nobles émotions, la hardiesse d'un esprit qui s'intéresse aux études, aux talents les plus divers (le Canosse lui donna des leçons d'hébreu, de grec et de latin), et pousse même sa pointe

dans le chemin de l'hérésie, les philosophes, les évêques, les ministres protestants mêlés dans son salon
aux satiristes, aux conteurs de l'école de Boccace, aux
adorateurs réalistes et idéalistes. Écrivant des livres
mystiques et des contes libertins, des comédies philosophiques, des farces, des lettres, des poèmes petits et
grands, aimant infiniment entendre la musique des paroles tendres, elle professe, bien entendu, la distinction complète entre amour et mariage, estime qu'une
femme peut fort bien accepter l'offre d'un sentiment;
tant pis pour l'homme s'il y mêle quelque pensée bes-
tiale. Corps féminin, cœur d'homme et tête d'ange,
telle la dépeint Clément Marot, et l'on peut ajouter :
dilettante intellectuelle, curieuse d'esprit, préférant causer avec un athée bel esprit qu'avec un prêtre ignorant,
parce que le premier la conduit à son but : se rapprocher de Dieu par le beau; se moquant volontiers
des moines, servant avec son cœur le principe de la liberté de conscience et de la divine tolérance (elle sauve
mainte victime suspecte d'hérésie, fait de son petit
royaume de Navarre l'asile des persécutés). Et sans
doute se console-t-elle par la conversation de la souffrance morale, car elle a cette pitié délicate qui tres-
saille aux maux d'autrui et les multiplie par les siens
propres : capable d'amitié profonde, d'un dévouement
exalté envers son frère [1], dévouement dont l'expression
parfois excessive a excité les soupçons de Michelet et

---

[1] « Quoique puisse être, jusques à mettre au vent la cendre
de mes os pour vous faire service, rien ne me sera ni étrange, ni
difficile, ni pénible, mais considération, repos et honneur....
J'étais la vôtre avant que vous fussiez né.... Vous êtes pour moi
plus que père, frère et mari.... »

tutti quanti; aussi habile aux travaux d'aiguille qu'aux déduits littéraires; tandis qu'elle exécute ses belles tapisseries, il y a toujours auprès d'elle un lettré qui lit ou cause. Et elle protège avec ardeur les poètes et savants qui aiment « les bonnes lettres et le Christ. » Platon, Érasme sont ses auteurs favoris. Avec cela, une telle envie de lumière universelle, de synthèse, que Briçonnet, évêque de Meaux, lui écrit : « S'il y avait au bout du monde un docteur qui, par un seul verbe abrégé, pût apprendre toute la grammaire, en outre, la rhétorique, la philosophie et les sept arts libéraux, vous y courriez comme au feu. »

A-t-elle composé seule tous ses livres? On peut admettre qu'elle eut des collaborateurs; tel Bonaventure des Périers, son secrétaire intime, qui ne croit à rien, pas même à sa « Minerve, » qui la raille, elle et ses écrits. Il appelle ceux-ci un « pactole de vers et d'oraisons, » se vante d'en être « le malfaiteur, » et lui dit un jour : « Voici votre immortel livre, et mes fautes y reprendrez. » Elle eut pour ce drôle spirituel des bontés infinies, et, après qu'il se fut suicidé (1544), patronna encore une édition posthume de ses œuvres.

Son jugement, sa fermeté, son habileté aux affaires de ce monde vont de pair avec son esprit. « Son discours était tel, dit Brantôme, que les ambassadeurs qui parlaient à elle en étaient grandement ravis, et en faisaient de grands rapports à ceux de leur nation, à leur retour, dont sur ce elle en soulageait le roi son frère, car ils l'allaient toujours trouver, après avoir fait leur principale ambassade; et bien souvent, lorsqu'il avait de grandes affaires, les remettait à elle, en attendant la définitive et totale résolution. Elle les savait fort bien entretenir et contenter de beaux discours, comme elle y était fort opulente et fort habile à tirer les vers du nez d'eux ; dont le roi disait souvent qu'elle lui assistait bien, et le déchargeait beaucoup par l'industrie de son gentil esprit et par douceur. »

Clément Marot, sauvé de la pendaison par elle, la proclame dame et maîtresse de ses pensées.

> Ma maîtresse est de si haute valeur
> Qu'elle a le corps droit, beau, chaste et pudique ;
> Son cœur constant n'est point heur ou malheur,
> Jamais trop gai ni trop mélancolique.
> Elle a au chef un esprit angélique,
> Le plus subtil qui onc aux cieux vola....

En tout temps, en tout pays les dames à l'esprit subtil et pénétrant n'ont considéré les déclarations d'amour en vers que comme des jeux de société. Les déclarations en prose ne méritent-elles pas le même traitement ?

Elle termine sa vie dans la tristesse, dans ce qu'elle a appelé les faubourgs de la mort : peu aimée, encore moins comprise de ses deux maris, maltraitée par le dernier, suspecte à Henri II. François Ier lui-même, ce frère tant aimé, l'a, malgré son affection, éloignée de sa fille, a proscrit, condamné au bûcher plusieurs de ses amis ; elle avait porté « plus que son faix de l'ennui commun à toute créature bien née, » ayant connu la mélancolie, l'inquiétude des âmes malades : elle signe ses lettres à son confesseur : Pis que morte ! Pis que malade ! Quand son frère meurt, elle répète tristement :

> Je n'ai plus ni père ni mère,
> Ni sœur ni frère.

Et elle quitte cette terre deux ans après lui (1549),

âgée de cinquante-huit ans, laissant une fille, Jeanne d'Albret, qui sera la mère de Henri IV, prolongeant ainsi, en quelque sorte, son influence bienfaisante pour la France. Les beaux esprits reconnaissants lui élevèrent un tombeau littéraire, où, parmi tant d'épitaphes, les vers de Ronsard méritent un souvenir :

> Icy la Reine sommeille,
> Des Reines la non pareille,
> Qui si doucement chanta :
> C'est la Reine Marguerite,
> La plus belle fleur d'élite
> Qu'onque l'Aurore enfanta

III.

Les douze volumes des *Amadis*, traduits de l'Espagnol Montalvo, qui lui-même aurait imité nos anciens romans du moyen âge, Tristan ou Lancelot du Lac par exemple, mais adaptés au goût français, prennent, par une peinture assez délicate des sentiments, par un style simple et agréable, l'autorité et l'influence d'une œuvre originale. François Habert adresse ce compliment à Herberay des Essarts qui publia les huit premiers, de 1540 à 1548 :

> Et comme un paintre enrichit sa paincture
> D'or et d'azur, aussi par tes beaulx dicts,
> Tu fais trouver à toute créature,
> Cent fois plus beau le livre d'Amadis.

Cinquante ans plus tard, Pasquier dira de lui ce que Vaugelas dit de la traduction d'Amyot; il l'appelle « un roman dans lequel vous pouvez cueillir toutes les belles fleurs de notre langue française. » Et certes rien n'y manque de ce qui compose la trame ordinaire des romans de chevalerie : princesses belles comme Vénus qu'il suffit de regarder pour recevoir le coup de foudre, chevaliers sans peur et sans reproche qui, par leur vaillance, décident du gain des grandes batailles, chevaliers félons, géants et monstres destinés tôt ou tard à mordre la poussière, fées, enchanteurs, nécromanciens qui protègent leurs élus comme les dieux de l'Olympe favorisent le héros de leur choix dans l'Iliade, et font jouer en leur honneur tous les ressorts du merveilleux, rapts d'enfants au berceau, naufrages, combats singuliers, philtres, ces excuses commodes de toutes les défaillances, palais enchantés, embûches magiques, épreuves sans cesse renouvelées ; intrigue principale rompue continuellement par des intrigues secondaires et l'introduction de personnages nouveaux jetés subitement dans l'action sans ombre de logique et de préparation, comme pour allonger le récit et tirer à la ligne. Ce qui nous semble intolérable aujourd'hui, fort au-dessous des simples contes de fées ou des contes des *Mille et une nuits*, c'est la loi même du genre, et cela enchantait cette société du xvie siècle suspendue, flottante entre le merveilleux et la science, et comme tiraillée à deux infinis. Toute cette fantasmagorie charmait d'autant plus la foule innombrable des ignorants et des demi-lettrés qu'ils retrouvaient dans les *Amadis* mille réalités contemporaines. Les vaisseaux qui ornent les vignettes des volumes sont ceux de la marine royale ; les armets sont ceux que cisèlent les Italiens de la Renaissance ; les casques sont les casques d'apparat, dits « à l'antique, » avec la crête formée par le corps d'une chimère, le médaillon central entouré d'une damasquine en or ; l'entrée de la reine Zahara dans Trébizonde rappelle celle de Henri II dans sa bonne ville de Paris, le 16 juin 1549, cette entrée où l'on ne compta pas moins de « deux mille pages, qui marchaient devant leurs maîtres, portant lances, armets, bourguignottes, gantelets, épieux ou autres armes, montés sur grands chevaux ; les combats entre Lisvard et Périon, racontés au quatrième livre de l'*Amadis,* ressemblent fort aux grandes batailles du siècle, Marignan, Pavie, Cérisoles.

Les qualités et les défauts d'*Amadis* expliquent sa vogue extraordinaire, comment il devient, vingt ans et plus, la bible mondaine des courtisans, mettant à la portée du grand nombre les qualités de l'élite, renvoyant à cette société du XVIᵉ siècle ses vertus et ses vices réverbérés, embellis dans un miroir flatteur, contribuant pour sa part à polir les mœurs, à répandre des sentiments raffinés, le respect des dames, la protection due à la beauté faible, l'exaltation héroïque du devoir chevaleresque, la fidélité relative. Jodelle, interprète des rancunes de la Pléiade, confesse, non sans quelque dépit, qu'en dehors des érudits et des délicats, la France se laisse « embabouiner de ces menteries espagnoles ; » que cette littérature « est agréable et bien reçue des gentilshommes et demoiselles de notre siècle, qui fuient l'histoire pour sa sévérité, et rejettent toute autre discipline pour leur ignorance. » Et sur ce point les témoignages affluent, précis et concordants. Mais, puisque les romans disent ce que l'humanité espère et ce qu'elle rêve, puisqu'ils peignent dans chaque siècle l'idéal de l'amour, l'*Amadis* a eu cet autre gage de succès qu'il a mieux que tout autre présenté le tableau de l'amour, tel que l'époque l'imaginait, habilement revêtu du costume du temps. Et M. Édouard Bourciez semble aussi ingénieux que pénétrant, lorsque, cherchant le secret de cette passion paradoxale de Henri II pour Diane de Poitiers, d'un roi de trente ans pour une femme de cinquante, il trouve le mot de l'énigme dans les maximes romanesques empruntées à l'*Amadis*, dans ce culte éternel qu'un féal chevalier doit à la dame de ses pensées, une fois élue.

L'amour d'Amadis, le principal personnage du roman, est l'amour chevaleresque à sa plus haute puissance, fidèle, persévérant, l'amour qui fait les Eviradnus et les chevaliers de la Table ronde, les héros du miracle et de l'impossible. Combat-il en présence d'Oriane, celle-ci lui est un talisman qui le rend invincible, presque invulnérable. Est-il banni par elle sur de fausses apparences d'infidélité, tout aussitôt il « vaut moins qu'un homme mort, et il n'y a si mauvais chevalier dans la Grande-Bretagne qui ne le défît aisément, tant il est malheureux et désespéré. » Sans savoir son crime, sans chercher à se justifier, il se retire à l'Ermitage de la Roche-Pauvre, pour y languir, plongé dans un désespoir farouche sous le nom de Beau-Ténébreux; son fidèle Gandolin cherche-t-il à le consoler, lui promettant qu'un jour Oriane reconnaîtra qu'elle a eu tort et lui demandera pardon, ce langage sensé irrite Amadis, qui menace l'écuyer de lui couper la tête pour le punir d'avoir osé dire qu'Oriane a pu se tromper. N'est-elle pas une divinité infaillible ? ses paroles ne retentissent-elles pas comme les arrêts du destin ? Vous pensez bien qu'une si belle flamme mérite sa récompense, et qu'au moment où il va périr de chagrin, arrivera une seconde lettre d'Oriane qui promet à son ami, s'il vit encore, le pardon de sa trahison imaginaire.

A côté de l'amour chevaleresque, il y a l'amour volage, représenté par le prince Galaor, frère d'Amadis, auquel celui-ci abandonne les bonnes fortunes qu'il rencontre, qui combat, lui aussi, des géants, délivre des damoiselles, réclame en beau langage la récompense, rarement refusée, de ses services, et passe de l'une à l'autre comme l'oiseau de branche en branche : « Damoiselle m'amye, vous savez que je vous ai délivrée de prison ; mais en vous donnant liberté, je me suis captivé, et mis en grande langueur, si ne me secourez. » Madrigaux et bravoure, comment résister à tant de séductions ? Et sans doute, parmi ces courtisans qui paradent au Louvre, beaucoup au fond seraient plus flattés d'être comparés à ce bourreau des cœurs qu'au fidèle Amadis; parmi ces femmes qui les écoutent, plus d'une partage cette pensée et répondrait comme cette coquette d'antan à un ennuyeux adorateur : « Je n'ai pas le temps de vous estimer; si vous pouviez me plaire, ce serait plutôt fait. La vertu, sans grâce et sans piquant, n'est bonne qu'en famille. » D'ailleurs, à mesure que nous avançons dans la série des Amadis, l'idéal de fidélité s'obscurcit de plus en plus; le second fils d'Amadis de Gaule ne résiste pas comme son père à l'amour des belles reines qu'il rencontre; Florestan, son troisième fils, se console de n'épouser pas la princesse Gribiane, espérant, « s'il perd le nom de mari, recouvrer avec le temps celui d'ami. » Amadis de Grèce, son arrière-petit-fils, aime deux dames à la fois, et les invoque toutes deux au moment du combat, et « ainsi léger et inconstant plus qu'une girouette, aimait aujourd'hui l'une et demain l'autre. » Les héroïnes marchent du même pas; elles coquettent, cherchent à enguirlander les chevaliers mariés. La reine des Amazones, Zahara, qui aime Lisvart marié à Ono-loric, se flatte qu'un jour celle-ci « demeurera pour sa femme et moy pour son amye. » Les damoiselles attendent rarement qu'elles aient la bague au doigt pour combler les vœux de leurs soupirants. Oriane elle-même, dès le premier livre, oublie « son accoutumée discrétion, » et le mariage ne se célèbre qu'à la fin du quatrième volume. On trouve aussi, vantée dans ces romans, la théorie de l'amour quasi légitime en certains cas, pour le mari du moins, à côté du mariage : ici sans doute l'auteur n'avait besoin que de décrire ce qu'il voyait à la cour. Brantôme a-t-il tort de s'écrier qu'il voudrait « avoir autant de centaines d'écus qu'il y a eu de belles, tant du monde que de religieuses, que la lecture de l'*Amadis* a perdues ? » Décidément la morale cheva-leresque n'a rien à voir avec la morale spiritualiste, avec la morale sans épithète ; contentons-nous de la ramener à sa vraie définition : le courage mis au service de la galanterie, une école de politesse et de bon langage.

Ce qui frappe dans *Amadis*, ce qui lui donne une réelle supériorité sur ses imitations, c'est la peinture déliée de certains mouvements de l'âme, l'analyse des traits de mœurs pris sur le vif, des caractères gracieux et touchants ; c'est que l'auteur a parfois su peindre l'amour tel qu'il est, toujours le même pour le fond, toujours nouveau pour la forme, non seulement comme une mode du jour, mais comme la première, l'éternelle et la plus sublime passion du cœur humain. Oriane, maîtresse jalouse, hautaine, capricieuse, abdique son pouvoir despotique aussitôt qu'elle devient l'épouse d'Amadis. Carmelle et Gradaflée, ces deux héroïnes de l'amour malheureux et résigné, excitent à la fois la pitié, l'admiration, méritent d'être comptées parmi les plus belles créatures du génie romanesque. Carmelle, éprise d'Esplandion qui la rebute parce qu'il aime la princesse Léonorine, voyant bien qu'elle ne sera jamais ni sa femme ni son amie, « se réduit à demander d'être son page. » Les chevaliers d'Esplandion, le roi Lisvart approuvent la requête de Carmelle, et l'engagent à la prendre pour « sa loyale servante. » Son dévouement résiste à toutes les épreuves, elle porte à Léonorine les messages d'Esplandion et le console fort joliment des froideurs de sa princesse : « Les femmes, dit-elle, sont toujours en crainte que l'on n'aperçoive leurs passions amoureuses, de sorte qu'elles nient ordinairement, de paroles, de gestes et de contenance, ce qu'elles ont le plus imprimé en leur cœur et en leur esprit. Alléz la voir et elle vous deviendra à l'instant plus amie que jamais. »

La reine Gradafilée sauve de mille périls Lisvart de Grèce, et cependant elle sait qu'elle ne sera point aimée, car Lisvart ne peut être son chevalier, étant déjà fiancé à la princesse Onolorie. Elle ne s'en dévoue pas moins, devient son bon génie et son sauveur. A Trébizonde, il est accusé du crime de lèse-majesté et condamné au bûcher, à moins qu'il ne trouve un chevalier qui vienne confondre ses accusateurs; ses anciens amis n'osent s'armer pour sa défense: il va périr, lorsque paraît dans la lice un chevalier inconnu qui fait mordre la poussière aux calomniateurs, délivre Lisvart et s'éloigne avec lui. Lisvart lui demande de se découvrir : « Vous avez devant vous, répond l'inconnu, celui qui vous a, par deux diverses fois, délivré de mort, et néanmoins vous le méconnaissez ainsi qu'un étranger.

— Pardonnez-moi, sire chevalier, je vous supplie, car je vous jure Dieu que je ne sais pas qui vous êtes. Mais moitié par amour et l'autre par force, je vous verrai maintenant au visage. » Et avançant le bras et désarmant de tête le chevalier, il reconnut Gradafilée, dont les larmes lui vinrent aux yeux, la voyant pour lui en tel équipage. Aussi l'embrassa-t-il, lui disant : « Hé Dieu ! ma grande amie, croyez que je ne méconnais pas de cœur, si je l'ai fait des yeux, celle à qui je suis tant redevable et obligé. Plût au roi Jésus qu'il fût en ma puissance vous faire dame (de mes pensées) et maîtresse de moi ! Assurez-vous que je n'en épouserais jamais d'autre que vous!.... » Et pendant qu'il parlait ainsi, il vit Gradafilée qui fondait en larmes, « dont il souffrit telle peine que, considérant cette grande amitié et force d'amour, contraint par l'affection qu'il lui portait, lui dit : « Ma grand'amie, je me sens vaincu par vous, et si vous pouvez oublier le passé, je vous jure que j'obéirai entièrement à ce que vous me commanderez, encore que je fisse contre le devoir que je dois à madame Onolorie. »

Voilà donc Lisvart prêt à devenir infidèle à force de reconnaissance; mais alors l'âme de Gradafilée resplendit dans toute sa grandeur et sa pureté. « En bonne foi, mon ami, dit-elle, vous me faites tort de croire que vous diminuez ma peine en m'offrant de forfaire à mon honneur et au vôtre. Je vous prie, beau sire, de n'avoir jamais votre Gradafilée en telle opinion, que l'amour puisse en elle l'emporter sur la vertu. Aussi, ce que je pleure, ce n'est point de me voir frustrée de votre intention ; je pleure sur la contrariété de vos amours ; mais je veux garder le mien aussi intact que mon honneur, ne cherchant plus grand bien que votre continuelle présence et compagnie.... Ainsi je vous supplie que cette honnête amitié et ordinaire compagnie ne me soit refusée, mais que vous me permettiez vous suivre à jamais, bien assurée que la loyauté que vous devez à madame votre femme n'en sera en rien altérée. » Lisvart alors, plein d'une sorte d'enthousiasme chevaleresque en se voyant « si parfaitement aimé de la plus belle, sage et chaste princesse de la terre, » et n'oubliant pas non plus l'amour qu'Onolorie a aussi pour lui, puisque Gradafilée le lui a remis en mémoire par sa vertu, Lisvart s'écrie que ni la renommée d'Amadis de Gaule, son aïeul, ni l'effort et la hardiesse d'Esplandion, son père, ne se peuvent égaler au bonheur qu'il sent en lui, jouissant de l'amour honorable des deux plus grandes dames de la terre, » puis embrassa derechef Gradafilée : « Et quant à ce que vous me demandez, dit-il, et dont je devais moi-même vous requérir, je le vous accorde de très bon cœur, réputant votre compagnie si avantageuse pour moi, que je ne vous abandonnerai de ma vie, contre votre gré, si force ou prison ne m'y contraint. »

Enfin, lorsque Lisvart devient veuf, par un raffinement de cœur absurde et exquis, Gradafilée le marie avec l'impératrice de Babylone, se contentant sans doute de la gloire qu'elle a conquise par son affection chaste et dévouée, craignant peut-être aussi que le mariage ne déflore son tendre idéal.

> L'amour, hélas ! l'étrange et la fausse nature,
> Vit d'inanition et meurt de nourriture.

A-t-elle tout à fait tort ? Le consentement si rapide de

Lisvart n'est-il pas de nature à la confirmer dans son abnégation? Ne devrait-il pas, puisque nous sommes dans le monde romanesque, récompenser la vertu par le bonheur? Et faut-il conclure de cet épisode que décidément les femmes de cette époque savaient mieux aimer que les hommes? Peut-être.

DEUXIÈME CONFÉRENCE

L'ACADÉMIE DE CHARLES IX ET DE HENRI III

LES FEMMES DU XVIᵉ SIÈCLE

Mesdames, Messieurs,

C'est un fait d'observation, en tout cas une vérité de premier ordre, que la plupart des événements considérables, révolutions politiques, sociales ou religieuses, découvertes de la science et de la philosophie, n'éclatent pas à l'improviste, se produisent par une série d'évolutions, plongent leurs racines dans le passé, que bien souvent leur développement naturel se trouve entravé à la façon des enfants qui meurent en bas âge ou végètent, chétifs, pendant des années; que tant de tâtonnements en un mot, d'échecs, de morts douloureuses semblent nécessaires pour arriver à un entier épanouissement. Qu'il s'agisse d'un homme de génie, d'une institution nouvelle, le hasard, la nature auront sacrifié beaucoup de germes avant que cet homme, cette institution parviennent à remplir leur mérite : le sang aura coulé, les plus nobles efforts auront avorté, des résultats précieux auront été mis à néant, des

retards déplorables produits dans la marche en avant
sur la route obscure du progrès ; il semble que des débris d'âmes, de pensées éternelles jonchent le champ
de l'histoire, comme dans un siège les premiers tués
servent de fascines pour monter à l'assaut. Ironie du
sort : un nez trop court ou un grain de sable, un mariage ou un testament déchaînent des guerres, boule-
versent un empire, retardent de cent ou deux cents ans
l'éclosion d'une réforme. Heureux encore si les victorieux se souviennent de ceux qui ont aplani la voie, si
ceux-ci ont marqué d'une empreinte assez forte le destin pour qu'on ait retenu leurs noms ; car l'humanité est
forcément matérialiste en un sens : elle consacre la
force, le triomphe des idées, des individus, regarde à
peine la foule anonyme des vaincus, et tout au plus répète la mélancolique parole du fossoyeur d'Hamlet ;
d'ailleurs, elle n'a pas le temps, le train de la vie quoti-
dienne l'emporte dans son tourbillon. Mais l'histoire, si
immorale au premier abord, a sa grandeur spiritualiste
et sa pure beauté, lorsqu'elle fait leur part aux précurseurs, aux apôtres, lorsqu'elle évoque derrière un Luther, Wiclef, Jean Huss, tant d'autres pionniers de la
Réforme ; derrière la Révolution la lutte séculaire de
tant de martyrs de la liberté, lorsqu'elle explique l'unité
de la France poursuivie par vingt rois, cimentée par
Louis XI, Henri IV, Richelieu, ou qu'elle met dans le
cortège des créateurs ceux qui ont eu la vision de la découverte, mais que la fortune a arrêtés dans leur essor,
ou qui ont eu raison trop tôt. C'est une œuvre de
justice et de réparation qu'ont accompli les Augustin
Thierry, les Guizot, les Michelet, les Taine ; se plaçant
à égale distance des sceptiques purs et des docteurs de

la théocratie, ils ont sondé les ténèbres du passé, illuminé mille recoins, aperçu les liens qui rattachent les événements anciens à ceux d'aujourd'hui, les ancêtres intellectuels à leurs descendants plus heureux, faisant flamboyer à nos yeux un idéal supérieur, prouvant que cet idéal, nous le réalisons lentement sans doute, mais sûrement. Une foule de penseurs, et parmi eux des hommes d'un rare talent, MM. Ernest Lavisse, Albert Sorel, Henry Houssaye, Perrens, Vandal, se sont élancés dans cette voie, récoltent de magnifiques moissons sur la terre fécondée par les grands laboureurs, font jaillir mainte étincelle du vaste foyer; grâce à leurs recherches, l'histoire apparaît, non point comme une vaine distraction et une fantasmagorie de l'esprit, non comme une fable convenue, mais comme la maîtresse science de la vie humaine, qui a ses lois, ses règles immanentes, moins claires, moins évidentes que celles de la chimie ou de la physique, puisqu'elle embrasse l'univers moral et intellectuel, réelles cependant et visibles à ceux du moins qui savent regarder assez longtemps. Elle devient, dans toute la force du terme, une résurrection, une consolation, un phare.

Ces réflexions peuvent, dans quelque mesure, s'appliquer à cette grande institution qui s'appelle l'Académie française. Personne n'ignore qu'elle eut pour fondateur le cardinal de Richelieu : on sait moins qu'elle avait été créée de toutes pièces par les derniers Valois, un demi-siècle auparavant [1]; que sans la Saint-Barthé-

---

[1] Pour bien connaître cet épisode de notre histoire, la société et les femmes du XVIᵉ siècle, je conseillerais surtout de lire le beau livre de M. de Maulde, *Les Femmes de la Renaissance;* les ouvrages de MM. Édouard Frémy, *L'Académie des derniers Valois;* Léon

lemy et la guerre civile, elle eût prospéré très probablement, que les noms de Baïf, du Faur de Pibrac, Charles IX, Henri III méritent de figurer à côté de Richelieu, Conrart et Chapelain.

Ni le nom ni la chose n'étaient nouveaux. Cicéron l'avait introduit dans la langue latine pour désigner une de ses villas où furent composées les Académiques : vers 1570, Antoine de Baïf, « le grand Baïf qui la France décore, » l'ami, le compagnon de travail de Ronsard, de Joachim du Bellay, s'avisa de l'appliquer en France à une compagnie de lettrés et d'artistes, de l'emprunter à l'Italie, sa patrie d'origine, qui le tenait elle-même de la Grèce par les derniers disciples de

---

Feugère, *Les Femmes poëtes au XVI⁰ siècle*. — Voir aussi Castiglione, *Manuel du parfait courtisan*. — Agrippa Cornélius, *De la Noblesse et préexcellence du sexe féminin*, Paris, 1578. — Jules Bonnet, *Vie d'Olympia Morata*, Paris, 1850. — Campaux, *La question des femmes au XVI⁰ siècle*, 1865. — Chérot, *La Société au commencement du XVI⁰ siècle ; Revue des questions historiques*, avril 1895. — Comtesse d'Haussonville, *Marguerite de Valois*. — De Maulde, *Louise de Savoie et François I⁰ʳ ; — Les Origines de la Révolution française au XVI⁰ siècle*. — Müntz, *Histoire de l'art pendant la Renaissance*. — Bonaventure des Périers, 1856, 2 vol. — Perrens, *Jérôme Savonarole*. — Puymaigre, *La Cour littéraire de don Juan II*, 1873. — J. Quicherat, *Histoire du costume en France*. — Stapfer, *Montaigne ; Rabelais ; La famille et les amis de Montaigne*, etc. — Waddington, *Ramus*, 1855. — Charles Yriarte, *La vie d'un patricien de Venise*. — Rodocanachi, *Renée de France, duchesse de Ferrare*, 1 vol. Ollendorff, 1896. — P. de Nolhac, *Le dernier amour de Ronsard, Hélène de Surgères*. — Œuvres de Pierre de Ronsard ; édition Marty-Laveaux, 6 vol. in-8. — E. Frémy, *Un ambassadeur libéral sous Charles IX et Henri III*. — Philarète Chasles, *Études sur le XVI⁰ siècle*. — Marquis de Noailles, *Henri de Valois et la Pologne*. — Colletet, *Vie de Pibrac*. — D'Aubigné, *Histoire universelle*. — M. R. Waddington, *Ramus*. — Perroniana. — Comte Jules Delaborde, *Gaspard de Coligny*. — Tallemant des Réaux, *Historiettes ; — Mary Darmesteter, La reine de Navarre, Marguerite d'Angoulême*, 1 vol., 1899.

Platon, fondateurs de l'Académie néo-platonicienne de Florence. Se naturaliser dans Athènes et dans Rome, comme on disait alors, infuser à notre langue les richesses de l'antiquité, établir un parfait accord entre la poésie et la musique, ces pures ambitions ne cessaient d'agiter l'âme de Baïf et de ses amis au cours de leurs austères études. Les poètes de la Renaissance regardaient la musique comme l'alliée inséparable de la poésie ; la lyre seule, disaient-ils, doit et peut animer les vers et leur donner le juste poids de leur gravité. « Comme Ronsard, écrit Colletet, avait ajusté ses vers de telle sorte qu'ils pouvaient être chantés, les plus excellents musiciens, comme Orlande, Corton, Goudimel, Jeannequin, prirent à tâche de faire imprimer la plupart de ses sonnets et de ses odes avec les notes d'une musique harmonieuse, ce qui plut de telle sorte à toute la cour qu'elle ne résonnait plus rien autre chose, et ce qui ravit tellement Ronsard qu'il inséra à la fin de ses premières poésies cette excellente tablature de musique. » Dans son culte un peu excessif de l'antiquité, dans ce désir extrême d'accorder la poésie et la musique, Baïf prétendait les soumettre aux mêmes lois, il voulait que l'auteur se contentât de reproduire les sons du langage parlé, que la prosodie métrique des Grecs et des Latins remplaçât la rime. De telles réformes, les unes contraires, les autres conformes au génie national, devaient avoir pour auxiliaire et pour instrument cette Académie « dressée à la manière des anciens, » dont il soumit les statuts à Charles IX en 1570. Les fondateurs s'y proposent, en effet, « de représenter la parole en chant accompli de sons, harmonie et mélodie.., renouvelant aussi l'ancienne façon de composer vers mesurés pour y accompagner le chant pareillement mesuré. » L'*Académie de poésie et de musique* est « une escolle pour servir de pépinière d'où se retireraient un jour poètes et musiciens par bon art instruits et dressés. » Baïf et son collaborateur Thibaut de Courville prennent le titre d'entrepreneurs; ils ont plusieurs sortes de confrères : d'abord les musiciens, c'est-à-dire les poètes, les érudits chargés d'écrire les poésies, les compositeurs qui mettaient ceux-ci en musique; auprès d'eux six virtuoses, qualifiés *chantres*, joueurs d'instruments, qui exécutent les œuvres lyriques aux *auditoires* ordinaires et extraordinaires; puis les *auditeurs*, public d'initiés, lettrés ou gens du monde dont il s'agissait de former le goût. Un médaillon portant la devise de l'Académie leur donnait droit d'entrée aux séances; la candidature des uns et des autres devait être agréée par les entrepreneurs.

Charles IX accueillit avec enthousiasme le projet : on sait qu'il cultivait avec passion les lettres, qu'il se mêlait lui-même « d'en escrire et fort gentiment, » et l'on voudrait que les vers qu'il adressa, dit-on, à son poète favori Ronsard, n'eussent pas été remaniés, embellis sans doute par Le Royer de Prades. Qu'il y ait eu grande ou petite part, ils méritent de figurer dans les anthologies, de demeurer dans les mémoires :

> L'art de faire des vers, dût-on s'en indigner,
> Doit estre à plus haut prix que celui de régner.
> Tous deux également nous portons des couronnes,
> Mais Roy, je les receus; poète, tu les donnes.
> Ton esprit, enflammé d'une céleste ardeur,
> Esclate par soy-même, et moy par ma grandeur.
> Si du costé des dieux je cherche l'advantaige,
> Ronsard est leur mignon, et je suis leur imaige.
> Ta Muse, qui ravit par de si doux accords,

Te soumet les esprits dont je n'ai que les corps ;
Elle t'en fait le maître et te fait introduire
Où le plus fier tyran n'a jamais eu d'empire ;
Elle amollit les cœurs et soumet la beauté :
Je puis donner la mort, toi l'immortalité !

Brantôme rapporte que souvent, quand il faisait mauvais temps, Charles IX envoyait quérir MM. les poëtes en son cabinet, et, là, passait son temps avec eux ; et la musique aussi avait tant d'attraits pour lui que, pendant la messe, il se levait volontiers et s'en allait chanter au lutrin avec ses chantres. Non content de se déclarer protecteur de la Compagnie, il se proclame premier auditeur, approuve les statuts, félicite Baïf et Courville d'avoir, pendant trois années consécutives, travaillé pour l'avancement du langage français, confère des priviléges aux membres de l'Académie : « Il importe grandement, ajoutent les lettres patentes, pour les mœurs des citoyens d'une ville, que la musique courante et usitée au pays soit retenue sous certaines lois, d'autant que la plupart des esprits des hommes se conforment et composent selon qu'elle est ; de façon que, où la musique est désordonnée, là volontiers les mœurs sont dépravées, et où elle est bien ordonnée, là sont les hommes bien morigénés ! » Le roi commande aux gens de justice de faire lire, publier et enregistrer les statuts, ce qui n'empêcha point plusieurs conseillers au Parlement de se poser en adversaires de la nouvelle institution, sous prétexte qu'elle pouvait « amollir, efféminer, corrompre et pervertir la jeunesse. » Les entrepreneurs eurent beau adresser requête au Parlement pour qu'il envoyât une députation de ses membres à l'une des prochaines séances de l'Académie, prier le premier président, un des avocats généraux, le procureur général, d'accepter le titre de *Réformateurs de la Compagnie*, afin de prendre garde « qu'il ne s'y fît rien contre l'honneur de Dieu et du roi, et contre le bien public : » la cour décida que les pièces seraient d'abord soumises au contrôle de l'Université de Paris. Pour briser retards et résistances, il fallut que Charles IX octroyât de nouvelles lettres patentes; l'opposition de 1570 devait rencontrer des imitateurs en 1635.

L'Académie française de poésie et de musique siège le plus souvent à l'hôtel de Baïf, parfois au collège de Boncourt : par dérogation aux lois de l'étiquette, le roi, quand il préside l'auditoire, autorise les membres à se tenir assis et couverts devant lui. Les Académiques se recrutent d'abord parmi les poètes appartenant à l'ancienne *Brigade*, devenue la Pléiade : Dorat, Ronsard, Amadis Jamyn, Jodelle, Remy Belleau, Pontus de Thyard. Quant au titre d'auditeur, dignitaires de l'État et courtisans s'empressent à le solliciter, et, pour subvenir à l'entretien de l'Académie, la comblent de dotations. Et, pour les travaux des Académiques, leur principale tâche est « la mesure des sons élémentaires de la langue, » l'étude des questions de grammaire et de philologie; d'ailleurs ils s'attribuent le pouvoir de changer quelque chose à la langue. Comme en 1635, il s'agit donc « de nettoyer la langue des ordures qu'elle a contractées, ou dans la bouche du peuple, ou dans la foule du palais et dans les impuretés de la chicane, ou par les mauvais usages des courtisans ignorants, ou par l'abus de ceux qui la corrompent en l'écrivant et de ceux qui disent bien dans les chaires ce qu'il faut dire, mais autrement qu'il ne faut dire. »

Il s'agit aussi, pour Baïf et ses collègues, de diriger

la littérature dramatique, de fonder un théâtre digne de la langue châtiée par leurs soins, d'introduire sur la scène française les chœurs et la chorégraphie antiques. Baïf essayait de créer un répertoire inspiré de celui des anciens, il en lisait des fragments à l'Académie; on jouait ses pièces à l'hôtel de Guise, au Louvre, où Catherine de Médicis avait établi un théâtre « et riait son saoul comme une autre, » observe Brantôme. Toutefois elle n'autorisait que les comédies, et, par un sentiment de superstition, ne permettait plus qu'on représentât des tragédies devant elle, parce que, en 1559, l'année même de la mort du roi, la *Sophonisbe* du Trissin, traduite de l'italien par Saint-Gelais, avait été jouée par des princesses et des dames de la cour devant Henri II. Par ordre de la reine mère, Baïf devra aussi exclure des œuvres antiques tout ce qui pourra blesser la décence. Dans les auditoires auxquels il assiste, Charles IX discute avec Ronsard le plan, les épisodes de son poème de la *Franciade*, insiste pour qu'il substitue le vers décasyllabique à l'alexandrin, que le poète préférait avec raison. Cette collaboration royale et autoritaire est constatée par un quatrain flatteur d'Amadis Jamyn :

> Tu n'as, Ronsard, composé cet ouvrage,
> Il est forgé d'une royale main,
> Charles savant, victorieux et sage,
> En est l'autheur; tu n'es que l'écrivain

Il en était l'auteur un peu comme le comte de Clermont et le comte de Provence étaient les auteurs de certains mots, de comédies, de vers dont les courtisans leur attribuaient, dont ils acceptaient assez cavalièrement la paternité.

Mais voici la Saint-Barthélemy, et bientôt après la profonde tristesse, la maladie morale de Charles IX. « Il demeurait tout songeard et pensif, écrit un contemporain, et l'entre-deux des yeux renfrogné, où il y avait une trame bien profonde. » Cherchant à tuer le noir souci qui le dévore, il se livre de plus en plus à la chasse, établit une forge au Louvre, s'acharne à forger des épieux, des cuirasses, cesse de s'intéresser aux choses de l'esprit, n'assiste plus aux séances : et aussitôt les courtisans de s'en éloigner comme ils étaient accourus, de suspendre leurs générosités. Ronsard déclare qu'il rompt définitivement avec les Muses ; l'Académie tombe en langueur aussi vite qu'elle avait crû en gloire. Cependant, à la mort de Charles IX (30 mai 1574), Amadis Jamyn laisse éclater la douleur de la Pléiade :

> Apollon t'a pleuré, d'autant que le support
> Des Muses et des Arts avec toy semble mort.
> Si peu de rossignols paraissant cette année
> Nous prédisaient assez ton heure infortunée,
> Ne voulant plus chanter à cause de ta fin....

La situation si précaire de la France, ce qu'on savait du nouveau roi, tout semblait justifier ce cri de détresse ; mais Baïf et Ronsard n'étaient pas très fins courtisans, ils voulaient faire acte de loyaux serviteurs de la France, et dussent-ils, par un courageux langage, consommer la ruine de leur Académie, pour laquelle ils requéraient secours et protection, donner au vainqueur de Jarnac, de Moncontour, des conseils, des enseignements que personne autour de lui n'eût osé hasarder.

> Si veux te bien régler, en la royale vie,
> Conjoins l'expérience à la philosophie.

Par bons enseignements apprendras le chemin,
Et, par l'effort, tes faicts conduiras à leur fin....
Ce Dieu qui fait les Roys peut aussi les deffaire....
Quel se monstre le Roy, tels se font les sujets....
     .... Pour ce, vous qui tenez
Le royal gouvernail, vos devoirs apprenez !

Toy que pour commander sur autruy l'on appelle,
Surtout commande-toy : c'est louange fort belle
D'être roi de soy-mesme ; en vain donne la loy
Maistrisant sur autruy, qui n'est maistre de soy....
Les lettres et lettrez, ô mon fils, favorise ;
Les arts et le savoir sous ton règne autorise,
Fais savants tes sujets : de science union,
De l'ignorance vient toute division.

Ainsi Baïf faisait parler Catherine de Médicis, et Ronsard ne mettait pas une moindre fierté dans son épître :

Chacun, d'un œil veillant, vos actions contemple :
Vous estes la lumière assise au front du temple ;
Si elle reluit bien, vostre sceptre luira,
Si elle reluit mal, le sceptre périra.
Il faut bien commencer : celui qui bien commence,
Son ouvrage entrepris de beaucoup il advance.
Sire, commencez bien, à vostre advènement !
De tout acte la fin suit le commencement.

.... Recevez, s'il vous plaît, d'un visage serein
Et d'un front déridé mon écrit, que la main
Des Muses a dicté, cette nouvelle année,
Pour, en vous étrennant, voir leur troupe étrennée.
Ne les méprisez pas, bien que soyez issu
D'une race et d'un sang de tant de rois conçu ;
Et ne fermez aux vers l'oreille inexorable.
Minerve, autant que Mars, vous rendra vénérable....
Homme, ne pensez être heureusement parfait !
De même peau que nous nature vous a fait.
     Je serai satirique,
Disais-je à votre frère, à Charles, mon seigneur !
Charles, qui fut mon tout mon bien, et mon honneur !

Louis XIV eût-il agréé un langage aussi noblement indépendant ? Il est permis d'en douter. Henri III, lui, ne s'en offensa point et le considéra sans doute comme une licence poétique; mais il fallait d'autres procédés, d'autres hommes pour restaurer une institution chancelante. Guy du Faur de Pibrac sut mieux se faire écouter. Membre du conseil privé de Charles IX, diplomate, philosophe, érudit, bon poète, réputé l'homme le plus éloquent de son temps, « le mieux accommodant *le geste et la grâce aux paroles triées,* célébré pour son zèle du bien public, sa douceur et son aménité par les protestants eux-mêmes, bien qu'il ait publié une justification de la Saint-Barthélemy (mais, sur son intervention, les massacres avaient cessé à Paris); du Faur de Pibrac est, par ses talents, par la fortune, un de ces personnages sympathiques de l'histoire pour lesquels les contemporains et la postérité n'ont que des sourires. N'est-ce pas merveilleux qu'à une époque où les haines, les passions hurlent si furieuses, si implacables, un huguenot, le célèbre Hubert Languet, qui n'avait échappé à la mort que par miracle la nuit de la Saint-Barthélemy, ait pu écrire ces paroles qui sont de tous les temps : « J'ai pour coutume de juger les actions des hommes chacune pour ce qu'elle vaut.... Je mets en relief leurs bons instincts, s'ils en ont eu, et s'ils ont failli, soit par erreur, soit par une certaine faiblesse d'esprit, j'atténue leur faute autant que je le puis. Pibrac est doué d'un génie, d'un savoir et d'une éloquence tels que je ne sais si personne en France lui pourrait être comparé. Il a toujours fait preuve d'une extrême bonté.... Je ne suis pas stoïcien, et je ne crois pas que toutes les fautes soient égales. C'est le défaut habituel de notre pays de ranger aussitôt au nombre des scélérats un homme d'élite, pour peu qu'on puisse le convaincre d'une erreur.... » Pibrac accompagna Henri III chez les Polonais en qualité de chancelier de la couronne, lui rendit les plus précieux services, jouissait de toute sa confiance. Mais, en relevant l'Académie, il la métamorphose : elle prendra un titre nouveau, un caractère plus conforme aux traditions de l'Académie florentine de Côme l'Ancien et de Laurent le Magnifique; ainsi elle aura l'appui d'un prince que les sciences linguistiques, naturelles et philosophiques attiraient de préférence aux lettres. Elle s'appellera l'Académie du palais, tiendra deux fois par semaine ses auditoires au Louvre : le roi son protecteur, les ducs de Joyeuse, de Retz, la plupart des seigneurs et dames de la cour souscrivent pour son entretien. D'ailleurs Pibrac garde dans leur ensemble les anciens statuts, et bien qu'elle n'ait plus la même importance, l'exécution des poèmes lyriques est maintenue au programme par ordre formel du roi. « Un jour, dit Sauval, que le roi était venu à l'Académie, Jacques Mauduit, greffier des requêtes, bon poète néanmoins, mais plus grand musicien, et même si grand qu'il s'est acquis le surnom de *Père de la musique*, s'avisa de faire chanter à la fin des vers qu'il avait mis en chant et parties : ce que Henri III trouva si agréable et si à propos qu'il lui commanda de continuer, et voulut qu'à l'avenir l'assemblée se terminât toujours de même. » Il prend au sérieux son protectorat, car ses vices trop réels, son âme fantasque, s'unissent en lui à de rares qualités intellectuelles; l'élève d'Amyot est, d'après d'Aubigné lui-même, « l'un des mieux disants de son siècle, prince d'agréable conversation avec les siens, et qui avait de grandes parties de roy. » Il aime passionné-

ment la gloire littéraire de son pays, étudie l'histoire
dans Polybe, Tacite, Machiavel, se fait lire Plotin, Porphyre, Jamblique, Proclus, apprend la dialectique,
veut que la langue française retrouve ses titres et ne
cède plus à aucune autre le droit de préséance : et
peut-être eût-il été un bon roi, comme l'affirme le
huguenot l'Estoile, s'il eût rencontré un meilleur siècle.
Amyot est chargé de traduire pour lui les *Tableaux* du
rhéteur Philostrate, du Perron de composer pour son
usage un *Recueil de mille traits* tirés d'auteurs anciens, traits divisés en dix groupes de cent, et devant
se rapporter à dix sujets de morale choisis par le roi.
Deux Florentins de talent, Blaise del Besse et Jacques
Corbinelli, lecteurs ordinaires de la Chambre, Pontus
de Thyard, le maître des requêtes Doron, Henri Estienne le secondent dans ses recherches. De Thou, Dupleix, Bayle ont célébré Corbinelli comme un homme de
rare mérite, du caractère des anciens Romains, honoré
de l'amitié particulière du chancelier de l'Hospital, et
disant la vérité hardiment. Bien d'autres témoignages
attestent une intelligente curiosité, une rare ardeur à
pénétrer les secrets de la science, donnent fort à penser sur les pamphlets où protestants et ligueurs traitent Henri III d'Héliogabale. Parfois aussi, pour se
délasser de ses études absconses, il s'amuse à rimer
certains épisodes de son règne, et Vauquelin de la
Fresnaye de l'appeler *le Prince du bien dire*, et Ronsard de renchérir, avec quelque exagération, je pense :

> Apollon qui l'écoute et les Muses qui vont
> Dansant autour de luy, l'inspirent de leur grâce.
> Soit qu'il veuille tourner une chanson d'Horace,
> Soit qu'il veuille chanter en accords plus parfaits
> Les gestes martiaux que luy-mesme il a faits.

Ailleurs, il célèbre sa sollicitude pour les lettrés :

> Le Roy dont je vous parle, et que le ciel approuve
> Jamais en sa maison l'ignorance ne trouve :
> Ayant fait rechercher, d'une belle âme espris,
> Partout en ses pays les hommes mieux appris,
> Près de luy les approche et les rend vénérables,
> S'honorant d'honorer les hommes honorables :
> De parole il les loue, et de biens avancez,
> Comme ils le méritaient les a récompensez.

Il encourage les savants, les poètes, provoque leurs travaux, accorde à Ronsard et à Baïf la somme de douze mille livres, se montre bon juge en toutes matières, devine par le style l'auteur d'un livre, et dans les auditoires de l'Académie désigne souvent l'objet de la discussion. Au reste, l'habitude était de traiter un problème proposé par celui qui avait le mieux fait dans la dernière séance. Par ordre du roi, Ronsard se transforme en philosophe, en grammairien, et consacre le discours d'inauguration de l'Académie du palais aux vertus morales et intellectuelles, afin qu'il soit bien évident que, sans négliger les autres sciences, elle assigne la place d'honneur à la philosophie. On reconnaît dans cette harangue l'influence platonicienne qui perce déjà dans les vers du chef de la Pléiade : il y fait l'éloge de Socrate, qui « attira la philosophie qui était en l'air, comme on dit que les sorcières de Thessalie tirent la lune et la font venir en terre, la communiqua aux hommes et la logea dedans les cités. » Ronsard, d'ailleurs, met l'action, base des vertus morales, bien au-dessus de la spéculation que prônent les champions des vertus intellectuelles. « Que sert la contemplation sans l'action? De rien. Non plus qu'une épée qui est toujours dans un fourreau ou un couteau qui ne peut couper. » Tel n'est pas l'avis de Desportes, poète de cour, favori et complaisant de Henri III : il répond fort doctement au prince des poètes, vante les douceurs de la méditation studieuse dans la retraite, « loin d'affaires et de soucis; » l'homme, d'après lui, est homme par l'honneur de son âme et non pas à cause de son corps ; or les vertus morales sont aux intellectuelles ce que l'outil est à l'ouvrier, le corps à l'âme. A son tour, Amadis Jamyn prend la parole, et se range au sentiment de Desportes, car « la pratique des choses, en quoi consistent les vertus morales, est comme chambrière de la théorique en laquelle gisent les vertus intellectuelles. » C'est à peine si une quatrième, une cinquième harangue de Mmes de Retz et de Lignerolles épuisent la matière. Aussi bien l'Académie étudie avec le même soin d'autres questions : la joie et la tristesse, l'honneur et l'ambition, la colère, la connaissance de l'âme, l'envie, la crainte, vérité et mensonge, etc. Amadis Jamyn, Pibrac, Ronsard, du Perron paient souvent de leurs personnes, fournissent mainte dissertation; derrière eux, prenant part aux débats ou simples auditeurs, se presse une élite intellectuelle : d'Aubigné, Doron, Baïf, Pontus de Thyard, Jean Dorat, Nicolas Rapin, Henri Estienne, Scaliger; puis des princes du sang, des courtisans, peut-être même quelques-uns de ces traitants que Ronsard appelle les *Chrysophiles*, et Marguerite de Valois les *Potirons*.

II.

On vient de le voir, et rien n'est plus intéressant à constater, les femmes « qui ont étudié » assistent aux séances comme auditeurs ou même comme orateurs. Et c'est plaisir de suivre, avec Mlle de Romieu, Léon Feugère, de Maulde, les femmes du xvie siècle, qui se signalent dans les lettres, la conversation ou la politique, annoncent les Précieuses du xviie siècle, les présidentes des bureaux d'esprit du xviiie, les directrices de salons et écrivains du xixe.

Grandes dames et bourgeoises d'alors mériteraient d'être étudiées et mieux connues, d'avoir un Victor Cousin qui restituât des existences parfois aussi compliquées que celles des héroïnes de la Fronde. Les passions ne sont-elles pas plus exclusives, les luttes des partis plus âpres, les caractères plus tranchés qu'au temps de Mazarin, après que Henri IV a triomphé de la guerre civile, que Richelieu, ce rude bûcheron, a frappé les grands arbres à la tête? Intrigues de cour, vertus et croyances, sciences et superstitions, les femmes partagent tout, ne l'oublions pas, avec les hommes, et elles apportent dans ce rôle nouveau les qualités et les défauts de leur sexe, poussant à l'extrême la recherche de leurs sentiments, dirigeant souvent, alors qu'elles semblent obéir; à cette époque déjà, le secret de mainte négociation se dissimule derrière un éventail, une victoire part d'un sourire, une disgrâce sort d'un sentiment dédaigné; alors aussi l'amour, la beauté, la finesse sont de fort importants personnages, de profonds politiques, qui signent des traités de paix, déchaînent des guerres, guident le bras de l'assassin fanatique. Les lettres leur sont de précieux auxiliaires : elles ont senti la force de l'esprit, qu'elles veuillent gouverner l'État ou tout simplement leurs salons; car la femme ne goûte guère la doctrine de l'art pour l'art, de la science pour la science;

elle n'apprend pas en général pour apprendre, pour éprouver ces joies austères et désintéressées, elle apprend pour se parer, et se servir de sa parure contre l'homme, son éternel ennemi, d'aucuns diraient son éternelle dupe. « Comme sur le théâtre antique, observe M. Decrue de Stoutz, les rôles dans la comédie humaine avaient été longtemps tenus par les hommes, au XVIe siècle, la femme devient actrice de ce monde. Elle donne tout ce qu'elle est capable de donner, et produit tous les fruits, bons ou mauvais, allant aux deux pôles du monde moral, passant par toutes les nuances, de l'ambition capricieuse à la volonté mâle, de la grâce aimable à la galanterie criminelle. »

Grâce à elle, la vie devient un art, une passion, elle enseigne la force morale par le beau, l'art subtil de se rendre maître de la vie, fait goûter à l'homme la duperie exquise de l'amour terrestre quasi divin. Que dis-je ? On ne voit Dieu que par elle, puisqu'elle conspire avec le ciel et répète avec ce délicieux Bembo que l'amour naît réellement d'un rayon de la beauté divine transmis par un visage de femme. Et, pour étendre à l'infini l'empire de la séduction, elle professe l'amour platonique, ce compromis fragile entre l'âme et le corps, qui est à ceux-ci ce qu'est le bâton mystique dont parle Bossuet pour le libre arbitre et la fatalité. Sans doute les hommes, en général, n'entrent dans le platonisme qu'avec l'espérance plus ou moins avouée d'en sortir, et les chutes ne se comptent plus : mais n'est-ce pas beaucoup de les avoir retardées, d'avoir créé des oasis de grâce, de courtoisie, de nouveaux moyens de bonheur ? D'aucunes côtoient l'abîme avec une dextérité admirable, se meuvent dans le danger comme s'il était leur élément, et, avec leur virtuosité impeccable, font penser aux variations d'un Rubinstein. Marguerite de France ne se vante-t-elle point de jongler avec le cœur des hommes, de les traiter de telle sorte qu'ils ne savent plus que penser : « Les plus assurés étaient désespérés, et les plus désespérés en prenaient assurance. » Étranges femmes de la cour des Valois dont l'âme et la toilette prennent des airs d'orchidées, qui professent que la meilleure manière de se débarrasser d'un mari, c'est de le garder!

Isabelle la Catholique déclarait ne connaître que quatre belles choses au monde : « un soldat en campagne, un prêtre à l'autel, une belle femme au lit, un larron au gibet. » Les femmes du XVIe siècle accréditent une esthétique nouvelle, la beauté sociale, la beauté par la conversation, par le talent épistolaire, par le salon ; ce nouveau conquérant, l'esprit, il faut l'orner, le cultiver ; aussi se lancent-elles éperdument à l'assaut du savoir : philosophie, théologie, poésie, archéologie, latin, hébreu, italien, espagnol, elles abordent toutes les branches des connaissances humaines. Elles ont des professeurs hommes. Bembo n'a-t-il pas prononcé : « Une petite fille doit apprendre le latin ; cela met le comble à ses charmes ? »

Aussi le XVIe siècle apparaît-il comme un siècle d'éducation féminine, où des fillettes de treize ans semblent de petits prodiges. Naturellement leurs esprits s'émancipent, et cette indépendance, combinée avec la coquetterie et la sève de l'adolescence, produit trop souvent des virginités fort déveloutées. « Avec tous ces romans lascivieux, vous n'aurez virginité entière, » gronde Bouchet. Heureux encore quand le capital reste à peu près intact, quand on n'imite pas jusqu'au bout les héroïnes des romans de chevalerie, ces charmantes impulsives qui jettent si gaillardement leur bonnet par-dessus les moulins. Est-ce une fille d'honneur de Cathe-rine, est-ce une de nos filles *fin de siècle* qui remarque dédaigneusement : « Maman met du sentiment dans tout, même dans l'amour. » Nifo admire les princesses qui arrivent au mariage en état de grâce. Nous voilà loin de ces *écoles de mœurs* d'Anne de Bretagne, où les jeunes gens ne parlaient aux jeunes filles que genou en terre. Ou plutôt, les demi-vierges du xvɪe siècle sont un bataillon, peut-être un régiment dans l'armée des jeunes filles, mais enfin restent une exception; les deux camps se coudoient, se distinguent et par instants se mêlent un peu, car les limites en pareille matière demeurent assez difficiles à établir, et la pudeur d'antan n'est pas la pudeur du xɪxe siècle. On ne s'étonne point alors si, le soir, à la chandelle, jeunes gens, jeunes filles s'as-soient sans façon sur les genoux les uns des autres, pour rire et bavarder.

> Aucunes sont qui, en humbles manières,
> Avec les folz jouent leurs jarretières.

Les femmes trouvent encore un puissant auxiliaire dans la religion catholique, qui a triomphé avec elles en France. Par un chemin fleuri elles conduisent l'homme de l'amour d'elles-mêmes à l'amour de Dieu ; elles le prennent aussi par la bonté, par le dévouement. Certain écrivain prête à Ève chassée du Paradis ce con-seil héroïque à Adam : « Tue-moi ! peut-être que Dieu te remettra dans le Paradis ! » A ces exquis prélats ro-mains elles ont emprunté leur mot d'ordre : rendre la religion aimable. Les bibliennes, mères de l'église d'alors, se mettent à la tête de la croisade de l'idéal, de la nouvelle armée du salut. Religion tout esthétique aussi, où l'art et ses raffinements jouent leur rôle. Un jour de vendredi saint, une châtelaine admoneste son curé en ces termes : « Monsieur le curé, je ne sais où vous avez appris à officier un tel jour qu'il est aujourd'hui, que le peuple doit être tout en humilité ; mais à vous ouïr faire le service, il n'y a dévotion qui ne se perdît. — Comment cela, Madame ? — Comment ! Vous avez dit une Passion tout au contraire de bien. Quand Notre-Seigneur parle, vous criez comme si vous étiez en une halle ; et, quand c'est un Caïphe, ou un Pilate, ou les Juifs, vous parlez doux comme une espousée : qui vous ferait droit, on vous priverait de votre bénéfice. » Mais j'imagine que le malin curé désarma la délicate belle dame par cette riposte : « Madame, j'ai voulu montrer que chez moi le Christ était maître et les Juifs soumis [1]. »

Au rebours du clergé catholique, les réformateurs rembarrent les prétentions des femmes, renvoient celles-ci à leur pot-au-feu. D'après Luther, parler ménage est l'affaire des femmes, elles sont maîtresses en cela, et reines, et en revendraient à Cicéron et aux plus beaux parleurs. Mais ôtez-les du ménage, elles ne valent plus rien. Calvin se montre plus dédaigneux encore. Beaucoup de maris les approuvent, ancêtres du bonhomme Chrysale, vivant comme lui de bonne soupe et non de beau langage. Dans leur dépit contre les femmes sa-

---

1. « Le catholicisme, dit M. de Maulde, a triomphé dans les pays où triomphaient les femmes ; le brouillard, la bière, l'homme se sont faits protestants. »

vantes, ils maudissent les paradis intellectuels : « anges
à l'église, diables à la maison, singes.... Le religieux
change d'ordre, le chanoine d'église, le fonctionnaire de
fonctions, mais nous qui sommes mariés ne pouvons
monter ni descendre. » Ils devaient goûter médiocre-
ment des axiomes de casuistique sentimentale, comme
celui qui ne comprend l'amour qu'en dehors du mariage,
mais se consolaient peut-être avec cet autre : en cas
d'amour, c'est trop peu d'une dame.

Aussi les moralistes conseillent-ils à l'homme de s'assurer si la jeune fille qu'il doit épouser a quatre qualités
physiques : âge, santé, aptitudes maternelles, beauté ;
et quatre qualités morales : esprit, instruction, famille,
dot.

« .... Elles surgissent comme d'une léthargie, observe
finement M. de Maulde ; elles regardent le soleil et lui
demandent où il convient de s'envoler pour vivre.
Elles sont nées pour semer des fleurs derrière elles.
Leurs enfants ont été ces fleurs, douloureusement arra-
chées à leurs entrailles, jetées dans l'avenir. Il reste à
arracher encore de leurs cœurs, avec une joie plus vi-
vifiante, des fleurs immatérielles, fleurs de l'amour,
fleurs du bonheur, enfants de leur pensée, leurs vrais
enfants, car si, pour concevoir dans la chair, la femme
est un être passif, pour concevoir dans l'âme elle prend
sa revanche ; elle devient l'être actif.... Elles sont deve-
nues des vestales quant au mariage, si l'on peut ainsi
dire, et elles considèrent que leur vraie mission consiste
à répandre au dehors le trop-plein d'amour dont elles
frissonnent, car c'est toujours à défaut d'hommes que
les femmes se font féministes.... »

Dirons-nous que la femme égale partout l'homme ? Non

certes : il serait ridicule de comparer le talent ou le demi-talent au génie, Louise Labé à Ronsard, Marguerite de Navarre à Rabelais, Mlle de Gournay à Montaigne. Ce qu'on peut affirmer, c'est qu'elle rivalise quelquefois pour l'érudition, qu'elle l'emporte ou ne le cède en rien en diplomatie, pour la perception des ambitions, le secret des âmes, l'art de les manier. Qu'une Marie de Romieu vante la supériorité de la femme sur l'homme, elle cherchera ses preuves dans l'ordre moral : la femme, dit-elle, est chasse-mal, chasse-ennui, chasse-deuil, chasse-peine, ses fautelettes sont presque toutes l'ouvrage de l'homme. Qu'à l'âge de treize ans, Marie Stuart, la reinette écossaise, déclame devant la cour un discours latin de sa façon, soutenant qu'il est bienséant aux femmes de connaître les lettres ; que la dame des Roches défende le savoir de ses compagnes : elles n'entendent pas tout accaparer, réclament leur place au soleil, protestent contre une déchéance plusieurs fois séculaire. Et n'ont-elles pas raison de s'indigner de tant de brocards ? On les malmène, on rappelle les sentences amères de ces théologiens qui veulent que l'homme ait été fait immédiatement par Dieu, et la femme par occasion ; qu'à l'exception de Marie seule, elles changeront de sexe et ressusciteront comme hommes au jour du jugement, afin que le ciel ne soit pas troublé. Celui-ci décoche cet apologue oriental qui exclut les femmes du paradis des hommes et leur en accorde un petit, mais spécial et d'ordre inférieur. Celui-là emprunte aux rabbins cette insinuation irrévérencieuse : Ève vient d'un mot qui signifie causer, et elle reçut ce nom parce que peu de temps après la création du monde, il tomba du ciel douze paniers remplis de caquets, qu'elle en ramassa neuf, tandis que son mari s'emparait des trois autres : apologue antérieur, comme on voit, à la création du régime parlementaire. Un autre imagine qu'Adam créa les animaux apprivoisés, utiles ; Ève, les sauvages, les méchants. Jean Névizon, professeur de droit à Turin, affirme que Dieu forma dans la femme toutes les parties douces et aimables, mais qu'il ne voulut point se mêler de la tête et en abandonna la façon au diable. Les femmes du xvie siècle s'efforcent de prouver qu'elles peuvent avoir bonne tête, cœur noble et pur, esprit haut, et elles gagnent leur gageure. Et, puisque l'académie de Charles IX et de Henri III fournit l'occasion de montrer leurs mérites, je nommerai quelques-unes de celles qui en ont fait partie d'une manière certaine, ou possible ; car malheureusement le livre d'institution de la Compagnie a été perdu avec d'autres précieux documents, et nous en sommes réduits quelquefois aux conjectures.

Nous avons donc des académiciens, des académiciennes : Brantôme, d'Aubigné, d'autres contemporains le reconnaissent formellement ; et vous vous étonnerez moins si plus d'un écrivain, depuis deux cents ans, a proposé de les admettre, si par exemple d'Alembert, au temps de sa prépondérance académique, vint offrir un jour à la comtesse de Genlis de créer quatre fauteuils pour elle, Mmes de Montesson, d'Angivilliers et d'Houdetot. Dans une lettre adressée à ses filles, touchant les femmes doctes du siècle, après avoir énuméré les étrangères célèbres par leurs connaissances, Vittoria Colonna, Olympia Morata, Isabella Andréi, Cornelia Miani en Italie, Isabella Manriquez en Espagne, Louise Sarrazin en Suisse, la reine Élisabeth en Angleterre, d'Aubigné continue ainsi : « Je choisis aussi, en la cour, pour mettre en ce rang, la maréchale de Retz et Mme de Lignerolles : la première desquelles qui est l'honneur de votre parenté, m'a communiqué un grand œuvre de sa façon que je voudrais bien arracher au secret du public. Ces deux dames ont fait preuve de ce qu'elles savaient plus aux choses qu'aux paroles dans l'Académie qu'avait dressée le roi Henri troisième, et me souvient qu'un jour entre autres, le problème estait sur l'excellence des vertus morales et intellectuelles, elles furent antagonistes et se firent admirer. »

« .... Nous avons vu reluire en France cet excellent miroir de vertu, la duchesse de Rohan, de la maison de Soubise, et, dans son sein, Anne de Rohan, sa fille ; les escrits des deus nous ont faict cacher nos plumes plusieurs fois : en elles, les vertus intellectuelles et morales ont eu un doux combat à qui surmonterait. »

Claude-Catherine de Clermont, veuve en premières noces de Jean d'Annebault, remariée avec Albert de Gondi, duc de Retz, saluée par Marie de Romieu des titres de *dixième Muse* et de *quatrième Grâce*, parlait, écrivait avec pureté les langues grecque, latine et italienne, « choyée et bien voulue de tous nos roys, qui prenaient un singulier plaisir en sa compagnie pour les bons propos et les beaux discours dont elle les entretenait, née au gouvernement des États et choses civiles, qu'elle maniait avec une prudence consommée, » écrivant des ouvrages très admirés de ses contemporains, dont le texte et le titre sont malheureusement perdus pour nous. En 1573, lorsque les ambassadeurs polonais vinrent offrir à Henri de Valois le trône de Pologne, elle répond au nom de Catherine de Médicis à la harangue d'Adam Conarski, évêque de Posnanie, par un discours latin qui fit merveille. Ils goûtèrent « autant le savoir de notre Catherine de Clermont, observe le P. Hilarion de la Coste, qu'ils furent estonnez la plupart de ce que nostre noblesse française ne parlait ny n'entendait la langue latine. » Il semble qu'elle eut à un rare degré la faculté d'assimilation, le don de faire son miel de toutes fleurs; car, sans laisser paraître qu'elle eût étudié, elle amenait si habilement les belles sentences des anciens dans la conversation, qu'on pensait qu'il n'y avait rien qui ne fût de son cru. Son hôtel était le rendez-vous des meilleurs poètes et savants, empressés à lui dédier leurs écrits : il y a apparence que Pontus de Thyard la désignait sous le nom de Pasithée, cette maîtresse idéale à laquelle il apportait ses vers :

S'il faut feindre un souspir d'un amant misérable,
S'il faut chanter encore un hymne vénérable,
Tu ravis les esprits des hommes mieux disans,
Tant en prose et en vers tu sçais charmer nos sens.
(Marie DE ROMIEU.)

Mon âme est en vos mains heureusement estrainte
Du plus gracieux nœud qu'oncq beauté enlaça;
Une plus douce flèche oncques cueur ne blessa
Que celle qui par vous dedans mon sang est tainte.
Plus docte poésie en vostre esprit est peinte ;
Qu'oncques sur l'Hélicon Apollon n'en pensa :
Un plus illustre *retz* oncq Phébus n'eslança,
Qu'est celuy dont mon cueur nourrit sa flamme empreinte.
De Python, des Neuf Sœurs et des Grâces ensemble
La troupe des Vertus en vous seule s'assemble ;
Et la fureur d'amour toute en moy seule abonde.
Si vous aimez autant donq mes affections,
Comme doux m'est le joug de vos perfections,
Un si vray pair d'amour ne serait point au monde.
(PONTUS DE THYARD.)

Et pour qu'on ne me soupçonne pas d'embellir mon

héroïne, je mettrai sous vos yeux une lettre d'Estienne Pasquier, qui raconte à un de ses amis comment il en vint à composer et placer sous les auspices de Mme de Retz sa pastorale du *Vieillard amoureux*. Ne semble-t-il pas qu'on lise déjà une conversation du *Grand Cyrus* ou de la *Clélie*, qu'on entende le cliquetis du tournoi d'esprit, le choc des idées, dans un de ces salons d'aujourd'hui qui rassemblent, comme en un bouquet assorti, toutes les roses de la vie? N'est-on pas charmé de constater qu'entre deux tragédies, entre deux batailles, on cultivait avec délices l'amour et les muses, les plaisirs de l'action et de l'amitié?

« Il y a trois semaines, Mme de Retz me convia à souper, où se trouvèrent plusieurs seigneurs de marque. Toute la soirée se passa sur une infinité de bons et beaux propos concernant la calamité de ce temps, et sur les espoirs et désespoirs que chacun de nous appréhendait, selon la diversité de ses opinions. Et comme c'est le privilège des banquets de sauter de propos à autres qui n'ont aucune liaison, sans savoir pourquoi ni comment, aussi fîmes-nous le semblable sans y penser, et discourûmes tantôt de nos ménages particuliers, tantôt du fait de la justice, puis de la commodité du labour. Jamais je ne vis pièces plus décousues que celles-là ni de meilleure étoffe. Un habile homme en eût fait un livre tel qu'Athénée, ou Macrobe dans ses Saturnales. Enfin, comme le discours de l'amour est l'assaisonnement des beaux esprits, aussi ne le pûmes-nous oublier. Et moy qui, en mes jeunes ans, en avais composé deux livres sous le nom de Monophile, voulus avoir bonne part au gâteau, ce qui fut cause d'une nouvelle recharge entre nous; car, comme cette honnête dame est pleine d'entendement, aussi, par un doux contraste, commença-t-elle de me guerroyer, disant qu'il était malséant à un bonhomme comme moy d'en discourir. Je m'attache à ce mot de bonhomme, que je prenais à grande injure comme un huitième péché mortel, et croyez que ce fut à beau jeu beau retour. Voire cela nous apporta nouveau sujet de discours, savoir qui pouvait mieux parler de l'amour ou le jeune homme ou le vieillard, en quoi il y a assez pour exercer les beaux esprits qui sont de loisir. »

Mme de Lignerolles avait été fille d'honneur de Catherine de Médicis ; sa beauté, disait-on, était telle qu'un de ses yeux pouvait faire pâmer tout ce qu'on voit, et la terre et la mer ; son esprit incisif et caustique n'épargnait personne, pas même le fameux cardinal de Lorraine, redouté de toute la cour, si insolent et ne regardant personne dans la prospérité, mais en son adversité l'homme le plus doux, courtois et gracieux qu'on pût voir. Mme de Lignerolles lui en faisait souvent la guerre, et sitôt qu'elle le voyait venir, elle qui était très habile, belle, honneste et qui disait bien le mot, elle lui demandait malicieusement : « Monsieur, dites le vrai, n'avez-vous pas eu cette nuit un revers de fortune ? dites-le-nous, autrement nous ne parlerons point à vous, car, pour le sûr, vous en avez eu. » Après la mort de son mari, qui périt en 1570 dans un guet-apens, elle s'adonna aux lettres et devint une des femmes les plus distinguées de la cour. Il n'est pas impossible que Nicolas Rapin ait voulu dépeindre son cabinet d'étude dans ces vers qui attestent curieusement les solides recherches des femmes instruites de l'époque.

.... Vous la verrez sur un tome
Ou de saint Jean Chrysostome,
Ou bien de saint Augustin,
Passant et soir et matin
Dessus la sainte Écriture
En prière ou en lecture.
Puis elle extrait de Platon,
De Plutarque et de Caton,
De Tulle et des deux Sénèques
Les fleurs latines et grecques,
Mêlant d'un soin curieux
Le plaisant au sérieux.
De là son esprit agile
Va s'égarer en Virgile
Dont la pure netteté
Ne sent que la chasteté....
Qui croirait mesme comment
Elle est faite en un moment
Poète et musicienne,
Soit sur la lyre ancienne,
Soit aux nombres plus gentils
Inconnus aux apprentis,
Qui jà lui ont donné place
Sur le sommet du Parnasse.

Catherine de Parthenay-Soubise, de la maison de Lusignan, veuve du baron de Pont, remariée en 1575 au vicomte René de Rohan, prince de Léon, fit-elle partie de l'Académie du Palais? Aucune, assurément, ne le méritait davantage, mais son rôle très actif dans le parti protestant ne dut guère lui permettre de prendre part à ses travaux. Poète, héroïne, très versée dans les langues latine et hébraïque, elle écrit des élégies sur les malheurs de la cause réformée, et, enfermée dans la Rochelle, compose, fait représenter une tragédie d'Holopherne destinée à ranimer le courage des assiégés. On lit encore avec intérêt une satire en prose, l'*Apologie du Roi*, où, avec une finesse d'esprit très aiguisée, elle raille certains travers de Henri IV, qui avait un instant recherché une de ses filles; il me semble entendre en excellent langage les lamentations des émigrés contre Louis XVIII après 1815.

« Entrez dans la basse-cour du château, dit-elle, vous oyrez les officiers crier : « Il y a vingt-cinq et trente ans que je fais service au roi sans être payé de mes gages; en voilà un qui lui faisait la guerre il n'y a que trois jours qui vient de recevoir une telle gratification. » Montez les degrés, entrez jusque dans son antichambre, vous oyrez les gentilshommes qui diront : « Quelle espérance y a-t-il à servir ce prince? J'ai mis ma vie tant de fois pour son service; je l'ai tant de temps suivi; j'ai esté blessé, j'ai esté prisonnier, j'y ai perdu mon fils, mon frère ou mon parent; au partir de là, il ne me connait plus; il me rabroue si je lui demande la moindre récompense. » Entrez jusque dans sa chambre, vous oyrez à deux pas de lui, et jusque derrière sa chaire, des seigneurs de qualité qui diront : « Quelle misère de lui faire service! Il m'a refusé ce que le feu roi n'eût pas voulu refuser à un valet. Il n'y a que les larrons qui puissent gagner à son service. Nul ne peut faire ses affaires qu'en le dérobant!.... Ah! pauvres ignorants, qui ne savez admirer ni connaître un si rare homme que le ciel vous a donné.... Sachez, Messieurs, que sa façon de procéder est tout autre qu'ordinaire. Son jugement est si vif que nous ne le pouvons apercevoir.... Bref, il est si divin, qu'en certaines choses l'on ne connaît en lui comme point d'humanité.... C'est à nous à nous accommoder à son humeur, non lui à la nôtre.... Il est religieux si jamais prince le fut; les autres rois ont pensé faire beaucoup de bien tenant religion; cettuy-ci en tient deux également, les observant aussi bien l'une que l'autre. N'est-il pas doublement digne du nom de très chrétien ? »

Mais Mme de Rohan avait l'âme assez haute et désintéressée pour comprendre que Henri IV refusait de livrer à quelques courtisans le pain, la substance même et le sang de son peuple ; et, oubliant ses griefs personnels, elle exprima sa douleur de la mort du roi dans une épître où respire un patriotisme vraiment éloquent : sa fille, la princesse de Léon, consacra aussi de belles strophes à Henri IV :

> .... Jadis, par ses hauts faits, nous élevions nos testes :
> L'ombre de ses lauriers nous gardait des tempêtes ;
> Qui combattait sous luy méconnaissait l'effroy ;
> Alors nous nous prisions ; nous mesprisions les autres,
> Estant plus glorieux d'estre sujets du Roy
> Que si les autres Roys eussent esté les nostres....
>
> Quoy ! Faut-il qu'à jamais nos joyes soient esteintes ?
> Que nos chants et nos ris soient convertis en plaintes ?
> Que, sans fin, nos soupirs montent jusques aux cieux,
> Que, sans espoir, nos pleurs descendent en la terre ?....
>
> O Muses, dans l'ennui qui nous accable tous,
> Ainsi que nos malheurs vos regrets sont extrêmes ;
> Vous pleurez de pitié quand vous songez à nous,
> Vous pleurez de douleur en pensant à vous-mêmes !

Avec Sainte-Beuve, nous rangerons parmi les membres de l'Académie du palais Mlle de Vitry, comtesse de Simier, une des plus belles, des plus spirituelles et des plus galantes filles d'honneur de Catherine de Médicis. Les dieux lui avaient donné le don de plaire, et elle profita largement de la libéralité des dieux : Philippe Desportes, le marquis de Pisani, père de la marquise de Rambouillet, le comte de la Rochefoucauld-Randan, l'aimèrent, et on assure qu'elle ne leur fut point cruelle.

Honorat de Savoie, amiral de Villars, était si épris d'elle qu'allant au combat où il fut tué, il se mit à baiser comme une relique un bracelet de cheveux de Mme de Simier, et dit à M. de Bouillon qui lui en faisait honte : « En bonne foi, j'y crois comme en Dieu. » Ce qui ne l'empêcha pas d'y être tué. Elle eut au plus haut degré l'art de la grâce ajouté à la grâce, l'art de la beauté ajouté à la beauté : La Roque célébrait l'une et l'autre dans un sonnet dont la préciosité élégante se complique de quelque enflure.

> Comme le grand soleil, ardeur universelle,
> Fait cacher, se montrant, tous les astres des cieux,
> Ou bien comme la rose, au teint délicieux,
> Surpasse toutes fleurs en la saison nouvelle,
> Ainsi vous effacez des beautés la plus belle,
> Et semez les appas dont on charme les dieux !
> Les objets les plus beaux vont cédant à vos yeux,
> Comme l'humaine part cède à l'autre immortelle
> Vos beautés, seulement, ne contraignent d'aimer ;
> Votre douce parole encor nous sait charmer
> Et fait ce que l'amour peut faire avec sa flamme :
> Ainsi votre beauté, des Muses le séjour,
> Non seulement ici, mais dans le ciel, enflamme
> Les déesses d'envie et tous les dieux d'amour.

En 1581, dans le fameux *Ballet comique de la reine* de Beaujoyeux, Mlle de Vitry jouait le rôle d'une Dryade. Vêtue à l'antique de toile d'or verte, toute couverte de bouquets d'or et de soie d'Italie, elle récita un éloge de Henri III en vers « avec une telle grâce et modeste assurance, que les doctes assistants, qui jusqu'à cette heure n'avaient eu connaissance d'elle, jugèrent à l'instant la vivacité de son esprit capable et susceptible de choses plus hautes et difficiles en toutes sciences et disciplines [1]. » Après son mariage, Mlle de Vitry réalisa le pronostic, se livrant aux plus sérieuses études, et commençant de composer des *Élégies* en prose qu'elle envoyait à son teinturier poétique Desportes pour y mettre des rimes. Vers quarante ans, elle fit aussi des vers, entre autres un poème en trois chants intitulé *la Madeleine*, imité de Tansillo, et chargea un de ses amis de demander au cardinal du Perron ce qu'il en pensait : « Dites-lui, observa malicieusement le prélat, qu'elle a fait à merveille la première partie de la vie de la Madeleine. » Après avoir été ardente ligueuse, elle fit sa soumission à Henri IV, et, après sa présentation au roi, emportée par son esprit de saillie, ne put s'empêcher de remarquer : « J'ai vu le roi, je ne vois pas Sa Majesté. » Mme de Simier, dans sa vieillesse, devint dévote, mais elle avait grand'peine à quitter les artifices de toilette, et le P. Gonthier, son confesseur, cherchant à obtenir qu'elle s'y décidât, lui disait avec une plaisante emphase : « Madame, il vous faudra désormais coiffer du soleil et vous chausser de la lune. » Elle mourut en 1608.

Louise de Clermont-Tallart, mariée d'abord à François du Bellay, puis au duc de Crussol d'Uzès, avait trop d'esprit, trop de crédit auprès de Charles IX et de

---

1. En 1585, la cour étant au château de Lagny, « où languissait un peu la soirée, Mlle de Vitry et une de ses compagnes dirent à la reine mère que, pour la réjouir, elles étaient résolues de faire masque, et, entrant dans l'antichambre, elles s'habillent toutes deux en hommes, et habillent M. le cardinal de Bourbon et M. de Bellièvre (le chancelier) en habits de femmes coiffés de rideaux de lit, et, les menant sous les bras, les viennent présenter à la royne à laquelle elles apprêtèrent bien à rire de voir de tels vieillards en cet équipage. »

Henri III pour ne pas faire partie d'une Académie qui possédait la faveur de ceux-ci. Toute jeune encore, elle se montre fort espiègle, disant tout ce qui lui passe par le cœur ou l'esprit, célébrée par les poètes et charmant le pape lui-même. Un jour que le roi François Ier l'appela plusieurs fois : ma fille, elle fait semblant de pleurer, de crier, les autres filles d'honneur accourent, et elle leur tient ce langage : « Hélas! le roi vient de m'appeler par trois ou quatre fois sa fille; j'ai grand'peur qu'il ne me traite comme M. de Semblançay, qu'il appelait tant son père, et qu'il a fait périr; puisqu'il l'appelait son père et moi sa fille, c'est une même chose; de même m'en fera-t-il autant. »

Une autre fois, ayant suivi la cour lorsque le pape Paul III vint à Nice voir le roi François Ier, elle se prosterne aux pieds de Sa Sainteté, et lui adresse trois requêtes. D'abord qu'il lui donne l'absolution, parce qu'ayant perdu ses ciseaux, elle avait fait vœu d'aller remercier saint Allivergat si elle les retrouvait, et n'avait pas accompli son vœu, ne sachant où était le corps du saint. Il lui fallait une seconde absolution, parce que, lors de la visite du pape Clément à Marseille, elle avait pris en cachette un de ses oreillers en la ruelle du lit, et s'en était servie d'une façon malhonnête (voir Brantôme), après quoi Sa Sainteté y reposa son digne chef et visage. Elle le suppliait enfin d'excommunier le sieur de Tuys, parce qu'elle l'aimait et lui ne l'aimait point, et qu'il est maudit et excommunié, celui qui n'aime point s'il est aimé.

« Le pape, étonné de cette demande et s'étant enquis au roi qui elle était, sut ses causeries et en rit son saoul avec le roi. Je ne m'étonne pas si depuis elle a été huguenote et s'est bien moquée des papes, puisque de si bonne heure elle commença ; et de ce temps, toutefois, tout a été trouvé bon d'elle, tant elle avait bonne grâce en ses traits et bons mots [1]. »

Si Catherine fait d'Antoine de Crussol son chevalier d'honneur, c'est pour garder auprès d'elle sa femme, sa chère confidente, *sa commère*, comme elle l'appelle. Et Charles IX, âgé de quatorze ans, l'invite en ces termes à assister à son sacre : ..., « Et je vous prie, *ma vieille lanterne*, de me venir trouver à mon sacre, ou, pour le moins, à mon entrée à Paris, où vous serez bien enrouillée si vous n'êtes volontiers reçue par *votre jeune fallot* Charles. » « Puisque vous gouvernez le roi, ma sibylle, faites que je me ressente de votre influence, » écrit Marguerite de Valois à la duchesse.

Lorsque, à bout de voies, Catherine imagine de mettre en présence les ministres protestants et les théologiens catholiques (1561), elle assiste, seule de toutes les dames de la reine mère, à une première conférence. Après une discussion courtoise sur la Cène, le cardinal de Lorraine ayant dit à Théodore de Bèze : « Je ne suis pas si noir qu'on me fait ; vos paroles me donnent beaucoup de contentement, et je fonde grand espoir sur notre conférence. — N'a-t-on pas du papier, de l'encre et une plume, s'écrie Mme de Crussol, pour faire signer à M. le cardinal ce qu'il vient de dire, car demain il dira tout le contraire ! » De Bèze, dans sa lettre à Calvin, donne une version un peu différente : « Elle a

---

1. Hector de la Ferrière : *Une duchesse d'Uzès au XVIe siècle, Nouvelle Revue*, septembre, octobre 1894. — Brantôme, édition Ludovic Lalanne, t. IX, p. 458.

été prophète, écrit-il, car, tenant le cardinal par la main, elle lui a dit tout haut : « Bon homme pour ce soir, mais demain, quoi? »

Henri III, de son côté, est en correspondance avec la duchesse, et voici quelques échantillons de ses lettres. N'oublions point qu'à cette époque les propos salés sont coutumiers aux dames et seigneurs du plus haut parage. Le roi met en tête de la première lettre :

« A Madame d'Uzès qui est en la fleur de ses ans.

« Ma bonne et vieille amie, comme un peu plus âgée que moi de quelques jours, j'ai cuidé croire votre avis d'être le porteur de la réponse à la vôtre.... »

Et voici l'autre en entier :

« Ma belle dame, je ne dirai plus donc ni vieille ni jeune, puisque l'on doute de votre âge, et de votre beauté l'on est si certain, que l'on ne vous donne que quinze ans ou environ. Je m'en contenterai, si vous voulez, comme dit M. de Candale, que nous fassions à la mode pour un trait ; car croyez que, comme je n'ai point tâté de duchesse, vous n'avez point tâté d'un roi ; or ce sera quand vous voudrez ; et ne m'abusez, car pour vous, je délaisserai Montigny. Je ne sais que vous mander, sinon que la santé est avec moi et la volonté de vous être très bon ami, et au présent et en tout. Je vous verrai en votre logis plus tôt que vous ne pensez. »

D'autres fois il lui dit : « Jeunesse et beauté si unies en votre printemps.... Adieu, la plus belle pucelle de France, aimez-moi toujours.... »

Protestants, catholiques, puissants et disgraciés, rois, reines, princes et princesses, tous l'invoquent, et Pierre de Ronsard, gentilhomme vendômois, un de nos plus

grands poètes, traduit en beaux vers cette dictature de
la grâce et de l'esprit :

> Comme une nymphe est l'honneur d'une prée,
> Un diamant est l'honneur d'un anneau,
> Un jeune pin d'un bocage nouveau,
> Et d'un jardin une rose pourprée ;
> Ainsi de tous vous êtes estimée
> De cette cour l'ornement le plus beau.
> Vous lui servez d'esprit et de tableau,
> Comme il vous plaît la rendant animée.
> Sans vous la cour fâcheuse deviendrait,
> Son bien, son heur, sa grâce lui faudrait.
> Prenant de vous sa vie et nourriture,
> Vous lui servez d'un miracle nouveau,
> Comme ayant seule en la bouche Mercure,
> Amour aux yeux et Pallas au cerveau.

La fin de sa vie fut triste : elle vit partir un à un
tous ceux qu'elle avait aimés, le duc d'Alençon, Catherine de Médicis, Henri III, et mourut en 1596 à Sens,
en Bourgogne, « de disette et de nécessité, au milieu
de ses grands biens, duchés et principautés. » Et, longtemps avant sa mort, elle avait imploré, dans sa détresse, son amie la reine Catherine de Médicis, qui
s'excusait de ne pouvoir venir en aide à sa commère,
comme elle aurait voulu, étant elle-même fort à court
d'argent. Encore un trait de mœurs du xvie siècle : la
guerre civile réduisant presque à la pauvreté les plus
hauts personnages.

III.

Parmi les femmes dont la conversation avait le plus
d'agréments, il faut rappeler Mme de Senneterre, née
de Laval. Henri III l'ayant rencontrée à l'hôtel de
Boisy, aux noces de M. de Fontenay, l'entretint trois

grosses heures debout, sans vouloir s'asseoir, ne parlant à personne qu'à elle. On lui avait souvent entendu dire qu'il aimait plus l'esprit de cette dame que le corps, et faisait grand état de ses discours, jusqu'à l'entretenir en toutes les compagnies où il la trouvait, laissant là toutes les autres pour deviser avec elle. Mme de Senneterre fut emportée à l'âge de trente-trois ans par la pneumonie; Henri III étant allé la voir à son lit de mort, elle remercia Sa Majesté de l'honneur qu'il lui faisait, lui dit qu'elle ne songeait plus au monde, et plusieurs autres saints propos et discours qui émurent le roi à tel point qu'il ne put rien répondre, se contenta de lui donner la main, et qu'en s'en allant, dit l'Estoile, on lui voyait tomber les larmes des yeux grosses comme des pois.

Magdeleine de l'Aubespine, femme de Nicolas de Villeroy, secrétaire d'État sous cinq rois : François II, Charles IX, Henri III, Henri IV et Louis XIII, figure parmi les femmes illustres de son temps; les poètes qui fréquentaient son hôtel ont vanté ses mérites et sa vertu : elle traduisit les *Épîtres* d'Ovide, et composa de nombreuses poésies qui ne furent point publiées. Ronsard avait inscrit un sonnet en tête de ses œuvres :

> .... Et les dons d'Apollon qui vous sont familiers,
> Si bien que rien de vous que vous-même n'est digne....

Mme de Villeroy mourut en 1596, et le poète Bertaul consacra ces beaux vers à sa mémoire :

> Celle qui dort icy fut richement parée
> De toutes les vertus qu'on impètre des cieux.
> Aussi son âme au ciel s'est-elle retirée,
> Quand la mort s'est permis de luy clore les yeux.
> Nul amour que divin ne l'a jamais ravie :
> Bien vivre et bien mourir fut son plus grand soucy,

> Et peut-on justement tesmoigner de sa vie
> Que, pour mourir heureuse, il fallait vivre ainsi.
> Nous pleurerions sa mort de mille et mille plaintes,
> S'il nous estait permis de pleurer son bonheur :
> Mais elle, estant au ciel entre les âmes saintes,
> Nos pleurs luy feraient tort en luy faisant honneur.

Beaucoup d'autres traversent la cour des Valois sans ternir leur auréole de chasteté : ainsi les trois sœurs de Morel, Camille, Diane et Lucrèce, surnommées les *trois Perles*, qui savaient les langues grecque, latine, italienne, espagnole, recevaient les poètes, mirent l'*Histoire sainte* en vers, restèrent fidèles à leur ami l'Hospital autant qu'à la pudeur, leur unique trésor, comme dit le chancelier. « Vos vertus, ajoute-t-il, vous mériteraient la main des princes et des rois, mais la vertu n'est plus qu'une risible dot. O mœurs! O temps licencieux! O sentiments dépravés! Tout ce que la France conserve encore de jeunes gens honnêtes auraient dû former des vœux pour vous, et l'État aurait gagné à vous doter.... Si nous pouvions connaître la différence qui se trouve entre une femme et une autre; si la volupté, la licence, la corruption de l'Italie, ne dominaient pas nos cœurs, c'est la modestie et non les trésors qu'on épouserait.... » Et, après avoir célébré les talents littéraires de ses amies, l'Hospital constate encore qu'elles sont parfaites musiciennes, qu'à la cour personne ne figure avec plus de grâce dans un ballet, tout en se défendant avec réserve « de nos licencieuses danses. » Ainsi le XVIe siècle a, comme le XIXe, ses jeunes arrivistes, pour lesquels une dot opulente représente mille qualités et mille vertus.

Parmi les platoniciennes de l'Escadron volant de la reine mère, rangeons encore deux cousines germaines,

Mlles de Surgères et de Brissac. Poètes et lettrés placent leurs œuvres sous leur protection, et l'on sait qu'Hélène de Surgères fut la dernière muse de Ronsard, lui inspira une centaine de sonnets qui brillent parmi les meilleurs de notre langue. Après le mariage de Jeanne de Brissac avec Saint-Luc, celui-ci, pour l'amour d'elle, attira chez lui savants, poètes, et établit ainsi une honorable académie de conversation.

> Prends ton luth délien, mets bas ton arc et trousse,
> Car il me faut chanter la nymfe belle et doulce,
> La nymfe de Brissac, qui, d'un chaste lien,
> Bande les yeux d'amour : prends ton luth délien !
> La nymfe de Brissac entre la fleur des belles....
> Est digne excellemment d'un beau vers sonoreux,
> Est digne de la lyre et du luth amoureux....

Ainsi chante le poète diplomate Lefebvre de la Boderie.

Si les deux cousines s'interdisent l'amour coupable, elles ne renoncent pas aux sentiments platoniques. Hélène et Ronsard, assure Richelet, avaient fait serment de s'entr'aimer d'amour inviolable : serment juré sur une table tapissée de lauriers, symbole d'éternité, pour sceller la mutuelle liaison d'une amitié « procédant de la vertu qui est immortelle. » On appelait Hélène *la Minerve, la docte de la cour.* Amadis Jamyn la compare à l'autre Hélène.

> En ce siècle maudit, de vices insensé,
> Tu parais entre nous ainsi qu'une planette
> Qui par ses doux aspects tout désastre rejette,
> Faisant moins regretter l'heureux siècle passé !
> A Hélène, de nom et de beauté, tu sembles ;
> Tu ris, et tes regards sont des amours secrets.
> D'un point vous différez : elle fut vicieuse,
> Cause de tant de sang respandu par les Grecs :
> Tu es sçavante, sage et douce, et vertueuse.

C'est vers 1568 que Ronsard commence à la chanter, presque par ordre de la reine mère : elle fait partie du fameux Escadron volant, l'élite de la jeune noblesse, deux cents jeunes filles et plus « fort belles et honnestes, toutes bastantes pour mettre le feu par tout le monde, » suivant la cour par les villes et les châteaux, entraînant dans leur sillage un régiment d'admirateurs, et favorisant ainsi la politique de Catherine; car la foi, les haines se dissolvent insensiblement dans cette atmosphère voluptueuse, où les protestants s'engourdissent et souvent désapprennent le chemin du prêche. Religieuses de Vénus ou de Diane, la plupart ont, en qualité d'amoureux ou de serviteur, un gentilhomme officiellement attaché à leur personne. Avant Ronsard, Hélène a déjà agréé un serviteur, la Rivière, capitaine des gardes, mort pendant la troisième guerre de religion : lorsque Ronsard le remplace, il a quarante-quatre ans, et les cheveux tout gris, et la goutte; elle ne dépasse pas vingt ans. Et les sonnets attestent la chasteté de leur affection; mais il y a différentes qualités d'amour platonique, et presque autant de manières de le comprendre, selon les temps, les caractères, ceux qui le pratiquent, ceux qui le jugent. Admettons d'abord qu'en dehors de certains êtres sublimes, c'est un sentiment dans lequel l'homme demande le maximum, où la femme accorde le minimum; encore faut-il s'entendre sur ce minimum. Allons plus loin, et, considérant l'infirmité coutumière de la nature humaine, accordons-lui le bénéfice du platonisme ou du quasi-platonisme tant que la vertu physique de la dame n'a pas entièrement succombé.

Pierre de Ronsard n'échappe point à la commune loi :

il aime d'abord son amie sans passion, pour sa chasteté sereine et souriante, son âme mélancolique, sa santé délicate, et ne souhaite que des causeries à cœur ami.

> La chasteté, qui est des beautés ennemie
> (Comme l'or fait la perle), honore son printemps.

Et puis l'homme reparaît derrière le dieu : soupirs, querelles, raccommodements, jalousies, reproches, supplications, aucun refrain ne manque à l'éternelle, antique et toujours jeune chanson. Ce n'est pas qu'il n'obtienne des privautés que l'usage permet et qui nous semblent un peu étranges : parfois elle le reçoit au lit, très élégamment coiffée, et quand il ne peut sortir, elle se fait conduire chez lui rue des Morfondus, sur la montagne Sainte-Geneviève. Les vers de Ronsard racontent toutes ces choses, les joies pures, les folles espérances, les amertumes de l'idéal qui font penser au mot de Chateaubriand : « La gloire est pour un vieil homme ce que sont les diamants pour une vieille femme; ils la parent et ne peuvent l'embellir. » En attendant, les fameux sonnets sont célébrés au Louvre comme des chefs-d'œuvre, les dames veulent en avoir des copies, Charles IX, Catherine de Médicis se les font réciter par le poëte. Et, à travers eux, il m'a semblé plus d'une fois que je voyais revivre cette cour des Valois, où fêtes, sourires, amours, belles conversations, s'imprègnent d'images funèbres, de trahison, de meurtre, où la Saint-Barthélemy succède à un bal, idylles charmantes et passions féroces, tendres rendez-vous entre deux combats, projets ténébreux de la reine mère, discussions théologiques, cartels et mascarades, traités qui ne durent guère plus que le temps de les écrire, paix boiteuses et mal assises; puis, dans ce tourbillon de crimes et de vertus, les énigmatiques filles d'honneur, dont Claude Corneille, Dumoustier, nous ont laissé quelques portraits : yeux ternes, amincis en forme d'amande, sourcils arqués de bistre, le rouge et le blanc de céruse venant en aide à leur beauté, bouche petite et charnue, cheveux frisés, tordus et crépelés en boucles, tresses, torsades, et parsemés de poudre d'or.

Mais voici quelques strophes qui touchent seulement Hélène et son serviteur.

> Quand vous serez bien vieille, au soir, à la chandelle,
> Assise auprès du feu, devidant et filant,
> Direz, chantant mes vers en vous esmerveillant :
> Ronsard me célébrait du temps que j'estais belle.
> Lors vous n'aurez servante oyant telle nouvelle,
> Déjà sous le labeur à demi sommeillant,
> Qui au bruit de mon nom ne s'aille réveillant,
> Bénissant votre nom de louange immortelle.
> Je serai sous la terre, et, fantôme sans os,
> Par les ombres myrteux je prendrai mon repos :
> Vous serez au foyer une vieille accroupie,
> Regrettant mon amour et votre fier dédain.
> Vivez, si m'en croyez, n'attendez à demain :
> Cueillez dès aujourd'hui les roses de la vie!....

> Quand à longs traits je bois l'amoureuse étincelle
> Qui sort de tes beaux yeux, les miens sont éblouis :
> D'esprit ni de raison troublé je ne jouis,
> Et comme ivre d'amour tout le corps me chancelle.
> Le cœur me bat au sein, ma chaleur naturelle
> Se refroidit de peur : mes sens évanouis
> Se perdent tout en l'air, tant tu te réjouis
> D'acquérir par ma mort le surnom de cruelle.
> Tes regards foudroyants me percent de leurs rais
> La peau, le corps, le cœur, comme pointes de traits
> Que je sens dedans l'âme ; et, quand je me veux plaindre,
> Ou demander merci du mal que je reçois,
> Si bien ta cruauté me resserre la voix
> Que je n'ose parler, tant tes yeux me font craindre.

Tant de fois s'appointer, tant de fois se fâcher,
Tant de fois rompre ensemble et puis se renouer,
Tantôt blâmer l'Amour et tantôt le louer,
Tant de fois se fuir, tant de fois se chercher,
Tant de fois se montrer, tant de fois se cacher,
Tantôt se mettre au joug, tantôt le secouer,
Avouer sa promesse et la désavouer,
Sont signes que l'Amour de près nous vient toucher.
L'inconstance amoureuse est marque d'amitié.
Si donc tout à la fois avoir haine et pitié,
Jurer, se parjurer, serments faits et desfaits,
Espérer sans espoir, confort sans réconfort,
Sont vrais signes d'amour, nous entr'aimons bien fort :
Car nous avons toujours ou la guerre ou la paix.

J'étais sot d'apaiser par soupirs et par larmes
Ton cœur qui me fait vivre au milieu des alarmes
D'Amour, et que six ans n'ont pu jamais ployer.
Dieu peut avec raison mettre son œuvre en poudre :
Mais je ne suis ton œuvre, ou sujet de ta foudre.
« Qui sert bien, sans parler demande son loyer. »

Tandis que vous dansez et ballez à votre aise,
Et masquez votre face ainsi que votre cœur,
Passionné d'amour, je me plains en langueur,
Ores froid comme neige, ores chaud comme braise....

Amour qui voit mon cœur voit votre mauvaiseté :
Il tient l'arc en la main, gardez qu'il ne se venge.

Maintenant que voicy l'an septième venir,
Ne pensez plus, Hélène, en vos lacs me tenir.
La raison m'en délivre, et votre rigueur dure,
Puis il faut que mon âge obéisse à nature....

Hélas ! voici le jour que mon maître on enterre,
Muses, accompagnez son funeste convoi !
Je vois son effigie, et au-dessus je vois
La mort qui de ses yeux la lumière lui serre.
Voilà comme Atropos les Majestés atterre,
Sans respect de jeunesse ou d'empire ou de foi.
Charles qui fleurissait naguères un grand roi,
Est maintenant vêtu d'une robe de terre.
Hé ! tu me fais languir par cruauté d'amour :
Je suis ton Prométhée et tu es mon vautour.

La vengeance du ciel n'oublira les malices,
Un mal au mien pareil puisse un jour t'advenir,
Quand tu voudras mourir, que mourir tu ne puisses.
Si justes sont les dieux, je t'en verrai punir.

Corneille se serait-il inspiré du sonnet de Ronsard dans les stances qu'il adresse à la du Parc, connue sous le nom de Marquise, qu'Édouard Fournier crut avoir été composées en réponse aux railleries d'une jeune dame de qualité ?

Marquise, si mon visage
A quelques traits un peu vieux,
Souvenez-vous qu'à mon âge
Vous ne vaudrez guère mieux.

Le temps aux plus belles choses
Se plaît à faire un affront,
Et saura faner vos roses
Comme il a ridé mon front.

Le même cours des planètes
Règle nos jours et nos nuits :
On m'a vu ce que vous êtes,
Vous serez ce que je suis.

Cependant j'ai quelques charmes
Qui sont assez éclatants
Pour n'avoir pas trop d'alarmes
De ces ravages du temps.

Vous en avez qu'on adore,
Mais ceux que vous méprisez
Pourraient bien durer encore
Quand ceux-là seront usés.

Ils pourront sauver la gloire
Des yeux qui me semblent doux,
Et dans mille ans faire croire
Ce qu'il me plaira de vous.

Chez cette race nouvelle
Où j'aurai quelque crédit,
Vous ne passerez pour belle
Qu'autant que je l'aurai dit.

> Pensez-y, belle Marquise :
> Quoiqu'un grison fasse effroi,
> Il vaut bien qu'on le courtise
> Quand il est fait comme moi.

Après la mort de Charles IX, Ronsard se tait; il se retire dans le Vendômois; il sent que l'amour n'est plus de son usage :

> Les roses pour l'hiver ne sont plus de saison.

Maison saccagée, santé en péril, deuil de la patrie, deuil de l'âme, tout l'avertit

> Que l'amour et la mort n'est qu'une même chose.

Hélène ne cessa d'entretenir avec lui des relations très affectueuses : elle lui avait apporté le plus grand de tous les bonheurs, la vie du cœur, elle avait fécondé son génie; il lui a donné l'immortalité.

IV.

Comme on vient de le voir, comme on le verra encore, il y a des salons au XVIe siècle, et déjà triomphe le mode des surnoms, pseudonymes, anagrammes. Marguerite de Valois s'appelle Uranie; la duchesse de Retz, Pasithée; la duchesse d'Uzès, la Sibylle; les trois sœurs de Nevers sont les Trois Grâces; Mme de Sauves, la Circé; Diane de Gondi, la Sainte. Mainte figure d'une pureté exquise se détache délicieusement du groupe de ces sirènes dont les talents ne font que rendre plus irrésistibles les caprices tantôt puérils, tantôt sanglants : celles qui ordonnent à leurs admirateurs de prouver leur amour en s'enfonçant une dague dans le bras, ou de ramasser un gant jeté dans une loge de lions furieux, ou un mouchoir tombé dans l'eau, et le mourant ne sait pas nager. Pour ces grandes coquettes dont l'amour tue ou affole, les poètes de l'Académie du Palais cisèlent leurs sonnets les plus tendres, car la beauté, chaste ou non, appelle la poésie comme l'arbre dans la forêt printanière invite les rossignols. Tout sert de prétexte à de délicates flatteries : une bague, une statuette, une nouvelle parure, un psautier émaillé. Comme Mlle de Fontaine remue nonchalamment son éventail, aussitôt Amadis Jamyn saisit ses tablettes :

> Est-ce pour rafraîchir les charbons de mon âme
> Que, de votre éventail, vous faites un doux vent ?
> Ou, pour croistre mon feu, l'allez-vous émouvant,
> Afin que je devienne un grand tison de flamme ?

Pour une autre qui porte un médaillon de cristal de roche renfermant un *Agnus Dei* :

> Ce bel *Agnus Dei* qui pend dessus ton sein,
> Figure du Sauveur qui se mit au supplice
> Pour laver nos péchés d'un humble sacrifice,
> Est-ce pour m'avertir que ton cœur est humain ?

A propos d'un miroir offert à une de ces enchanteresses :

> Que je sois le miroir de vos divinités,
> De vos perfections et de vos volontés :
> Le ciel se mire en vous comme en son bien suprême ;
> Mirez-vous en mon cœur, par le vôtre animé,
> Et, comme tout le ciel en vous est transformé,
> Faites qu'en me voyant ne voyiez que vous-même.

L'altière Chateauneuf, Anne d'Acquaviva d'Aragon, Isabelle de Limeuil, Marguerite de Pienne, que de beautés dont les aèdes d'alors ont célébré les équipées plus ou moins bruyantes, moins nombreuses peut-être que celles de la *Fiancée du roi de Garbe*, mais plus pittoresques! Elles ne les empêchent pas toujours de trouver d'excellents maris, de faire figure dans le monde et d'être réputées « fort honnestes dames » par Brantôme! Le mot honnête sous l'ancien régime était une sorte de passe-partout servant à abriter de singuliers commerces. Voici une jolie dédicace de volume :

.... Recevez donc, ô divine beauté,
Non le présent, mais bien la volonté,
Prenant mon corps et mon esprit, madame,
L'un pour servir, l'autre pour honorer.
Ainsi Dieu veut qu'on le vienne adorer,
Quand, pour offrande, on donne corps et âme.

Et maint poëte obtint une récompense plus que royale, le don d'amoureuse merci. Tallemant des Réaux rapporte cette conversation entre Henri IV et la princesse de Conti en présence de Desportes : « Il faut, dit le roi au poëte, il faut que vous aimiez ma nièce (ainsi appelait-il la princesse de Conti quand il voulait l'obliger); cela vous réchauffera et vous fera faire encore de belles choses, quoique vous ne soyez plus jeune. » La princesse repartit hardiment : « Je n'en serais pas fâchée, il en a aimé de meilleure maison que moi » (la reine Marguerite). Desportes avait raconté ses aventures sous le pseudonyme indiscret de Fleur-de-Lys, et la reine ne lui en voulut point. Ainsi les poëtes se relèvent de leur déchéance sociale, ont des bonnes fortunes princières, tout comme ce fameux cardinal Jean de Lorraine qui voulant, selon l'usage, baiser sur la bouche la duchesse de Savoie, et celle-ci lui présentant la main, la traita sans façon de *petite duchesse crottée*, rappelant avec hauteur qu'il baisait bien la reine sa maîtresse, « qui est la plus grande dame du monde, » et qu'il avait eu les faveurs de dames aussi belles et d'aussi bonne ou meilleure maison que Madame de Savoie.

Henri III ne dédaignait nullement de fréquenter, et il a peut-être associé aux travaux de son Académie certaines femmes de la haute bourgeoisie et des classes parlementaires, toutes resplendissantes des vertus de l'âme et des vertus domestiques, réserve précieuse où la France a toujours puisé des trésors de pureté, de noblesse morale et d'idéalisme : Mme l'Huillier, femme de Nicolas l'Huillier, seigneur de Boullancourt, que le roi appelait sa mère; sa belle-sœur, Mme de Sainte-Beuve, fondatrice de plusieurs couvents en faveur desquels elle vendait ses chevaux, sa vaisselle d'argent, ses tapisseries, tous ses meubles, très considérée des plus grands personnages tant religieux que séculiers; elle composa de nombreux ouvrages de piété que par humilité elle fit brûler avant de mourir; Mlle Barbe d'Avrillot qui, sous le nom de Mme Acarie, secondera si puissamment le cardinal de Bérulle dans l'œuvre du Carmel; Mme Dujardin-Habert, fille de Pierre Habert, le *Trésorier sans reproche* de Henri III, qui partage sa vie entre les bonnes œuvres et les lettres, sait le latin, l'hébreu, le grec, l'italien, l'espagnol, écrit des traités théologiques, des poésies : les éloges que lui attirait sa beauté l'importunaient si fort qu'elle se décida à porter le masque comme les femmes de condition (le roi voulait encore qu'elle prît le nom et l'habit de demoiselle), et elle ne l'ôtait plus que pour recevoir les sacrements et quand on levait Dieu à la messe. Ceci rappelle l'histoire de la Toulousaine Paule; à peine se montrait-elle, les maisons étaient vides, les ateliers déserts pour admirer sa beauté; le parlement prit enfin pitié de ses justiciables, il rendit un arrêt qui ordonnait à la belle Paule de paraître en public deux fois par semaine.

Citons encore : Nicole Estienne, fille du médecin Charles Estienne, auteur de la *Défense des femmes contre ceux qui les mesprisent* et des *Misères de la femme mariée;* Marie de Costeblanche, *très docte en philosophie et mathématiques;* Mme Servin, femme d'un contrôleur général; Diane Symon; Marie de Romieu qui exalta les mérites des femmes, les connaissances si variées de Catherine de Médicis, son culte réel pour les choses de l'esprit.

> Toy qui régis icy
> La France qui se rend à ta douce mercy,
> Voy ce qu'en ta faveur, grand' Royne Catherine,
> J'escris pour haut tonner la race féminine....
> Tu es leur saint Parnasse et leur eau de Permesse :
> Aussi chacun t'honore et te tient pour déesse....
>
> Il me plaît bien de voir des hommes le courage,
> Des hommes le savoir, le pouvoir; davantage
> Je me plais bien de voir des hommes la grandeur ;
> Mais, puis, si nous venons à priser la valeur,
> Le courage, l'esprit et la magnificence,
> L'honneur et la vertu, et toute l'excellence
> Qu'on voit luire toujours au sexe féminin,
> A bon droit nous dirons que c'est le plus divin.

Parmi les femmes poètes du xvie siècle, il faut nommer Clémence de Bourges, Pernette du Guillet, Gabrielle de Coignard, la religieuse Anne des Marquets, Jacqueline de Miremont, Antoinette de Loynes et ses filles, Marie Stuart, Jeanne d'Albret, Marguerite de Valois, Louise Labé, les dames des Roches.

A l'âge de seize ans, Louise Labé [1], *la belle Cordière,*

---

1. Sainte-Beuve, *Causeries du lundi,* Feugère, etc.

figure au siège de Perpignan (1542), sous le nom de capitaine Louis, femme en selle, dit un contemporain, ployant de sa lance les plus hardis assaillants, au premier rang des chevaliers.

> Qui m'eût lors vue en armes fière aller,
> Pour Bradamante ou la haute Marphise,
> Sœur de Roger, il m'eût, possible, prise.

Elle possède tout ce qui ravit les yeux, le cœur, l'esprit, danse à merveille, joue de presque tous les instruments, chante en perfection; mariée à un riche industriel de Lyon, elle se compose une bibliothèque où elle réunit en grand nombre

> Ces bons hôtes muets qui ne gênent jamais,

écrit force sonnets, élégies, dialogues en prose, s'entoure d'une compagnie d'élite, chante l'amour avec une éloquence enflammée qui a porté son nom à la postérité et fait naître des doutes sur sa vertu. Mais peut-être ces cris de passion ne sont-ils que licences poétiques, jeux de l'imagination, et s'adressent-ils tout simplement à des êtres de rêve. La considération dont elle jouissait à Lyon, l'empressement de la bonne société, des étrangers de distinction, à fréquenter chez elle, semblerait donner crédit à cette opinion. Elle mourut en 1565, à l'âge de quarante ans.

Un sonnet de la *Nymphe ardente du Rhône* a paru digne de figurer dans les anthologies.

> Je vis, je meurs, je me brûle et me noie,
> J'ai chaud extrême en endurant froidure ;
> La vie m'est et trop molle et trop dure ;
> J'ai grands ennuis entremêlés de joie.
>
> Tout en un coup je ris et me larmoie,
> Et en plaisir maint grief tourment j'endure ;

Mon bien s'en va, et à jamais il dure;
Tout en un coup je sèche et je verdoie.

Ainsi Amour inconstamment me mène :
Et quand je pense avoir plus de douleur,
Sans y penser je me trouve hors de peine.

Puis quand je crois ma joie être certaine,
Et être au haut de mon désiré heur,
Il me remet en mon premier malheur.

Voici les dames des Roches, la mère et la fille, toutes deux femmes d'étude et femmes de ménage, et qui ne laissent pas de mettre en œuvre la laine et la soie lorsqu'il en est besoin. L'amour maternel, la piété filiale, la régularité, sont les sources de leur inspiration ; leur maison hospitalière aux poètes est une Académie de vertu et de science. Prononcer leur nom, dit Colletet, c'était non seulement prononcer un nom vertueux, mais le nom même de la vertu. Leur conversation était, dans sa gaieté et sa simplicité aimable, un reflet de leurs âmes, et leur maison plaisait par un aimable mélange de bonne grâce et d'élévation morale; elles savent le grec, le latin, l'italien, ne le font point sentir; de petits incidents mettent en joie leur société. Une puce aperçue par Étienne Pasquier sur le fichu de Mlle des Roches devint un thème inépuisable de traits ingénieux et de vers badins; Mme des Roches célébra à son tour les poètes chante-puce. Cette fameuse puce, dit Pasquier, avait mis la puce à l'oreille de tous les beaux esprits. De même, Mme de Villeroy ayant perdu sa petite chienne favorite, tous les poètes s'empressèrent de chanter Barbiche et lui composèrent, selon la mode du temps, un tombeau littéraire. Ces deux femmes sont comme fondues l'une dans l'autre, elles n'ont qu'une pensée, vivent l'une pour l'autre, à ce point que la fille refuse de se marier pour ne point quitter sa mère, et, comme si elles ne devaient jamais se séparer, elles meurent de la peste, en 1587, le même jour. Le sonnet de la Quenouille aurait suffi à préserver de l'oubli leurs noms; il représente une des grâces les plus exquises de la femme française, la réunion en sa personne des talents littéraires, mondains et domestiques.

> Quenouille mon souci, je vous promets et jure
> De vous aimer toujours, et jamais ne changer
> Votre honneur domestic pour un bien étranger
> Qui erre inconstamment et fort peu de temps dure.
>
> Vous ayant au costé, je suis beaucoup plus sûre
> Que si encre et papier se venaient arranger
> Tout à l'entour de moi; car, pour me revanger,
> Vous pouvez bien plutôt repousser une injure.
>
> Mais, quenouille ma mie, il ne faut pas, pourtant,
> Que pour vous estimer et pour vous aimer tant,
> Je délaisse du tout cette honnête coutume
>
> D'écrire quelquefois ; en écrivant ainsi,
> J'écris de vos valeurs, quenouille mon souci,
> Ayant dedans la main le fuseau et la plume.

Mlle de Gournay, *la fille d'alliance* de Montaigne, n'entra certes pas à l'Académie du Palais, puisqu'elle naquit en 1565 : et cette savante fille, qui ne voulut d'autre mari que son honneur enrichi par la lecture des bons livres, eût fait piètre figure au milieu des courtisans qui se moquaient de ses petits travers, et qu'elle détestait cordialement, les appelant les intrigants du Louvre, les poupées de cour, les accusant de déformer la langue en prêchant des paroles miellées, de préférer « les mots qui semblaient graissés d'huile pour mieux couler. » Ses *drapeurs* lui reprochent-ils d'être latine, de pratiquer l'alchimie, de défendre les jésuites, elle les rembarre vertement :

> Le monde est une cage à fous ;
> Gens de cour le sont plus que tous ;

dit son fait à cette moquerie que François de Sales définit la *plus cruelle des médisances*, à l'hypocrisie. La vraie piété, observe-t-elle, ne consiste pas dans l'engloutissement des messes et des chapelets, c'est folie de prétendre attraper Dieu par de tels hameçons, par des actions qui ont le *vice pour racine;* les faux dévots ressemblent à cet homme qui, la nuit, allait dérober le cuir dont il faisait le jour des souliers aux pauvres, se proclamant le cordonnier de Dieu. Dans sa franchise brusque et impétueuse, elle malmène la noblesse française qui, toujours prête à la révolte, avait seule en Europe « tourné les rébellions en coutume. » Les jeunes nobles ne vivent que pour le brelan, l'ivrognerie, les femmes; on pourrait les appeler *cavaliers de bouteille et de cabaret*, et elle préfère le *gentil peuple*, vrai soutien de nos rois, intrépide défenseur de l'État, incarné dans Jeanne d'Arc. Elle signale ce vice du caractère national, l'habitude de tout mépriser et de tout braver, qui détruit la notion du devoir, le sens même de la vertu. Et d'inviter le prince à réprimer de tels désordres, car « il ne mérite point d'être appelé bon, celui qui n'est pas mauvais aux méchants. » Et de sermonner les gens d'Église, l'inconséquence de leur langage dans la chaire, cette sensualité qui rend le festin du Vendredi Saint « plus friand et plus dépensier que vingt autres ordinaires, durant trois heures au moins, sans hyperbole. » Et de signaler parmi les fidèles cet abus de la confession qui les conduit à pécher sans crainte, étant sûrs de leur absolution. Féministe déterminée, elle fonde ses preuves « de la dignité et de la capacité des dames sur l'autorité de Dieu, des Pères de l'Église et des anciens philosophes. Un jour elle écrit cette pensée hardie [1] : « Tous les hommes procèdent d'un seul type; les empereurs ont eu cent bouviers pour grands-pères, et les bouviers cent empereurs. » On ne saurait trop louer l'indépendance de son caractère, la candeur généreuse de son âme, cette belle lettre à la régente Marie de Médicis, où elle osait lui dire : « Tu es grande, néanmoins ta charge l'est encore plus que toi; » son activité encyclopédique. Ses traductions, poésies, traités moraux, à peu près oubliés aujourd'hui, eurent grande réputation jadis. Quelqu'un se souvient-il de cette défense du passé, de Ronsard et du Bellay, où elle protestait contre les regratteries de la langue, contre les suppressions des vieux mots qui, opine-t-elle, font servante une demoiselle de bonne maison? Son culte pour Montaigne l'a portée à la postérité, la gloire de l'auteur des *Essais* a réjailli sur elle, et ce pèlerinage d'amitié, entrepris pour voir le pays de son maître en 1592, en pleine guerre civile, alors qu'un voyage était une campagne, reste aussi un bel exemple des effets de la sympathie et de la pure admiration. Elle s'avance fort avant dans le xviie siècle, meurt en 1645. Pour finir avec elle, sa pré-

---

1. Elle publia aussi un livre d'épigrammes qu'elle montra à Racan; il répondit avec bonhomie qu'elles manquaient de pointe. « Sans doute, répliqua l'auteur, elles sont à la grecque. » A quelque temps de là, comme elle dînait à côté de lui, le potage lui parut fade, et elle en fit l'observation. « Oui, reprit l'autre, il est à la grecque. » Le mot fit fortune; un poème ennuyeux, un méchant repas, tout fut à la grecque.

sentation au cardinal de Richelieu mérite d'être racontée. Il y a déjà une puce et un chien dans cette causerie, on me pardonnera d'y introduire la chatte adorée de Mlle de Gournay. Donc Bois-Robert la conduisit au cardinal, qui lui fit un compliment composé de vieux mots qu'il avait relevés dans un de ses livres. Elle vit bien qu'il voulait rire : « Vous riez de la pauvre vieille, dit-elle, mais riez, grand génie, riez : il faut que tout le monde contribue à votre divertissement. » Le cardinal, surpris de sa présence d'esprit, lui demanda pardon et dit à Bois-Robert : « Il faut faire quelque chose pour Mlle de Gournay. Je lui donne deux cents écus de pension. — Mais elle a des domestiques, insinue Bois-Robert. — Lesquels? — Mlle Jamyn, bâtarde d'Amadis Jamyn, page de Ronsard. — Je lui donne cinquante livres par an. — Il y a encore ma mie Piaillon, c'est sa chatte. — Je lui donne vingt livres de pension, à condition qu'elle aura des tripes. — Mais, Monseigneur, elle a chatonné. » Le cardinal ajouta encore une pistole pour les petits chats.

D'autres personnages lui accordèrent protection, admiration, amitié; parmi les hommes de lettres, Balzac, Juste Lipse, Grotius, Heinsius; aux débuts de l'Académie française, ses membres se seraient plusieurs fois rassemblés chez elle, et, dans ses *Dialogues satiriques et moraux*, Petit nous initie aux entretiens, passe-temps de la compagnie : même elle participe aux travaux qui ont pour objet d'épurer et de fixer la langue.

Si les établissements les plus anciens et réputés les plus solides s'écroulent parfois avec fracas, comme pour attester l'inanité des conceptions humaines, à plus forte raison une institution toute frêle, sans racines profondée, est-elle soumise aux caprices du hasard, aux chocs des circonstances extérieures. L'Académie du Palais ne manquait ni d'ennemis ni de détracteurs; les épigrammes ne l'épargnèrent pas. Jean Passerat, lecteur du roi au Collège royal, avait ouvert le feu; Étienne Pasquier le suivit de près, croyant sans doute rendre service à l'État en essayant d'arracher le prince à ces spéculations littéraires, dans un temps où il avait tant d'affaires positives sur les bras. Cependant l'Académie poursuivit ses travaux jusqu'en 1584, mais la Ligue, la guerre civile entraînaient fatalement toutes les âmes vers d'autres pensées.

> .... Les provinces sont en France si troublées
> Que pour Mars seulement se font les assemblées.
> Les Muses n'y sont plus ! Phébus en est parti !

La mort de Pibrac consomma sa ruine. Il voulait confier ses papiers à son ami Jacques de Thou; celui-ci, malade lui-même, ne put se rendre auprès du mourant: ses manuscrits furent perdus, et il y avait là des documents d'importance majeure sur l'Académie du Palais. Sa mort fut pleurée comme un deuil public par le monde lettré. Un an plus tard, le 27 décembre 1585, Ronsard rendait son âme à Dieu dans son prieuré de Saint-Côme. Quant à l'entrepreneur de l'Académie de poésie et de musique, Jean-Antoine de Baïf, il vécut jusqu'en 1589, fidèle jusqu'au bout à la royauté légitime, réprouvant au nom du même principe les intrigues factieuses des ligueurs et des huguenots, très estimé de Henri III, qui lui vint plusieurs fois en aide. La première Académie avait duré près de cinq ans; la seconde se prolonge neuf années, et elle n'est pas seulement, comme sa nièce la Pléiade, une statue grecque modelée sur l'antique, elle est une véritable Académie française, « un Institut national, un temple ouvert aux sciences, aux arts et aux lettres, dans lequel poètes et savants, rois et seigneurs deviennent citoyens de la vraie république des lettres. » Que de ressemblances, en effet! Lettres patentes de Charles IX et de Louis XIII, résistances des parlements, franchises et libertés presque pareilles octroyées aux académiciens des deux époques, le privilège de rester couvert et assis devant Charles IX et Henri III, revendiqué avec succès lors de la visite de la reine Christine de Suède à l'Académie en 1658, protectorat royal, réunions dans des demeures privées avant d'avoir lieu dans le cabinet du roi ou au Louvre, tout témoigne en faveur de cette filiation contre laquelle on organisa la conspiration du silence en 1635, afin de laisser à Richelieu la pleine gloire de l'inspiration et de la fondation. Mais l'honneur d'avoir réuni pour la première fois en corps l'élite des lettrés français appartient réellement aux Valois, aux petits-fils de François Iᵉʳ, et, sur certains points, l'Académie du XVIᵉ siècle se montre plus large, plus libérale que sa cadette, puisque les rois eux-mêmes la président, puisqu'elle admet parmi ses membres des femmes.

Ces princes si heureusement doués, si brillants sous certains aspects, que leur a-t-il manqué pour prendre rang parmi les grands rois? Comment ne pas répéter, ici encore, l'exclamation philosophique du fossoyeur dans Hamlet, le cri douloureusement prophétique de Virgile : *Tu Marcellus eris!* Tu seras Marcellus, tu seras grand littérateur, si ta famille n'entrave point ta vocation! Tu seras grand prince si tu dures, si tu as ces deux maîtresses parties de l'âme : la volonté, le jugement, multipliés par la chance! Tu seras homme d'État si tu plais au prince, à l'électeur! Tu seras historien si ta persévérance laborieuse égale ton discernement, si tu possèdes une imagination colorée, une raison animée! Tu seras auteur dramatique si ta première pièce ne languit pas indéfiniment dans les cartons, si la dure nécessité du pain quotidien ne t'étreint pas, si ton rêve sublime t'arrache à la tyrannie de l'âpre réalité! Tu seras général, vainqueur, si tu as le sens de la stratégie et de la tactique, l'inspiration divine qui change la défaite en triomphe, si quelque surprise brutale de la destinée, un boulet, une fièvre, ne vient pas fondre sur toi! Quel ensemble de dons, de hasards heureux ne faut-il pas pour forger un homme intégral, un de ceux qui remplissent la bouche de la foule contemporaine, et de cette autre foule qui s'appelle la postérité! Rappelons-nous cet Anglais qui, désespéré, s'applique un pistolet sur la tempe; le coup rate deux fois, il renonce au suicide, et nous enlève les Indes! Cet auteur dramatique qui, pauvre, refusé partout, rêvant aussi suicide, voit un passant écrasé par une voiture de fardier à la place même qu'il occupait vingt secondes auparavant! Collaboration du hasard, mystères de la naissance, miracles d'une race qui vient tout d'un coup se résumer et fleurir toutes ses vertus dans un enfant, rencontre des hommes et des choses, protection d'un prince, d'un ministre, chimie des âmes, éducation de la famille, du monde, du collège, de la camaraderie, fatalités organiques, prédestinations, luttes contre soi-même et contre les autres, que d'éléments disparates dans la chaudière de la nouvelle Médée! L'histoire est une longue et éternelle Journée des Dupes, et nous sommes les perpétuels mystifiés de nos rêves, de nos espérances, de nos actes. Mais de cette colossale duperie individuelle naît en quelque sorte une sincérité, une récompense collective : les hommes tombent, leurs noms s'effacent comme l'empreinte d'un pas d'oiseau sur la neige, morts et mourants remplissent les fossés de la cité assiégée, servent de fascines aux nouveaux assaillants qui plantent le drapeau victorieux au haut de la forteresse : une science nouvelle est née, une liberté a triomphé, un instrument de bonheur s'est révélé, une institution s'épanouit soudain qui apporte aux esprits la lumière : et, penché sur le passé, le philosophe remercie ces travailleurs de la langue, de l'art, ces pionniers du progrès qui ont ouvert la tranchée, ignorés en détail, admirables en bloc, qui font penser aux architectes de Notre-Dame, des grandes églises du moyen âge. Ils ne réclament rien, ils n'accourent pas comme les ombres au sacrifice du héros grec, ils attendent la justice impartiale de l'avenir, et se consolent de l'oubli en songeant qu'ils ont fait la gloire d'une institution, d'un homme, comme les abeilles font une ruche.

TROISIÈME CONFÉRENCE [1]

LE ROMAN DE L'ASTRÉE

MESDAMES, MESSIEURS,

Saint-Marc-Girardin l'a dit, et il faut le répéter, si l'on ne considère le merveilleux des poèmes de l'antiquité que dépouillé des beaux sentiments, des fortes passions, des expressions nobles, dénué de tous les ornements du style, si on l'examine purement en lui-même, si l'on fait abstraction des préjugés classiques, des partis pris d'admiration absolue, il ne semblera guère moins étrange que celui de la chevalerie ou de la pastorale romanesque. Que ces deux variétés restent dans la

---

1. Pour cette troisième causerie, j'ai surtout mis à profit les pénétrantes études de : MM. Ferdinand Brunetière, *Manuel de l'histoire de la littérature française;* — Saint-Marc-Girardin (*Cours de littérature dramatique*, t. III); — Louis de Loménie, *Revue des Deux Mondes*, 1ᵉʳ décembre 1857, 15 juillet 1858; — Émile Montégut, *Tableaux de la France : En Bourbonnais et en Forez.*

Voir aussi : Auguste Bernard, *Les d'Urfé*, souvenirs historiques du Forez; Bonnafous, *Études sur l'Astrée;* Antoine de la Mure, *Généalogie de la maison d'Urfé;* — *Le roman* (xviiᵉ siècle), par M. Paul Morillot, dans *l'Histoire de la langue et de la littérature françaises*, publiée sous la direction de M. Petit de Julleville; — *La Grande Mademoiselle*, par Arvède Barine, *Revue des Deux Mondes* du 1ᵉʳ octobre 1899.

sphère des choses humaines ou s'élèvent au cycle des choses surnaturelles, c'est toujours le même dédain de la vraisemblance, ce sont les vices, les vertus exagérés comme à plaisir, les proportions des événements amplifiées jusqu'au délire. Encore le merveilleux de la chevalerie semble-t-il plus discret en ce sens qu'on y confie aux diables, aux magiciens les vilaines besognes, tandis que les poètes chargent dieux et déesses des actions les plus douteuses. La déesse de la sagesse rend fou le plus brave des Grecs, l'altière Junon favorise de criminelles amours, emploie mille artifices pour perdre des innocents; mensonge, inceste, adultère sont si familiers à Jupiter et aux habitants de son Olympe, qu'un jury lui-même aurait grand'peine à leur accorder le bénéfice des circonstances atténuantes. Aussi impulsifs, dénués de raison, de sagesse que les faibles humains, ils causent aux hommes les plus grands malheurs, leur dictent les plus odieux forfaits, que les poètes racontent sans y entendre malice, si même ils ne les en glorifient. Mieux encore, ils ont eu pour complices les contemporains, la postérité, ravis sans doute de se trouver les égaux de la divinité devant la morale. Bref, si les dieux païens ont créé l'homme à leur image, celui-ci le leur a bien rendu.

Ceci n'empêche pas que ces poèmes ne soient admirés, que les livres de chevalerie ne paraissent ridicules : le merveilleux des premiers corrige son extravagance fabuleuse par la beauté du discours et la splendeur de la forme; celui de la chevalerie discrédite ses folles visions par la médiocrité du style qui lui sert de vêtement. Et cela prouve une fois de plus qu'en littérature comme ailleurs, la beauté, hélas! est une chose, et la

morale une autre; que la première a ses rites, son code
et en quelque sorte une vertu intime qui triomphe de
tout, qu'elle est une espèce de religion où la forme emporte le fond.

Du merveilleux de la chevalerie, je me suis occupé le
moins possible en analysant les Amadis : sur le merveilleux de la pastorale, je glisserai assez rapidement
aussi : le grand rôle qu'il jouait jadis nous semble aujourd'hui très accessoire, et c'est parce que nous pouvons considérer le thème héroïque ou pastoral comme
la bordure du tableau, c'est parce que, tout en flattant
les goûts du temps, Herberai des Essarts et Honoré
d'Urfé se sont montrés les historiens du cœur humain,
des mœurs contemporaines, ont représenté l'idéal que
la société se formait de l'amour, exprimé celui-ci d'une
façon nouvelle, que leurs œuvres ne sont point retom-
bées dans le néant littéraire où tant d'autres sont
rentrées avant, pendant et après [1].

L'Astrée, qui est en France le commencement de
quelque chose et même de beaucoup de choses, marque
un moment capital dans l'histoire du roman : c'est le
chef-d'œuvre du genre pastoral qui, avec lui, se substitue décidément au genre chevaleresque, et tend à se
rapprocher de la raison, de la vérité. Ce genre, d'Urfé
ne l'a nullement créé. Les prédécesseurs ne manquent
pas : Sannazar, Guarini, le Tasse, Georges de Monte-
mayor et bien d'autres, mais il l'a développé, pro-
longé, poussé de l'idylle au roman. Il y a dans celui-ci
deux choses anciennes, la pastorale, la chevalerie : il y

---

1. Sur la poésie pastorale, voir Saint-Marc-Girardin, t. III : Loménie, *Revue des Deux Mondes*, 1ᵉʳ décembre 1857; Fontenelle,
Discours sur l'Églogue.

en a de nouvelles, ou peu s'en faut : les sentiments, les caractères; pas tout à fait nouvelles cependant, puisque l'Heptaméron les contient au moins en germe.

« Là, dit Émile Montégut que je résume, là revivent les dispositions et les vœux de la noblesse provinciale au sortir du sanglant XVIe siècle. Foin du métier de courtisan et de batailleur, semble-t-elle dire, et qu'il vaut bien mieux être berger, traire avec Sully ces deux mamelles de la France, labourage et pâturage, et planter des mûriers avec Olivier de Serres! L'*Astrée* est indissolublement unie au règne réparateur de Henri IV, dont elle est l'apologie allégorique. Nul livre n'était mieux fait pour servir sa politique, car nul n'était mieux conçu pour détourner les âmes des fureurs de la guerre civile : d'Urfé mettait la main des vieux ligueurs dans la main de Henri IV; rarement on prêcha la paix sociale avec plus de finesse et de douceur.

« L'*Astrée* fut un des plus admirables instruments de la monarchie, c'est par l'amour qu'elle conquit à l'ordre son ombrageux et altier public. Tout fut gagné quand elle eut réussi à prouver à ces rudes gentilshommes que la fidélité est une grâce, la constance une bravoure, et que la politesse exclut violence et orgueil. S'ils ne tenaient pas à être sujets fidèles, ils tenaient passionnément à être gracieux, braves et polis, et en voulant n'être qu'aimables, ils apprirent à être soumis.

« Il n'y a donc pas de livre chez aucune nation qui démontre d'une manière plus certaine l'influence de la littérature sur les mœurs, car il n'y en a pas dont on suive aussi bien à découvert l'action et l'influence. L'*Astrée* est au fond un véritable manuel ou, comme on eût dit autrefois, un trésor de spiritualité politique à l'usage des courtisans, gentilshommes et gens de parti, comme l'*Introduction à la vie dévote* de saint François de Sales est un trésor de spiritualité religieuse à l'usage des mondaines. Il n'y a pas seulement analogie, il y a presque identité d'inspiration et de nature de talent entre l'*Introduction à la vie dévote* et l'*Astrée*. « Croyez, Philothée, dit saint François de Sales, qu'une âme vigoureuse et constante peut vivre au monde sans recevoir aucune humeur mondaine. » — « Croyez, gentilshommes mes frères, dit Honoré d'Urfé, qu'une âme vigoureuse peut vivre libre, indépendante, sans révolte ni insubordination. »

« .... Son succès a été obtenu sur un des publics les plus lettrés, les plus raffinés, les plus autorisés à être dédaigneux qu'il y ait eu au monde, car il était tout fraîchement sorti de ce XVIe siècle si bien fait par l'abondance et la force de ses œuvres pour former des connaisseurs difficiles, et c'était ce même public qui, à ce moment, faisait la fortune de don Quichotte en Espagne, applaudissait les dernières œuvres de Shakespeare en Angleterre, avait vu mourir le Tasse en Italie, et allait demain acclamer Corneille en France. L'engouement passa, la célébrité persista; pendant deux siècles, l'*Astrée* ne perdit rien de son renom. »

On lit encore l'*Astrée*. Oh! très rarement, j'en conviens, et, à coup sûr, le premier aspect en semble assez hérissé et rébarbatif. Cinq gros volumes de douze à quatorze cents pages, assez difficiles à trouver, d'interminables discussions de métaphysique, de morale, de galanterie, des digressions historiques non moins longues sur les antiquités de la Gaule, Rome et Byzance, une quarantaine d'épisodes qui se mêlent au récit principal, s'emboîtent les uns dans les autres, constellés, entrecoupés de vers de tout genre et de toute mesure, élégies, madrigaux, chansons, sonnets, villanelles, en général fort médiocres; c'est de quoi faire reculer les plus braves. Et cependant il y a peu de livres, quand on a le courage de persévérer, dont la lecture soit plus substantielle, et il n'y en a pas beaucoup non plus dont le succès ait été plus vif, l'influence plus décisive, la fortune plus durable. Chaque époque, comme le printemps, a besoin de se revêtir d'une nouvelle parure : ce qui semble un peu vieilli aujourd'hui paraissait jeune et plein de fraîcheur à une époque lasse d'agir, se reposant dans le raffinement de la pensée; l'*Astrée* venait à point après les clameurs des controverses théologiques, après les ruines des guerres de religion. On y admirait une érudition réelle, des allusions habiles avec une variété singulière dans ces nombreux épisodes qui sont loin de former des hors-d'œuvre par rapport au récit principal; on y trouvait un sentiment trop rare au XVIIe siècle, ce sentiment de la nature où Bernardin de Saint-Pierre, Jean-Jacques Rousseau, Chateaubriand, George Sand, André Theuriet, Loti puiseront leurs plus belles inspirations. D'Urfé a dit avec bonheur l'ivresse des champs, l'obscurité des bois, la fraîcheur des eaux, le silence des nuits mêlé aux émotions profondes de l'âme, les étoiles et les diverses chimères qui se forment dans la nue. Le Lignon devient quelquefois pour lui un fleuve du Parnasse. Il aime la vie rurale, la peint comme George Sand, sans effort et sans prétention, sans sortir de son Forez, comme elle sans sortir de son Berry, sans avoir besoin d'autre panorama que les aspects moyens de la nature tempérée. Ce qui ne l'empêche pas d'admirer pleinement les paysages artificiels, les jardins-bibelots, avec leurs mille surprises, grottes et souterrains, volières, orgues hydrauliques, pavillons, promenoirs secrets, arbres taillés et tordus de cent manières, parterres de fleurs imitant une broderie, mode venue d'Italie, comme l'explique M. Eugène Müntz dans son excellente *Histoire de l'Art pendant la Renaissance*. Un style limpide, élégant, harmonieux, complétait l'enchantement. Sans doute, et ceci explique pourquoi l'on n'ose pas réimprimer l'*Astrée*, ce style manque d'imagination, de mots-médailles, de nerf et d'arêtes, les contours n'en sont pas assez nets, il a les défauts de ses qualités : la limpidité dégénère parfois en insipidité, l'abondance en prolixité, l'élégance en fadeur. Mais, à une époque où notre langue encore indécise cherchait sa voie, tantôt imitant l'antiquité grecque et romaine, tantôt l'Espagne, tantôt l'Italie, ce style fleuri, avec beaucoup de ces grâces faciles qui font penser à Fénelon, se déployant d'un mouvement calme et continu, avec assez de largeur, était encore une attrayante nouveauté.

Pendant près de cinquante ans, l'*Astrée* reste le manuel de la bonne compagnie, passe presque pour un des chefs-d'œuvre de l'esprit humain. En janvier 1609, Henri IV, souffrant de la goutte, se la faisait lire toutes les nuits; Pierre Camus, évêque de Belley, proclame que ce roman est un des « plus honnêtes et des plus chastes qui se voient, l'auteur étant l'un des plus modestes et des plus accomplis gentilshommes que l'on se puisse figurer. » En 1624, d'Urfé reçoit une lettre signée de vingt-neuf princes ou princesses, de dix-neuf grands seigneurs ou dames d'Allemagne, qui ayant pris les noms des personnages de l'*Astrée*, ont formé, sous le nom d'*Académie des vrais amants*, une réunion pastorale à l'imitation de celles du roman. Dans cette lettre, datée du Carrefour de Mercure, ils le supplient de prendre pour lui le nom de Céladon, qu'aucun des membres de l'Académie n'a eu l'audace d'usurper, dans le sentiment de son imperfection, et de terminer enfin ce roman, dont la troisième partie, parue en 1619, était dédiée à Louis XIII; ils l'assurent en même temps qu'ils ont si souvent lu les premières parties qu'ils pourraient sans peine, grâce à leur mémoire, les redonner au monde, en supposant que tous les volumes fussent anéantis. Plus tard, Huet, évêque d'Avranches, confesse qu'il évite d'ouvrir le livre, de peur d'être obligé de le relire par une espèce de fascination; Charles Perrault déclare qu'il y a cent fois plus d'invention dans l'*Astrée* que dans l'*Iliade;* Boileau, La Fontaine, Pellisson, l'évêque Lingendes, Fénelon, le célèbre janséniste du Guet, l'abbé Prévost, Jean-Jacques Rousseau, en font cas. Racine, Marivaux l'ont lue avec profit. D'innombrables pastorales et tragi-comédies sortent de l'*Astrée*, ses héros deviennent les types du pur et fidèle amour, donnent leurs noms aux étoffes, aux costumes du temps. « Quand les femmes entreprenaient, comme une chose fort simple, de tapisser de leurs mains un hôtel ou un château, les longues lectures ne les effrayaient pas, observe Mme de Genlis. Ces éternelles conversations qui, dans l'*Astrée*, le *Grand Cyrus, Polexandre* et la *Clélie*, nous paraissent intolérables, étaient loin de déplaire. C'est surtout au roman de d'Urfé qu'on doit rapporter ce goût si persistant des entretiens ingénieux et solides, si remarquable à l'hôtel de Rambouillet, chez Mlle de Montpensier, Mme de Lafayette, chez la duchesse de Longueville et dans toutes les maisons où se rassemblaient les gens d'esprit. »

Puisqu'un Bassompierre nous raconte qu'avant d'entrer dans le monde, il a, pendant sept mois, consacré une heure par jour à l'étude des *cas de conscience*, on ne s'étonne plus de voir beaucoup de gentilshommes aimer les subtilités de la casuistique en tout genre, discuter une thèse de galanterie comme une thèse de philosophie ou de théologie. Et c'est à cette mode du temps, ressouvenir des cours d'amour, que répondent les scènes si fréquentes de l'*Astrée*, où deux bergers remplacent les poétiques duos de Virgile par des plaidoyers en règle pour et contre l'amour platonique, la fidélité, la jalousie, la coquetterie. Ces plaidoyers ont d'ordinaire pour prétexte quelque différend entre bergers et bergères, les parties choisissent un avocat, l'auditoire nomme un juge qui rend un arrêt motivé, dans les formes et avec les termes mêmes du palais. Ainsi Diane est appelée à décider entre trois bergers et trois bergères, dont chacun plaide lui-même sa cause et représente un cas particulier de la jalousie. Après une sentence longuement motivée, elle termine par ce jugement sur la question de principe :

« Ensuite des explications à nous faites par lesdits bergers touchant leurs quatre demandes, nous disons : à la première que, sans offenser la constance, une bergère peut souffrir, non pas rechercher ni désirer d'être servie de plusieurs. A la seconde, que cette pluralité de serviteurs, non recherchés ni désirés, mais soufferts, ne peut licencier l'amant à la pluralité des dames, si ce n'est, ce qui n'est pas croyable, qu'elles fussent aussi souffertes, et non désirées ni recherchées. A la troisième, que non seulement l'amante, mais l'amant aussi, doivent vivre parmi tous, mais à un seul, imitant en cela le beau fruit sur l'arbre, qui se laisse voir et admirer de chacun, mais goûter d'une seule bouche. Et à la dernière, que celui-là outrepasse les lois de la constance, qui fait chose dont il s'offenserait si la personne aimée en faisait autant. »

Une autre fois, c'est le berger Sylvandre qui, devant une assemblée de druides, discute fort doctement les limites et l'étendue du pouvoir paternel, à propos d'une bergère à laquelle ses parents veulent imposer un mari odieux.

Pour mieux faire sentir le succès de l'*Astrée* auprès de la société du XVIIe siècle, et le charme pénétrant que dégagent les peintures si vraies du Forez où d'Urfé avait passé sa jeunesse, voici deux anecdotes empruntées à Tallemant des Réaux et aux Mémoires du cardinal de Retz : « Dans la société de la famille de Gondy, remarque le premier, on se divertissait, entre autres choses, à s'écrire des questions sur l'*Astrée*, et qui ne répondait pas bien payait pour chaque faute une paire de gants de frangipane. On envoyait, sur un papier, deux ou trois questions à une personne, comme, par exemple, à quelle main était Bonlieu au sortir du pont de la Bouteresse et autres choses semblables, soit pour l'histoire, soit pour la géographie ; c'était le moyen de savoir bien son *Astrée*. Il y eut tant de paires de gants perdues de part et d'autre que, quand on vint à compter, car on marquait soigneusement, il se trouva qu'on ne se devait quasi rien. D'Ecquevilly prit un autre parti ; il alla lire l'*Astrée* chez M. d'Urfé même, et à mesure qu'il avait lu, il se faisait mener dans les lieux où chaque aventure était arrivée. » — Nos grands romanciers du XIXe siècle ont-ils reçu souvent de semblables hommages ?

Dans les Mémoires de Retz, ce n'est point la partie pastorale ou descriptive du roman qui est en jeu, c'est la partie chevaleresque, c'est le siège de la ville de Marcilly, attaquée par le traître Polémas, un des soupirants de la princesse Galatée, et défendue par le plus intéressant de ses adorateurs, le généreux Lindamor :

« Comme Noirmoutier, dit Retz, revint descendre à l'hôtel de ville, il entra avec Matha, Laigues et la Boulaye, encore tout cuirassé, dans la chambre de Mme de Longueville, qui était toute pleine de dames. Ce mélange d'écharpes bleues, de dames, de cuirasses, de violons, qui étaient dans la salle, de trompettes qui étaient dans la place, donnait un spectacle qui se voyait plus souvent dans les romans qu'ailleurs. Noirmoutier, qui était grand amateur de l'*Astrée*, me dit : « Je m'imagine que nous sommes assiégés dans Marcilly. — Vous avez raison, lui répondis-je, Mme de Longueville est aussi belle que Galatée, mais M. de la Rochefoucauld n'est pas aussi honnête homme que Lindamor. »

Cet Honoré d'Urfé, qui inaugure ou plutôt continue la dynastie toujours florissante des grands seigneurs écrivains, appartenait à une illustre famille du Forez qui prétendait descendre de race royale, et mêlait à sa généalogie plus ou moins réelle des légendes fabuleuses que l'on peut lire dans les ouvrages de MM. Bernard, Bonnafous, et dans l'étude si originale de M. Émile Montégut. Un de ses ancêtres avait été grand écuyer de France et de Bretagne; un autre, gouverneur des enfants de France qui s'appelèrent François II, Charles IX et Henri III, avait formé une magnifique bibliothèque, dont deux manuscrits célèbres, connus sous le nom de manuscrits d'Urfé, sont venus jusqu'à nous. Avec la plupart des nobles du Forez, il s'engagea dans la Ligue, suivit la fortune du duc de Nemours, frère des Guise, qui, après la défaite de Mayenne et l'entrée de Henri IV à Paris, tenta de se tailler à coups d'épée un royaume dans les provinces dont Lyon est la métropole. Il n'était pas encore de son âge au trois fois neuf, selon son expression, lorsqu'il assista à l'agonie de ce prince, auquel il s'était tendrement attaché, dont il célèbre les disgrâces, les qualités, excuse les fautes dans ses écrits. Lui-même connut les injustices et les jalousies des partis, fut emprisonné comme ligueur par les royalistes, comme royaliste par les ligueurs, chercha à oublier ces amertumes de la destinée en écrivant ses *Épîtres morales*, sous la double inspiration de la douleur qui se résigne et du courage qui espère; d'aucuns ajoutent que l'amour de Marguerite de Valois, alors retirée au château d'Ussom, en Auvergne, lui fut aussi un précieux réconfort.

« La philosophie suffit à le consoler des échecs de la politique, observe Saint-Marc-Girardin; pour le consoler des échecs de la vie domestique, il lui faudra l'imagination, et il fera l'*Astrée*. On aime ce progrès : les chagrins de la politique sont apaisés par les arides maximes de la philosophie; les dépits du cœur sont charmés par l'imagination, c'est-à-dire par le rêve et la fiction d'une vie plus heureuse que celle qu'on a menée. »

Son frère, Anne d'Urfé, avait épousé l'héritière des

Chateaumorand, mais il obtint la cassation de son mariage afin d'entrer dans un couvent, et Honoré épousa à son tour Diane de Chateaumorand, pour ne pas laisser sortir de la famille les grands biens qu'elle y avait apportés. Il avait fallu des dispenses à Anne pour entrer dans les ordres quoique marié; il en fallut à Honoré pour épouser sa belle-sœur, car il était chevalier de Malte. Urbain VIII disait à cette occasion que les d'Urfé auraient besoin pour eux seuls d'une chancellerie pontificale et d'un pape tout entier. Plus âgée de sept ans que son mari, Diane était hautaine, idolâtre de sa beauté au point de porter toujours un masque, et de ne vouloir coucher dans une chambre qui n'aurait doubles vitres et doubles rideaux, hargneuse, malpropre, gardant toujours dans sa chambre et jusque sur son lit de grands chiens qui auraient sans doute pu servir de modèles à ceux des *Plaideurs*. D'où froideur, désaffection des époux. Sans autre forme de procès, trouvant, j'imagine, que les d'Urfé avaient assez occupé le pape, Honoré partit un beau matin et alla se fixer à Chambéry, puis à Turin, auprès de son parent le duc de Savoie. C'est dans ces loisirs un peu forcés, car il avait aussi encouru la disgrâce de Henri IV, qu'il composa son poème de *Siresne*, une *Sylvanire* en neuf mille vers détestables, la *Savoysiade*, quelques poésies religieuses, et la majeure partie du roman de l'*Astrée*.

Une question se pose ici. Est-ce là un roman à clef? Honoré a-t-il voulu se peindre sous les traits de Céladon, raconter une passion malheureuse pour Diane de Chateaumorand, qu'il aurait aimée quand il était jeune, quand elle était mariée à son frère? On le croyait fort dans le monde, on le répétait après Patru, qui vit d'Urfé à Turin un an avant sa mort, en 1624, et le pressait de questions. Était-il vrai que le grand Euric fût Henri le Grand; Galatée, Marguerite de Valois; Astrée, Diane de Chateaumorand; Céladon, M. le Prince; Adamas, le lieutenant général de Montbrison ou saint François de Sales; Alcidon, le duc de Bellegarde, etc.? Patru ne se laissait pas rebuter par les refus, suppliait l'auteur de satisfaire sa curiosité. « Je vous promets, me dit-il enfin, qu'à votre retour de Rome, je vous apprendrai tout ce que vous pouvez souhaiter. — Et toutefois, répondis-je, je n'aurai alors que vingt ans. — Cela est vrai, reprit-il en m'embrassant, mais avec les lumières et les inclinations que vous avez, ce n'est pas peu qu'une année de l'air de l'Italie. Et d'ailleurs, vous étonnerez-vous si, avant de mourir, je veux vous voir au moins encore une fois? »

En vain les adversaires de cette thèse objectent-ils à ses partisans qu'Honoré d'Urfé avait six ou sept ans en 1574, lors du mariage de sa belle-sœur, qu'il est bien difficile de concilier les sentiments de Céladon et sa séparation réelle d'avec Astrée; ceux-ci ne se tiennent point pour battus, répliquent qu'il a pu s'éprendre plus tard, et que, dans sa retraite de Chambéry, il était toujours amoureux de l'idée qu'il conservait de l'Astrée du temps passé, si différente de l'Astrée d'alors. Et ils triomphent, en partie du moins, quand ils citent cette phrase d'une lettre écrite par d'Urfé faisant hommage de son roman à Étienne Pasquier : « Cette bergère que je vous envoie n'est que l'*histoire de ma jeunesse*, sous la personne de qui j'ai représenté les diverses passions ou plutôt folies qui m'ont tourmenté l'espace de cinq ou six ans. » A mon sens, les rapports entre les inventions du romancier et sa vie sont bien plus sensibles dans la partie du roman qui concerne la bergère Diane et le berger Sylvandre, et Patru lui-même reconnaît que pour avoir la clef de ces fictions, il faut fondre en deux les quatre personnages de Diane et de Sylvandre, de Céladon et d'Astrée. Disons aussi que l'auteur s'empare volontiers de personnages, de faits connus, et les raconte sous de légers déguisements. Ainsi il est parfaitement évident que l'histoire d'Euric, de Daphnide et d'Alcidon, qu'on lit dans le troisième volume, paru après la mort de Henri IV, s'applique aux rapports de celui-ci avec Gabrielle d'Estrées et Bellegarde. En analysant leurs conversations et leurs lettres, on a l'impression du vrai style de l'époque en fait d'amour et de galanterie, et lorsque Gabrielle-Daphnide, après avoir trahi par ambition Bellegarde-Alcidon qui a eu l'imprudence de la faire connaître à Euric-Henri IV, cherche à le consoler en lui disant qu'elle l'aimera toujours, que l'affection qu'elle porte à Euric s'appelle *raison d'état*, et celle qu'elle lui conserve *amour du cœur*, on pense volontiers que Gabrielle a pu très bien faire elle-même et en propres termes cette distinction commode.

Il n'est donc pas exact de prétendre que d'Urfé composa son roman pour se consoler de son histoire, au lieu de composer son roman à l'image de son histoire; il n'est pas plus sûr qu'il n'ait pas fait des portraits, mais il aurait pu répondre à Patru comme le poète :

> Je prends à l'un le nez,
> A l'autre le talon, à l'autre.... devinez.

Ajoutons qu'il empruntait son roman à l'expérience, qu'il se contentait de peindre les passions, les mœurs et les caractères du monde qu'il avait vu. En un sens, l'*Astrée* est son histoire, comme *Indiana*, *Valentine* ou *Jacques* peuvent être l'histoire de George Sand.

Le roman de l'*Astrée* se passe à la campagne, entre bergers et bergères qui habitent des chaumières élégantes et propres. Au premier abord, tout ou presque tout, paysages et acteurs, est beau, jeune et charmant. Les amants, en majorité, se montrent vifs et honnêtes, les dames tendres et fidèles; car vous sentez bien qu'il ne s'agit point de ces bergères nécessiteuses qui, pour gagner leur vie, conduisent leurs troupeaux au pâturage, mais de gens qui font de la villégiature, riches et de noble naissance, préfèrent aux tournois les jeux de village, la houlette à la lance, et qu'en mettant l'amour à la campagne, d'Urfé, à l'exemple des poètes pastoraux de l'Italie, a voulu seulement lui donner plus de charme et de liberté.

Arrêtons-nous un instant sur les diverses sortes d'amour de l'Astrée, et d'abord sur celui qui avait tant charmé les contemporains, l'amour passionné, constant, de Céladon et de sa bergère. C'est par là qu'il a mérité d'être le héros du roman; par là qu'il garde l'avantage sur Sylvandre, berger spirituel et savant qui a étudié Platon, parce qu'en amour le sentiment l'emporte sur la science, et que les femmes préféreront toujours celui-ci à celle-là; à moins que le cœur et l'esprit, par une association rare, ne se trouvent réunis, ou à moins que le second ne joue assez bien le personnage du premier pour en donner la complète illusion.

Loin d'imiter les romans antérieurs, qui débutent d'ordinaire par la généalogie des principaux personnages et à la manière des contes de fées, d'Urfé, après une courte et gracieuse description du Forez, présente ses deux principaux personnages en commençant par les jeter à l'eau. Le jeune et beau berger Céladon, la jeune et belle bergère Astrée s'aiment depuis trois ans déjà ; abusée par les calomnies d'un rival, Astrée accable son berger de reproches cruels, le bannit de sa présence : et le berger innocent, désespéré, se précipite dans le Lignon. A cette vue, Astrée tombe évanouie dans la rivière ; mais, soutenue par sa robe, elle est sauvée par des bergers, tandis que son malheureux amant, emporté par le courant rapide, est traîné assez loin, et jeté sans connaissance sur la rive opposée. C'est dans cet état qu'il est aperçu, sauvé, emmené dans leur château, par trois grandes dames, trois nymphes, comme les appelle l'auteur, la princesse Galatée, fille de la souveraine du Forez, et deux de ses dames d'honneur : Léonide et Sylvie. Galatée qui, sur la foi d'une magicienne, était allée se promener sur les bords du Lignon, croyant y trouver l'époux que lui réservait le destin, ne tarde pas à s'éprendre de Céladon, malgré la différence des conditions, et cherche à lui faire partager sa passion. Il est honnête homme, c'est-à-dire de bonne compagnie, cela suffit. Celui-ci repousse poliment les avances de la princesse, s'échappe du palais; puis, croyant exécuter les ordres de sa belle, notre dévot d'amour se réfugie dans une caverne où il vit de racines et d'eau claire, faisant des vers, sourd aux conseils du grand druide, le sage Adamas, qui l'engage à se présenter devant Astrée. Ce serait le cas de répéter que la lettre tue et l'esprit vivifie, si le roman n'avait besoin de cette ferveur un peu niaise pour ne pas finir, si surtout Céladon n'aimait sa souffrance et sa tristesse. « Misérable état que celui d'un amant, remarque Léonide, une des dames de Galatée, qui, elle aussi, est éprise secrètement de Céladon. — Tant s'en faut, s'écrie-t-il; misérable seulement celui qui n'aime pas, puisqu'il ne peut jouir des biens les plus parfaits qui soient au monde ! » — Et après avoir exprimé le plaisir qu'on goûte à s'entretenir du souvenir de celle qu'on aime : « Si les contentements de la pensée sont tels, jugez de ceux de l'effet ! Comment jouir de la vue de ce qu'on aime ? l'ouïr parler ? lui baiser la main ? avoir de sa bouche cette parole : je vous aime ? Est-il possible que la faiblesse d'un cœur puisse supporter tant de contentement ? » Étonnée, charmée, émue de ce délire extatique, Léonide confesse alors : « J'avoue, berger, que si c'est aimer que ce que vous faites, il n'y a que vous entre tous les hommes qui sachiez aimer. »

D'Urfé n'a-t-il pas entendu parler de ces adorateurs extasiés qui, en plein XVIe siècle, imaginèrent une académie idéaliste à la vingtième puissance, se couvrant de fourrures l'été, à peine vêtus de coutil l'hiver, pour symboliser la toute-puissance ensoleillée de l'amour? De ceux qui se consacrent à une idée, à une couleur, et s'y acharnent avec la persévérance d'un fakir? Tel celui qui se voue au vert, vêtements verts, boutons de chemise verts, dînant dans des plats verts, mangeant un pain vert, et ne chantant que les objets verts, les prés et la verdure des forêts. Au reste, d'Urfé admet l'amour à la façon antique, l'amour-fatalité : « Le Ciel l'a voulu, soupire Céladon, car c'est par destin que je l'aime.... Le Ciel l'a su.... Le Ciel l'a eu agréable.... Il n'est pas même en ma puissance de faire autrement. »

On voit que Céladon n'a point usurpé sa réputation d'amoureux transi. Et ce n'est rien encore au prix de ce qui va suivre. Désireux de rapprocher les amants, le druide imagine un autre subterfuge, une malice cousue de fil blanc, destinée à prolonger l'anxiété du lecteur. Il a une fille, Alexis, à peu près de l'âge de Céladon, nourrie dans les *antres des Carnutes*, style gaulois, qui signifie sans doute : élevée dans un couvent. Céladon, qui a beaucoup maigri et qui est imberbe, revêtira son costume de druidesse, personne ne le reconnaîtra, Astrée elle-même le regardera comme une fille, et il pourra se livrer au bonheur de la voir et même de l'entretenir, sans manquer à la fameuse consigne. Mais il faut qu'Adamas déploie de nouveau, pour rassurer sa conscience timorée, les arguments les plus subtils : « Que vous ne soyez Céladon, observe-t-il, il n'y a point de doute, mais ce n'est pas en cela que vous contreviendrez à son ordonnance; car elle ne vous a pas défendu d'être Céladon, mais seulement de lui faire voir ce Céladon. Or, elle ne le verra pas en vous voyant, mais Alexis. »

Cette fois, notre héros n'hésite plus, et cet amant, tout à l'heure si timide, si délicat, aborde sans frémir une difficulté infiniment redoutable, viole outrageusement l'esprit de cet ordre dont il respecte minutieusement la lettre, recourt à plusieurs reprises aux supercheries les plus effrontées pour pouvoir contempler son amante dans le costume de la Vénus de Médicis. Trompée par la complicité d'Adamas, la fière, la pudique Astrée devient l'amie la plus tendre, la compagne inséparable de la prétendue druidesse, lui prodigue des caresses qu'elle croit innocentes : d'où un certain nombre de tableaux assez légers qui contrastent avec le caractère général de l'œuvre. Comment sortir de ce dédale? Comment tourner cet obstacle effrayant? Comment Céladon oserait-il se faire reconnaître? Tous les cœurs sensibles se le demandaient encore, à la fin du quatrième volume, qui ne compte pas moins de treize cent quatre-vingt-six pages. D'Urfé était mort en 1625, sans avoir tranché la question; son secrétaire, Balthazar Baro, à qui il avait confié ses notes, répondit, tant bien que mal, à l'impatience du public. La nièce d'Adamas, la nymphe Léonide, imagine de conduire Astrée et la fausse druidesse dans un bois épais où, après un simulacre d'évocation magique, elle annonce à la bergère qu'elle va faire paraître à ses yeux Céladon en personne, pourvu que celle-ci veuille bien répéter après elle ces mots : Céladon, je vous commande de paraître devant moi. Astrée obéit à la terrible consigne, la feinte druidesse se précipite à genoux, se déclare Céladon, lui présente divers gages d'amour qu'il a reçus d'elle autrefois. Astrée reste d'abord partagée entre la tendresse et l'indignation, mais enfin, au souvenir des rapports familiers qu'elle a eus avec Céladon-Alexis, elle rougit de honte, de colère et lui ordonne de mourir. On voit que le caractère d'Astrée n'est ni moins excessif ni moins incohérent que celui de son amoureux; sa crédulité et sa sévérité dépassent toutes les bornes. Et Céladon, toujours docile, répond aussitôt : « Belle Astrée, je n'attendais pas de votre rigueur un traitement plus favorable; je savais bien que ma faute méritait un semblable châtiment, mais puisqu'il est fatal que je meure, et que votre belle bouche en a prononcé le dernier arrêt, par pitié ordonnez-moi quel genre de mort vous voulez que je suive, afin que mon repentir et l'obéissance que je vous rendrai en ce dernier moment servent de satisfaction à votre colère. — Meurs comme tu voudras, repart-elle durement; pourvu que tu ne sois plus, il ne m'importe. » Et ils s'enfuient, éperdus, décidés à chercher partout le trépas. Tout n'est pas fini, comme bien vous pensez : leur désespoir les conduit à une fontaine merveilleuse qu'Adamas a mise sous la garde de deux lions et de deux licornes chargés de dévorer les téméraires qui oseront s'en approcher. Merveilleuse en effet, car la *Fontaine de vérité d'amour* a cette propriété que tout amant bien épris qui penche son visage sur la source y voit d'abord la figure de celle qu'il aime, et sa propre figure ne vient se placer auprès de l'autre image que s'il est aimé. Si un autre est préféré, c'est l'image du rival heureux qui se reflète à côté de celle de la bien-aimée. Deux autres bergers, Diane et Sylvandre, ont choisi le même genre de mort; mais, ô miracle, le tonnerre gronde, bergers et druides du Forez accourent, et l'on voit apparaître au sommet de la fontaine, sur une pyramide de porphyre, un amour tout brillant de clarté. Aux quatre coins se dressent lions et licornes changés en marbre, sur le gazon reposent les deux couples d'amants endormis. Le dieu d'amour ordonne que Céladon épousera Astrée, Sylvandre Diane, la fontaine désenchantée permet à tous les amoureux de savoir la vérité, de nombreux mariages se célèbrent, un bonheur sans mélange remplace cette inquiétude en six mille pages. On a tout droit d'espérer qu'ils seront heureux et auront beaucoup d'enfants.

- En vérité, ces figures de Céladon et d'Astrée ne semblent-elles pas fantastiques ? Ces suicides amoureux, sans rime ni raison, sur un mot, ne feraient-ils pas hausser les épaules, si le caractère même de la passion n'était l'absurdité, si l'amour n'était proprement une sublime bêtise à deux, si, sous d'autres formes, avec un autre jargon, notre société du XIXe siècle, nos romans ne fournissaient à nos successeurs de pareils thèmes de raillerie ? Reposons-nous un peu de ce débordement de sentimentalité en répétant ce couplet ironique qui date des grands romans du XVIIe siècle, tous plus ou moins imités de l'*Astrée* :

> Le berger Tircis,
> Rongé de soucis
> De voir sa Climène
> Rire de sa peine,
> Alla se percher
> Sur un haut rocher,
> Voulant finir son supplice
> Dans un précipice.
> Mais songeant que ce saut
> Était bien haut,
> Et qu'on mourait
> Quand on voulait,
> Mais qu'on vivait
> Quand on pouvait,
> Quelque volage et légère
> Que fût sa bergère,
> Il fit nargue à ses appas,
> Et revint au petit pas.

Heureusement, l'*Astrée* nous offre d'autres personnages qui gardent leurs caractères précisés et suivis jusqu'à la fin : Galatée, Diane et Sylvandre, Bélisard, Hylas.

Galatée, qui est un caractère de tous les temps, représente l'amour capricieux, égoïste, violent; coquette comme femme et comme princesse, elle mêle à la légèreté féminine une sorte de hauteur qui estime qu'il n'est pas de son rang de se laisser arrêter par les bienséances; c'est Marguerite de Valois, c'est la femme nourrie dans l'exercice des passions, une de ces créatures exquises et perverses qui n'ont point d'âme, et qui nous conduisent dans l'enfer en nous faisant passer par le paradis, un des types éternels de la femme que façonne le monde ou la cour, flagellée par l'ironie des prédicateurs, des romanciers, divinisée par les anathèmes autant que par les apothéoses. Galatée a eu de nombreuses sœurs au moyen âge, pendant la Renaissance, dans notre siècle, dans tous les temps, sous toutes les latitudes. Écoutons-la prêcher à Céladon le droit divin du caprice : « Ce sont moqueries, voyez-vous, que de s'arrêter à ces sottises de fidélité et de constance, paroles que les vieilles et celles qui deviennent laides ont inventées pour retenir par ces liens les âmes que leurs visages mettaient en liberté. » Avant d'aimer Céladon, Galatée avait un tendre pour Lindamor, et elle était aimée de Polémas. Mais Polémas lui demeure indifférent, Lindamor a le grand tort d'être absent, et il ne sert de rien que Léonide, cherchant à réveiller son souvenir, lui raconte faussement qu'il est mort du chagrin causé par sa trahison. « Le pauvre Lindamor! murmure Galatée, je jure que sa mort me touche plus vivement que je ne l'eusse cru. Mais, dites-moi, n'a-t-il pas eu souvenance de moi en sa fin, et n'a-t-il point montré du regret de me laisser? — Faut-il encore, repart Léonide, que vous triomphiez en votre âme de la fin de sa vie, comme vous avez fait de toutes ses actions, depuis qu'il a commencé de vous aimer? S'il ne faut que cela à votre contentement, je vous satisferai. » Et continuant son invention, elle raconte que Lindamor, sentant sa fin approcher, a ordonné à son écuyer Fleurial, qu'aussitôt qu'il le verrait mort, il lui fendît la poitrine, en arrachât son cœur et le portât à Galatée. » Mais, pour achever de la peindre, lorsque Galatée apprend que Lindamor n'a point succombé, elle en est vexée, et aurait beaucoup d'obligation à qui la débarrasserait de Lindamor et de Polémas, espérant même que, grâce à leur rivalité, Lindamor la défera de Polémas, ou celui-ci de l'autre, et « par ainsi elle en sera déchargée de moitié et peut-être du tout, si sa bonne fortune veut qu'en même temps l'un la défasse de l'autre. »

Dans cette galerie de portraits, se détache celui de Bélisard, un type de philosophe mondain, causeur charmant pour dames, qui semble avoir pour objet beaucoup moins de sentir lui-même que de regarder les passions des autres et de les servir discrètement. C'est l'*Ami des femmes* à l'aube du XVIIe siècle. Alcandre aime Circéine, la croit insensible, se désespère; Bélisard le réconforte, lui promet d'obtenir l'aveu de Circéine, engage avec celle-ci une conversation, modèle de finesse et de badinage, qui fait songer à Marivaux, à Octave Feuillet. Les deux combattants (toute conversation n'est-elle pas un duel?) débutent par des propos vagues, des escarmouches de paroles; enfin, avec toute sorte de mystère, Bélisard déclare à Circéine l'amour d'Alcandre, la jalousie de Clorian et Polynice qui l'ont deviné.... « Voyons, continue Bélisard, n'êtes-vous pas même obligée à quelque chose davantage, puisque Alcandre ne vit ni ne peut vivre que pour vous servir? — Et que voulez-vous, dit-elle en souriant, que je fasse de plus ? — Que sert-il que je vous le dise ? » ajouta-t-il ; et à ce mot ils s'approchèrent de la table, où, sans sembler songer à ce qu'il faisait, Bélisard prit une plume, et alors, tirant quelques lignes sur le papier : « Pourquoi vous le dirais-je, puisque aussi bien vous n'en ferez rien ? — Peut-être oui, peut-être non. — Eh bien, répondez-moi premièrement à une chose que je vous veux demander : Aimez-vous Alcandre, ou lui voulez-vous du mal? — Vraiment, pourquoi haïrais-je une personne qui ne m'en donne pas d'occasion? — Si vous dites vrai, pourquoi le traitez-vous avec tant de rigueur? — Je ne sais ce que vous appelez rigueur. — Quand vous le voyez, vous vous tournez de l'autre côté; s'il approche, vous le fuyez; s'il parle à vous, vous ne lui répondez point, et, si vous y êtes forcée, c'est toujours avec des demi-mots; et bref, toutes ces autres façons méprisantes et dont vous n'usez qu'envers lui. — Veux-tu, Bélisard, lui dit-elle en lui mettant une main sur l'épaule, que je te parle franchement? Je n'ai jamais cru que ni toi ni ton ami eussiez si peu d'esprit que vous en avez. Dis-moi, je te supplie, si je traite différemment Alcandre de tout autre, n'est-ce pas que je le tiens en un autre rang que tous les autres? Va, Bélisard, et apprends que les femmes sont bien souvent contraintes de faire semblant de ne voir point ce qu'elles voient, et de voir au contraire ce qu'elles ne voient point. — O Dieu, Circéine, que je remercie de bon cœur mon ignorance, puisque vous m'avez appris la seule chose que je désirais savoir! »

Conclusion : Circéine signe le billet que Bélisard avait préparé pour Alcandre.

Avec moins d'amertume apparente que Galatée, beaucoup de gaieté et d'esprit, Hylas se montre le praticien, et même le théoricien de l'amour frivole et volage; c'est le Galaor du roman; tels de ses discours renferment des traits dignes de don Juan et Lovelace. Et sans doute le romancier s'évertue à lui faire perdre son procès en toute occasion; mais j'ai grand'peur que ses plaidoyers, condamnés par les honnêtes bergers du roman, n'aient persuadé beaucoup de lecteurs. Les bergers eux-mêmes rient de ses doctrines. « Le mal, remarque Saint-Marc-Girardin, n'y est pas encore changé en vertu, mais il est déjà changé en plaisir. Le vice n'est pas encore la grandeur, mais il est déjà l'agrément : c'est le premier degré de la décadence. » Que pensez-vous de cette pointe d'impiété qu'Hylas mêle à la fatuité (car il se targue sans cesse de ses bonnes fortunes) dans ce passage où il regrette de n'avoir pas encore servi une druidesse ou une vestale ? « Il faut que je vous dise une ambition d'amour qui m'est venue. J'ai aimé des filles, des femmes et des veuves; j'en ai cherché des moindres, d'égales à moi et de plus grande qualité que je n'étais; j'en ai servi de sottes, de rusées et de bonnes; j'en ai trouvé de rigoureuses, de courtoises et d'insensibles à la haine et à l'amour; j'en ai eu de vieilles, de jeunes et d'autres qui étaient encore enfants; je me suis plu à la blonde, à la brune, à la claire-brune; je me suis adressé aux unes qui n'avaient jamais aimé, aux autres qui aimaient, et à celles qui n'aimaient plus, à des trompeuses, à des trompées et à des innocentes. Bref, je puis dire n'avoir rien laissé d'intenté en ce qui concerne l'amour, de quelque condition ou humeur que puisse être une femme, sinon que je n'ai point encore servi une druidesse ou une vestale, et j'avoue qu'en cela je suis encore novice, ne m'étant jamais rencontré à propos pour en faire l'apprentissage. »

Tel en prose, tel en vers. Écoutez ces stances :

> J'honore sa vertu, j'estime son mérite,
>   Et tout ce qu'elle fait ;
> Mais veut-elle savoir d'où vient que je la quitte ?
>   C'est parce qu'il me plaît.
> Chacun doit préférer, au moins s'il est bien sage,
>   Son propre bien à tous.
> Je vous aime, il est vrai ; je m'aime davantage,
>   Si faites-vous bien, vous !
> Qu'elle n'accuse donc sa beauté d'impuissance,
>   Ni moi d'être léger :
> Je change, il est certain ; mais c'est grande prudence
>   De savoir bien changer.
> Pour être sage aussi, qu'elle en fasse de même :
>   Égale en soit la loi.
> Que s'il faut, par destin, que la pauvrette m'aime,
>   Qu'elle m'aime sans moi !

Le caractère d'Hylas ne se dément pas un seul instant : au dénouement, lorsque les bergers viennent à l'envi consulter la *Fontaine de vérité d'amour*, la grande druidesse Amasis invite Hylas à tenter à son tour l'épreuve : Madame, répond-il, cette fontaine est si petite que, si je m'y regardais, il serait impossible que j'y visse seulement la moitié des objets que j'ai aimés. » Il semble qu'on entende l'énumération du valet de don Juan, et l'on goûte cette observation de Sylvandre à Hylas : « Ne savez-vous pas qu'en toutes sortes d'arts, il y a des personnes qui les font bien et d'autres mal? L'amour est de même, car on peut bien aimer comme moi et mal aimer comme vous; et ainsi on pourra me nommer maître, et vous brouillon d'amour. »

A égale distance de Céladon et d'Astrée, d'Hylas et de Galatée, se tiennent Diane et Sylvandre, qui seraient pour moi les personnages sympathiques de l'ouvrage. Fière, réservée, mélancolique, Diane a eu la douleur de voir mourir le berger qu'elle aimait et s'est juré que son cœur ne parlerait plus; aussi lorsqu'il commence à marquer quelque bonne volonté pour Sylvandre, résiste-t-elle vaillamment à cet intrus, à ce sentiment nouveau où elle voit une sorte de profanation : elle ne veut pas que Sylvandre se sache aimé, elle ne veut pas qu'il ose jamais lui déclarer sa passion; et elle tient sa gageure le plus longtemps possible. Quant à Sylvandre, il se montre tout ensemble très épris et scrupuleux dans ses procédés, délicat dans ses sentiments, persévérant et spirituel. Il raisonne comme Platon, définit la beauté : « un rayon qui s'élance de Dieu sur toutes les choses créées, » se plaît aux controverses les plus subtiles en philosophie, en morale et en galanterie; il penche même si fort de ce côté qu'il y tombe, et certains de ses discours respirent un parfum de pédantisme assez ordinaire aux beaux esprits du temps. Ce n'est pas que dans ces dissertations un peu alambiquées, d'Urfé ne déploie encore beaucoup d'esprit, et l'on en trouve un exemple assez frappant dans une discussion entre Dorinde et Sylvandre sur cette question éternellement litigieuse : les hommes sont-ils capables d'aimer? Dorinde dit non, Sylvandre dit oui, se fait fort de persuader Dorinde, et, en bon disciple de Platon, il recourt à la méthode socratique pour amener à composition sa belle interlocutrice.

« Dites-moi, belle bergère, si vous croyez qu'en l'univers il y ait quelque chose qui se nomme amour?

— Je pense, dit-elle, qu'il y a une passion qui se nomme comme vous dites, de laquelle toutefois les hommes ne sont point capables.

— Nous rechercherons, répondit froidement Sylvandre, la vérité de ceci, mais maintenant je me contente que vous m'avez avoué qu'il y a une passion qui s'appelle amour. Or, dites-moi, je vous supplie, que pensez-vous que ce soit que cet amour?

— C'est, répondit-elle, un certain désir de posséder la chose qu'on juge bonne ou belle.

—Il n'y a point de druide en toutes les Gaules, reprit Sylvandre, qui eût pu répondre mieux que cette belle bergère. Mais, continua-t-il en se tournant vers elle, n'est-il pas vrai qu'il y a en l'univers des animaux qui sont raisonnables et d'autres qui ne le sont pas?

— Je l'ai ouï dire ainsi, reprit Dorinde.

— Et duquel de ces deux rangs, répliqua Sylvandre, voulez-vous mettre les hommes?

—Vous me mettez bien en peine, dit-elle en souriant, car quelquefois on ne peut nier qu'ils ne soient raisonnables en quelque chose; mais d'autres fois aussi, et le plus souvent, ils sont sans raison.

— Et toutefois, ajouta Sylvandre, n'est-il pas vrai que toujours les hommes recherchent leurs plaisirs et leurs contentements?

— De cela, répondit Dorinde, il n'en faut point douter, n'y en ayant un seul qui ne délaissât le meilleur de ses amis plutôt que le moindre de ses plaisirs.

—Il me suffit, reprit alors Sylvandre, que vous m'avez avoué qu'il y ait un amour, que l'amour soit un désir de ce qui est jugé bon ou beau, et que les hommes se laissent entièrement emporter à leurs désirs, d'autant qu'il me sera maintenant bien aisé de vous prouver que non seulement les hommes aiment, mais qu'ils aiment mieux encore que les femmes.

— Si ce que je vous ai avoué, dit incontinent Dorinde, vous fait prouver ce que vous dites, dès à cette heure je m'en dédis, aimant mieux que cela me soit reproché que si l'on en pouvait tirer une conséquence aussi fausse. »

Toutes ses compagnes se mirent à rire de cette réponse, et prièrent Sylvandre de continuer, ce qu'il fit de cette sorte : « Il ne faut pas, belle bergère, beaucoup de paroles pour maintenant résoudre votre doute, mais de nécessité conclure que, puisque les hommes se portent avec tant de violence au désir de leur contentement, et la volonté n'ayant jamais que le bon pour son objet ou pour le moins ce qui est estimé tel, il s'ensuit que, puisque l'amour n'est autre chose que ce désir, ainsi que vous-même l'avez dit, celui-là aime plus qui a plus ces objets de bonté devant les yeux, et la femme étant beaucoup plus belle et meilleure que l'homme, qui pourra nier que l'homme n'aime mieux que la femme, qui n'a pas un si digne sujet pour employer ses désirs?

— Ah! s'écria Dorinde, j'avoue tout, jusqu'à la conclusion que vous en tirez.

— Vous ne le pouvez, répliqua Sylvandre, sans ôter l'avantage que les femmes ont par-dessus les hommes, et c'est pourquoi il vaut mieux que vous confessiez qu'il n'y a rien en l'univers qui aime tant que l'homme. »

A tant d'autres mérites, d'Urfé joint le talent du moraliste, des traits fins, délicats, qui partent non de l'imagination, mais d'une profonde expérience de la vie, qui traduisent une souffrance, une déception, un état d'âme particulier ou général; on en cueillerait par centaines dans son livre :

« Souvenez-vous, mon frère, que le mariage fait ou défait une personne. »

« La plupart des princes font de leurs sujets comme nous faisons des chevaux qui sont devenus vieux en nous servant : le plus de faveur que nous leur faisons est de les mettre au coin d'une écurie, sans plus nous en soucier; au lieu que des autres, nous sommes soigneux de les faire bien traiter et bien panser. »

« Ce n'est pas une petite prudence à un roi d'obliger plusieurs personnes avec un seul bienfait. »

« Quand un prince veut en tromper quelque autre, il faut premièrement qu'il abuse l'ambassadeur qu'il lui envoie, parce que celui-ci, ayant opinion que ce qu'il dit est vrai, invente des raisons et les dit avec une assurance tout autre que s'il pensait mentir.... »

En résumé, ce qui fait le mérite essentiel de l'*Astrée*, cette valeur que Victor Cousin a vainement contestée, pour l'attribuer si exclusivement aux romans de Mlle de Scudéry, ce sont les histoires d'amour. C'est depuis l'*Astrée* que l'on a pu dire qu'il n'y a pas de roman sans amour. D'Urfé a noté toutes les sortes d'amour. On a reconnu dans les personnages d'Hylas et Galatée l'amour fantasque, cruel à force d'égoïsme, presque féroce, l'amour de don Juan et de Lovelace; dans Sylvandre et Diane, l'amour sincère et respectueux, ingénieux et subtil, l'amour d'Hippolyte pour Aricie, ou de Xipharès pour Monime; dans Céladon, l'amour mystique et dévot, celui qui fait déraisonner ses victimes, qui se complaît dans ses propres souffrances, et ne craint rien tant, comme diront bientôt les précieuses, en échouant d'abord dans le mariage, que de commencer le roman par la fin. On distinguerait encore d'autres variétés de l'amour avec Valentinien, Arimant, Rosilion, Damon, Madonthe. Et, comme l'a dit avec profondeur M. Brunetière, « dans quelque genre que ce soit, partout où l'amour est conçu comme une passion noble, capable d'épurer, d'exalter les âmes, on peut avancer qu'il y a quelque souvenir de d'Urfé. Tandis que les plus grands écrivains du xvie siècle, Rabelais, Ronsard, Montaigne, sont pour ainsi dire tout entiers dans un seul de leurs chapitres, ici, au lieu, et avant d'être l'expression de l'homme ou l'homme même, le style n'a pas cet égotisme, mais il est l'expression appropriée des sentiments aux personnages, et cela pour la première fois dans la langue; il devient donc l'instrument de l'analyse psychologique. »

« L'*Astrée*, remarque de son côté Émile Montégut, est un livre platonicien. L'amour est le tout de l'âme, car les âmes ont été faites à la ressemblance de Dieu, dont l'essence est l'amour : l'amour est donc le principe de toute activité, de toute science et de toute vertu. La religion n'est qu'amour, puisqu'elle se rapporte à Dieu, et même lorsqu'il s'adresse à un être de chair et de sang, l'amour est encore une religion, tant il rapproche l'âme de sa perfection. En vérité, celui qui sait parfaitement aimer sait toute chose bonne et belle, ose toute chose bonne et belle, et se détourne du contraire par la vertu même de son amour.... »

« L'amour est le fondement des États, comme il est celui des familles, car nous avons vu par la sanglante expérience du siècle d'où nous échappons, que le contraire de l'amour, qui est la haine, est la ruine dés peuples : c'est donc à l'amour qu'il faut revenir, en employant pour nous y ramener autant de constance que nous avons mis d'obstination à nous en tenir écartés; car l'amour est le principe et la fin des choses, il engendre la justice qui engendre la paix, qui engendre l'ordre, d'où naît le bonheur, lequel se résout en amour; et ainsi, par constance à son principe, l'âme se ramène à ce même principe, et parvient au cercle ineffable où l'amour est la récompense des efforts aimants opérés par obéissance au moteur amour. Voilà la portée morale de l'*Astrée*. »

Tant de raisons expliquent le succès universel de l'*Astrée*, sa supériorité sur ses modèles et ses imitations, son influence sur le théâtre de Corneille, sur les habitudes sociales et l'hôtel de Rambouillet qui en sort directement, met en pratique ses préceptes et ses exemples. Aucun livre n'atteste plus pleinement l'influence de la littérature sur les mœurs; et puisque l'histoire de l'amour en France est, ou peu s'en faut, l'histoire de la conversation, d'Urfé, historien, théoricien de l'amour, se montre un admirable professeur de cette conversation qui demeure une des principales gloires de la société française.

QUATRIÈME CONFÉRENCE

LA COUR DE HENRI IV ET DE MARGUERITE DE VALOIS

MESDAMES, MESSIEURS,

Ce n'est pas l'homme d'État, le grand capitaine, conquérant deux fois son royaume, par l'épée et par la bonté de son génie, fondateur de l'unité de la monarchie, forçant l'Espagne et l'Autriche à baisser pavillon devant lui, faisant la paix des corps et des âmes, que je voudrais vous présenter aujourd'hui; ce n'est pas non plus l'administrateur, le prince avare du sang et des deniers de ses sujets, qui, pour connaître leurs besoins, leurs griefs, prenait un bûcheron en croupe, allait aussi volontiers dîner chez un laboureur ou un bourgeois que chez un seigneur,

Seul roi de qui le pauvre ait gardé la mémoire,

ayant comme saint Louis l'amour de la justice, des humbles et des faibles, comme Louis XI la passion de l'État, l'âpre souci de la grandeur nationale. Et ce n'est pas davantage le vert galant, l'heureux soupirant de cinquante-six beautés (sans compter les passades), auxquelles feraient pendant les trente-trois favoris prêtés, non sans exagération, je pense, à sa première femme, Marguerite de Valois : soit dit en passant, un dévot posthume de cette reine a réduit ce chiffre imposant à six ; et quant au Béarnais, s'il n'est pas vrai de dire que ses passions ont fait plus pour sa gloire que ses vertus, on peut avancer hardiment qu'il y a une femme derrière chaque faute par lui commise. Mais le peuple, toujours simpliste, a oublié ses erreurs, pour ne se rappeler que le roi de la poule au pot qui inspira cette médiocre périphrase à Legouvé père dans sa tragédie de la *Mort de Henri IV* :

> Je veux enfin qu'au jour marqué pour le repos 1,
> L'hôte laborieux des modestes hameaux,
> Sur sa table moins humble, ait, par ma bienveillance,
> Quelques-uns de ces mets réservés à l'aisance 2.

---

1. C'est tourner autour du pot, interrompit un plaisant du parterre.

2. De la Ferrière, *Les Grandes chasses au XVIe siècle. Trois amoureuses au XVIe siècle,* 1 vol. ; *Henri IV, le roi, l'amoureux,* 1 vol. ; — Comte Léo de Saint-Poncy, *Histoire de Marguerite de Navarre,* 2 vol. ; — Mougez, *Histoire de Marguerite de Valois;* — E. Yung, *Henri IV écrivain;* — de Lescure, *Les Amours de Henri IV ;* — Perrens, *L'Église et l'État sous Henri IV et la Régence; Les Libertins au XVIIe siècle :* — Mémoires de Sully, de Bassompierre, de Castelnau, de Mornay ; — *Journal de l'Estoile ;* — *L'Esprit de Henri IV;* — Sainte-Beuve, *Causeries du lundi,* t. VI; — *Historiettes* de Tallemant des Réaux ;— Armand Baschet, *Les Comédiens italiens à la cour de France ; Le roi chez la reine ;* — *Journal de Jean Héroard,* 2 vol. ; — duc d'Aumale, *Histoire des Condés ;* — Hanotaux, *Richelieu,* t. I; — *Scaligeriana ;* — de Lagrèze, *Vie privée de Henri IV; le Château de Pau ;* — Mémoires de Marguerite de Navarre ; — Mémoires et *Histoire universelle* de d'Aubigné ; — *Les Galanteries des rois de France,* par Vanel, Sauval, Dreux du Radier ; — *Perroniana ;* — Marchegay, *Lettres de la duchesse de Bouillon ;* — Léon Maclet, *Correspondance de Louise de Coligny ;* — Marcouville, *Vie de d'Ossat ;* — *Relations des ambassadeurs vénitiens ;* — Caillière, *Vie du maréchal de Matignon ;* — Lettres de Malherbe ; — *Le Grand bal de la reine Marguerite,* Migaut, 1612 ; — *Journal du sire de Gou-*

Et ces vers tout spirituels à un ironiste :

> Enfin la poule au pot sera donc bientôt mise,
>   On doit du moins le présumer;
> Car depuis deux cents ans qu'on nous l'avait promise,
>   On n'a cessé de la plumer.

Je n'ai pas non plus pour objectif l'homme privé, l'ami fidèle, l'homme d'esprit, l'écrivain : toutes ces physionomies d'un même personnage ont été étudiées dans les mémoires du temps et dans de très nombreux ouvrages qui forment une véritable bibliothèque.

Henri IV, Marguerite de Valois, dans leurs rapports avec la société de leur temps, le train ordinaire de la cour, ses divertissements, les errements qu'elle se contente de suivre, ou les changements qui s'introduisirent, de par la volonté ou *la nolonté* du roi, de par le progrès des mœurs, voilà l'objet de cette causerie : cour galante assurément, puisque les courtisans prenaient exemple sur le maître, et avaient pu profiter des leçons trop charmantes des filles d'honneur de Catherine de Médicis.

Vous avez déjà vu que la vie de société en France a été surtout l'épanouissement de la vie de cour, que l'une et l'autre prennent naissance au xvie siècle avec les Valois, grands amis des femmes, des arts et des fêtes. Sous Henri IV, qui continue les Valois dont il a épousé la sœur, termine le xvie siècle, commence le xviie, les changements ne sont pas encore ni très nombreux ni très sensibles; même charme, mêmes inconsé-

berville, in-4; — *Les Amours du grand Alcandre*, 1652 ; — Forneron, *Les ducs de Guise et leur époque*, 2 vol.; — Zeller, *Henri IV et Marie de Médicis;* — Rodocanachi, *Aventures d'un grand seigneur italien à travers la France*, 1 vol. Flammarion.

quences, même licence de mœurs, de langage, ou peu s'en faut, des disparates à l'infini, un mélange de chevalerie et de grossièreté, de raffinement et de rudesse, mille superstitions, beaucoup d'intolérance, le goût de la guerre et de toutes les images de la guerre, la religion du beau artistique et littéraire. Même passion pour la chasse. Henri IV aime toutes sortes de chasses et de voleries, surtout les plus périlleuses : ours, loups, sangliers; sa meute le suit aux armées, et ce prince, dont on disait d'abord qu'il avait plus de nez que de royaume, invite Vitry, son adversaire, à courre le cerf avec lui. D'ailleurs, la chasse lui porte bonheur : en 1576, il lui doit sa liberté; en 1594, elle lui ouvrira les portes de Laon : ses chiens, ayant éventé les Espagnols embusqués dans un bois voisin, les suivent à pleine gorge comme s'il s'agissait d'un cerf; ceux-ci se divisent, et le roi, sans coup férir, entre dans la ville.

Il voulut un jour donner à la petite cour de Nérac le spectacle d'une chasse à l'ours : les dames refusèrent d'y prendre part, et firent sagement; plusieurs chevaux furent maltraités par les ours, et le plus gros d'entre eux, acculé au bord d'un précipice, entraîna dans l'abîme, c'est d'Aubigné qui nous l'assure, les chasseurs qui se ruaient sur lui. La chasse avant tout, même avant l'amour, ou du moins les mène-t-il de front. « Mon cher cœur, écrit-il à une maîtresse, j'ai pris le cerf en une heure avec tout le plaisir du monde. » Rien de plus typique que certaine lettre au roi d'Angleterre où il lui annonce l'envoi d'un de ses meilleurs veneurs, chargé de conférer sur l'art de la chasse, et, par là, de cimenter entre les deux souverains une parfaite et perpétuelle amitié.

Après un dîner précédé d'une chasse fructueuse (il ne déteste pas le résultat pratique), il dit à Sully : « Il y a plus de trois mois, mon ami, que je ne m'étais trouvé si léger, étant monté à cheval sans aide. J'ai eu un fort bon jour de chasse, mes oiseaux ont bien volé, mes lévriers ont bien couru; on m'a rapporté le meilleur de mes autours que je croyais perdu; j'ai mangé d'excellents melons; on m'a servi une demi-douzaine de cailles des plus grasses et des plus tendres que j'aye jamais mangées. » Au reste, fort jaloux de la chasse, inflexible envers les braconniers, il maintient et aggrave toutes les ordonnances de ses prédécesseurs [1].

Jusqu'à son mariage avec Marie de Médicis, Henri IV n'a qu'un train de cour et d'équipage assez modeste : après le mariage, il se met sur un grand pied : grands veneurs, grands louvetiers, grands fauconniers, équipage de soixante-dix chiens pour le cerf, vantrait de quarante mâtins et lévriers, équipages de toiles avec trente-six chiens de meute, douze grands lévriers, quatre grands dogues et cent vingt archers, équipages de loups, de lièvres, grand fauconnier ayant sous ses ordres dix capitaines chargés chacun d'un vol particulier, chiens et oiseaux de chambre, tout le reste à l'avenant. Sully, l'économe Sully, est navré, calcule avec désespoir que les quatre grandes passions du roi : les femmes, les chiens, les bâtiments, le jeu, coûtent 1,200,000 écus par an, somme suffisante pour entretenir

---

1. Jacques du Fouilloux, *la Vénerie et Fauconnerie*; — Charles d'Arcussia de Capri, *La Fauconnerie, La Fauconnerie du roy*, avec *la conférence des Fauconniers*, 1662. — La fauconnerie de Louis XIII est un petit État ayant son roi, ses ministres, officiers, sujets, finances, lois, statuts, ordonnances et règlements.

quinze mille hommes d'infanterie; et comme il ne peut se tenir d'en faire des plaintes, le roi répond avec bonhomie : « Heureusement, mon ami, que vous n'êtes pas chasseur; si vous l'étiez, je ne pourrais pas l'être. » Du moins, Henri IV n'allait pas, comme Henri III, jusqu'à porter un petit chien suspendu à son cou en guise d'écharpe, ou à se promener en coche entouré d'une meute lilliputienne. Et quant au fidèle Sully, s'il n'aime point la chasse, il adore la danse et rappelle, non sans affectation, dans ses Mémoires, ce ballet arrangé à Nérac, dont Madame Catherine, sœur du roi, voulut lui montrer le pas. Plus tard, à l'Arsenal, un valet de chambre lui jouait sur le luth les danses du temps, et Sully les dansait tout seul, orné d'un bonnet assez extravagant, en compagnie de quelques flatteurs des deux sexes qui bouffonnaient avec lui tous les jours. Quel grand homme n'a eu ses faiblesses ! Que dire des promesses de mariage signées par Henri IV à ses principales maîtresses, et qui coûtaient si cher à rattraper !

Le goût de la comédie est en progrès sous Henri IV ; il s'endort quelquefois au spectacle après la chasse, mais ne laisse pas de faire cas de ce divertissement, pour lui-même ou pour les dames. Des comédiens italiens figurent à la cour de Nérac en 1578, 1579, et nous avons sous les yeux le détail de la dépense. Que diraient nos étoiles, nos divettes, en apprenant que la troupe entière se contentait de 35 écus pour plusieurs représentations ?

En 1603, à Fontainebleau, autre séjour de la *troupe valeureuse des bienheureux farceurs; cette* fois, Henri a mandé les meilleurs de l'Italie, il est roi de France, ils sont traités à deux cents écus par mois.

Une poésie satirique de l'époque prend à partie les sieurs de Sigongne, Chanvalon, Montbazon, Maintenon, du Lude, Mme de Cimier, qui sont déclarés fort capables de jouer au vrai les personnages de Pedrolino, Zanoñ, Spavento, Isabelle et Francisquine. A quoi bon faire venir d'Italie des farceurs ? Les courtisans ne sont-ils pas là ?

> Sire, défaites-vous de ces comédiens ;
> Vous aurez malgré eux assez de comédies :
> J'en sais qui feront mieux que ces Italiens....
> Je sais une beauté qui saura bien lier
> Le cœur de deux amants qui ont bonne escarcelle....
> Vous la connaissez bien, Madame de Cimier ;
> C'est elle qui fera galamment l'Isabelle....

Des comédiens anglais viennent à Paris en 1598, jouent aussi à Fontainebleau en 1604 devant la cour : le dauphin assiste à une de leurs représentations, écoute avec gravité et patience jusqu'à ce qu'il fallût couper la tête d'un personnage de la pièce. Voilà donc, du vivant de Shakespeare, des comédiens anglais en France.

Troisième séjour des comédiens italiens en 1608 : l'affaire a été négociée avec le duc de Mantoue pendant deux ans, comme s'il se fût agi d'un traité important. Le duc de Mantoue avait la meilleure troupe de l'Italie à son service, il s'en occupait comme d'une Académie, et les querelles, les conflits d'amour-propre, les prétentions de la gent comique lui causaient autant de soucis peut-être que l'administration de ses États. Ces comédiens jouent avec succès, à l'hôtel de Bourbon et à Fontainebleau pour la cour, à l'hôtel de Bourgogne pour le public. Ayant assisté à un de leurs spectacles, le dauphin en ressent une telle impression, qu'en l'absence de son père, ayant à donner le mot du guet aux exempts des gardes, il nomme le nom de Fridelin, puis Pantalon, Cola, Piombino, Stefanello.

C'est Catherine de Médicis qui avait introduit les ballets en France; mais sous les derniers Valois ces divertissements sont assez rares; la guerre civile, la Ligue, MM. de Guise donnaient des fêtes plus sombres, qui emportaient les âmes dans un autre tourbillon [1].

On ne pourrait guère citer alors que les ballets de 1573 en l'honneur de l'élection de Pologne, le Ballet du roi en 1583, en 1587 le Ballet dit de Saint-Jullien, mais surtout, en 1582, le Ballet Comique de la reine ou de Circé, pour les noces du duc de Joyeuse et de Mlle de Vaudemont, qui eut pour auteur Agrippa d'Aubigné, et ne coûta pas moins de 400,000 écus au roi. Mlle de Saint-Mesmes y remplit le rôle de Circé ; la reine de France, la princesse de Lorraine, les duchesses de Mercœur, de Nevers, de Guise et d'Aumale, Mme de Joyeuse, la maréchale de Retz, Mmes de Larchant et de Pont, Mlles de Cypierre et de Bourdeille, formaient un groupe de douze naïades, compagnes de Circé, chargé d'occuper les intermèdes par des danses : ce groupe distribua de splendides présents aux principaux spectateurs; la pièce se terminait par un « étrange bruit, aboiement et mugissement, tant de chiens, loups, ours, lions, que d'autres infinies sortes d'animaux, » anciens amants

---

1. Riccordi, *Histoire du théâtre italien depuis la décadence de la comédie latine*, 1728, 2 vol.; — Maurice Sand : *Comédie italienne, masques et bouffons*, in-4, 1862; — Louis Moland, *Molière et la comédie italienne*, 1867; — Charles Magnin, *Revue des Deux Mondes*, octobre-décembre 1847; — Gabriel Guillemot, *Revue contemporaine*, mai 1866.

que l'enchanteresse avait changés en bêtes et retenait en servitude dans son palais.

Avec Henri IV, les ballets obtiennent la vogue, et, l'élan une fois donné, le mouvement ne s'arrêtera plus; on ne compte pas moins de six ballets en 1598, parmi lesquels celui des *Filles folles* et celui des *Grimaceurs*, imaginés par le comte d'Auvergne. Ces ballets, à vrai dire, ne sont guère que des danses à mascarades, fort éloignées de ressembler aux magnificences qui écloront sous Louis XIII, et dont Bassompierre, Joinville, Sommerive, Grammont, Termes, d'Auvergne, le jeune Schomberg, Saint-Luc, Pompignan, Messillac et Maugiron sont les aimables coryphées. Les douze masques, écrit Bassompierre, prirent, pour danser les branles, Mlles de Guise, de Luz, de Villars, de Retz, de Bassompierre, de Haraucourt, de la Patrière, de Mortenade, d'Entragues et de Rohan, lesquelles « j'ai voulu nommer, parce que, quand les vingt-quatre hommes et dames vinrent à danser les branles, toute la cour fut ravie de voir un choix de si belles gens, de sorte que les branles finis, on les fit recommencer encore une autre fois, sans que l'on se quittât, ce que je n'ai jamais vu faire depuis. »

L'année 1600, qui finit par la guerre, la victoire et le mariage, ne chôme pas non plus de ballets; en sa qualité d'Italienne, Marie de Médicis y prend goût, et danse son premier dans la grande salle de l'évêché de Paris. A la tête des fêtes de la cour brille Bassompierre, alors dans la fleur de son printemps, beau diseur, boute-en-train, et fort bien vu des dames. Il n'était bruit, en 1606, que de son habit de toile d'or violette, orné de cinquante livres de perles et valant quatorze mille écus. Bassompierre faisait les honneurs de la cour aux étrangers; il était en ce lieu ce que Bel-Accueil est dans le roman de la Rose, si bien qu'on donnait son nom à ceux qui excellaient en bonne mine et propreté, en force et en courage, et que sa galanterie se communiquait à ses domestiques eux-mêmes. Un de ses laquais, ayant vu la comtesse de la Suze traverser la cour du Louvre sans que personne portât sa robe, alla la prendre en observant : « Encore ne sera-t-il pas dit qu'un laquais de M. le maréchal de Bassompierre laisse une dame comme cela ! » La comtesse le dit au maréchal qui, sur-le-champ, le fit valet de chambre. Il poussait même la politesse jusqu'à l'héroïsme. A un ballet du roi, on vint lui dire mal à propos, comme il s'habillait pour faire son entrée, que sa mère, qu'il adorait, venait de mourir. « Vous vous trompez, dit-il, elle ne sera morte que quand le ballet sera dansé! » On s'étonne moins après cela qu'il ait été distingué par des Altesses.

Tallemant des Réaux rapporte, et lui-même a consigné dans ses Mémoires force traits curieux. Le roi s'aperçut un jour qu'il y avait à son jeu des demi-pistoles pour des pistoles. « Sire, observe Bassompierre, c'est Votre Majesté qui les a voulu faire passer pour pistoles. — C'est vous, » nie le roi. Bassompierre les prend toutes, les trie, et va jeter les demi-pistoles par la fenêtre pour les pages et laquais. La reine dit là-dessus : « Bassompierre fait le roi, et le roi fait Bassompierre. » La passion du jeu opérait alors déjà bien des ravages : Bassompierre gagnait cinquante mille écus par an au duc de Guise : la duchesse lui en offrit dix mille pour qu'il ne jouât plus contre son mari; il répondit : « J'y perdrais trop. » Pas de journée qu'il n'y eût vingt mille pistoles de perte et de gain. N'étant encore que roi de Navarre, Henri IV, joueur enragé, fait, quand il perd, payer ses dettes par la chambre des comptes de Pau, chargée aussi, singulier office, de rémunérer ses favorites.

Bassompierre prit la capitainerie de Monceaux, afin de traiter magnifiquement la cour. La reine mère lui dit : « Vous y mènerez bien des p.... — Je gage, repart-il, que vous y en mènerez plus que moi. » Et puis, ne déclare-t-il pas un jour qu'il y avait peu de femmes qui ne fussent p.... « Et moi, fait-elle? — Ah! pour vous, Madame, vous êtes la reine. »

On n'avait guère le dernier mot avec lui. Dans une de ses ambassades, il fit son entrée à Madrid sur une toute petite mule qu'on lui envoya de la part du roi : « Oh! la belle chose, ricana Henri, de voir un âne sur une mule. — Tout beau, Sire, c'est vous que je représentais. » Une autre fois, c'est Louis XIII qui, ayant trouvé un pou sur son habit, voulut en plaisanter, mais le maréchal l'arrêta tout net : « Votre Majesté fera croire qu'on ne gagne que des poux à son service. »

M. de Vendôme l'interroge : « Vous serez sans doute du parti de M. de Guise, car vous aimez sa sœur de Conti. — Cela n'y fait rien, repart-il; j'ai aimé toutes vos tantes, et je ne vous en aime pas plus pour cela. »

Un gentilhomme portait aux nues la vertu de sa femme. « Un vrai trésor, concluait-il en se rengorgeant, — Il est bien difficile, sourit Bassompierre, de garder un trésor dont tous les hommes ont la clef. »

Dans l'hiver de 1608, Monsieur le Dauphin, revêtu d'un pourpoint de toile blanche, d'un haut-de-chausses blanc, et masqué, danse son premier *solennel* ballet à Saint-Germain, le *Ballet des Fallots*. Il a pour partenaires Madame, le chevalier de Vendôme, M. et Mlle de Verneuil, quatre ou cinq autres petits garçons. Les enfants légitimes et illégitimes vivant à la cour dans une confusion où, certes, la pudeur et le bon goût avaient beaucoup à reprendre, on ne s'étonna nullement de cette exhibition, qui même eut grand succès. L'année suivante, le 12 janvier 1609, le dauphin dansait son premier grand ballet au Louvre, et Malherbe le porta aux nues.

> .... Les esprits de la cour s'attachant par les yeux
> A voir en cet objet un chef-d'œuvre des cieux,
> Disent tous que la France est moins qu'il ne mérite.
> Mais moi, que du futur Apollon avertit,
> Je dis que sa grandeur n'aura point de limite,
> Et que tout l'univers lui sera trop petit.

Il y avait aussi des ballets bouffons que dansaient les galants de la cour en guise de lever de rideau. Ainsi, en février 1610, les danseurs font leur entrée quatre par quatre; les premiers figurant des tours, d'autres des femmes de taille colossale, des pots de fleurs, hiboux, basses de viole, moulins à vent. Parmi eux : MM. de Vendôme, de Cramail, de Termes, de Fervaques, de Sainte-Suzanne, de la Roche-Guyon.

Un jour de ballet, un Suisse, pris de boisson, chancelle, tombe à la porte du bal. Le roi se précipite : « Sire, ce n'est rien, observe-t-on, il avait un pot de vin dans la tête. — Mauvaise raison, sourit Henri IV. Voyez comme Mme la surintendante d'O est ferme sur ses pieds, et cependant elle a plus d'un pot de vin sur la sienne. » (Elle se surchargeait la tête de perles et de pierreries.)

C'est aux répétitions du ballet des *Nymphes de Diane*,

en 1609, que le Vert-Galant, âgé de cinquante-huit ans, tomba amoureux de la belle Charlotte de Montmorency, qui n'en avait que quinze. Vêtues en nymphes, les dames levaient à certaine reprise leur javelot comme pour le lancer au loin; Mlle de Montmorency se trouva vis-à-vis du roi quand elle leva son dard, et il semblait qu'elle l'en voulût percer. Elle fit cette action de si bonne grâce qu'il fut blessé au cœur, et aussitôt commence le roman : Henri IV demandant à Bassompierre de renoncer à la main de Charlotte, gagnant à ses projets sa propre mère, le connétable, Mme d'Angoulême, mariant sa bien-aimée au prince de Condé, et la courtisant si vivement que Condé, après plusieurs retraites en ses châteaux, jugea nécessaire de mettre la frontière entre lui et Jupiter; le désespoir, les ruses éventées, les tentatives d'enlèvement, les menaces de guerre à l'Espagne pour rattraper cette belle dame qui trouvait, elle aussi, qu'un roi n'a jamais que trente ans pour ses sujettes, lui adressait en secret son portrait et de fort tendres billets, où elle l'appelle son tout, son chevalier, son libérateur : preuves irrécusables de la prudence de son mari; si bien que l'amour, cette fois, servit aux grands desseins du roi contre l'Espagne, et hâtait leur exécution sans le couteau de Ravaillac. « Le roi, disait plaisamment la marquise de Verneuil, veut rabattre le cœur de son cousin et lui rehausser la tête. » Il est vrai que le prince lui doit tout, même un peu la vie, assurent les méchantes langues.

Ce qu'on sait moins peut-être, c'est que Henri IV avait, comme la plupart des grands, un teinturier poétique, un valet de cervelle, un aède à gages, Malherbe. C'était la mode autrefois, mode renouvelée des anciens, comme l'atteste le mot du patricien romain : « J'ai fait faire mon discours par un rhéteur, comme je fais faire mon dîner par un cuisinier. » Et, bien qu'il fût lui-même bon écrivain en prose, poète à ses heures, avec un vif sentiment de la nature, il le chargea de composer cinq pièces en l'honneur de la princesse de Condé. Certes il n'eut point tort, car ces poésies figurent parmi les meilleures de Malherbe ; jugez-en par quelques strophes.

> A quelles roses ne fait honte
> De son teint la vive fraîcheur ?
> Quelle neige a tant de blancheur
> Que sa gorge ne la surmonte ?
> Et quelle flamme luit aux cieux
> Claire et nette comme ses yeux ?....

Ou encore :

> Que d'épines, Amour, accompagnent tes roses !
> Que d'une aveugle erreur tu laisses toutes choses
>   A la merci du sort !
> Qu'en tes prospérités à bon droit on soupire!
> Et qu'il est malaisé de vivre en ton empire,
>   Sans désirer la mort !
>
> Je sers, je le confesse, une jeune merveille,
> En rares qualités à nulle autre pareille,
>   Seule semblable à soi ;
> Et, sans faire le vain, mon aventure est telle,
> Que, de la même ardeur que je brûle pour elle,
>   Elle brûle pour moi....
>
> La mer a moins de vents qui ses vagues irritent,
> Que je n'ai de pensers qui tous me sollicitent
>   D'un funeste dessein ;
> Je ne trouve la paix qu'à me faire la guerre,
> Et si l'enfer est fable au centre de la terre,
>   Il est vrai dans mon sein....
>
> On me dit qu'à la fin toute chose se change,
> Et qu'avecque le temps les beaux yeux de mon ange
>   Reviendront m'éclairer ;
> Mais voyant tous les jours ses chaînes se retraindre,
> Désolé que je suis ! que ne dois-je point craindre,
>   Ou que puis-je espérer ?....

> Non, non, je veux mourir ; la raison m'y convie ;
> Aussi bien le sujet qui m'en donne l'envie
>   Ne peut être plus beau ;
> Et le sort qui détruit tout ce que je consulte,
> Me fait voir assez clair que jamais ce tumulte
>   N'aura paix qu'au tombeau !

Il paraît bien que cette belle Charlotte de Condé, si elle ne pécha que d'intention avec le Vert-Galant, prit sa revanche assez largement avec d'autres. Mme de Motteville, si véridique d'ordinaire, raconte lui avoir ouï dire qu'elle avait regret de ce que le cardinal Bentivoglio n'eût pas été nommé pape, afin de pouvoir se vanter d'avoir eu des amants de toutes les conditions : papes, rois, cardinaux, princes, ducs, maréchaux de France, même des gentilshommes. Observons toutefois qu'à cette époque le nom d'amants s'applique aussi souvent, plus souvent même aux simples soupirants et admirateurs, qu'aux usufruitiers ou propriétaires de la beauté, à ceux qui convoitent le fruit qu'à ceux qui le mangent.

La passion des ballets ne cesse point de se développer sous la Régence ; les compositeurs comme Guédron, Boysset, Bataille, Savorny, Gautier, Coffin ; les poètes tels que Maynard, Malherbe, Bertaud, Porchères, Théophile, Gombaud, ont de quoi exercer leur verve poétique et musicale. « Le ballet qui, sous le roi Henri, était une vraie *folie* de cour, observe Baschet, un divertissement de gentilshommes et de galants en belle humeur, devint, sous Louis XIII, comme une sorte de cérémonie, pompeuse dans ses décors, prétentieuse en ses inventions, mais, en fin de compte, très belle. » Chez le roi, chez le prince de Condé, chez MM. de Vendôme, de Guise, de Rohan, etc., on danse force ballets, et ce n'est pas seulement un plaisir des yeux qui asservit le talent poétique aux caprices du machiniste et du décorateur, c'est aussi un assaut de grâce, de courtoisie, un moyen de plaire, un tournoi d'élégance, un instrument de civilisation « où l'âme danse dans les yeux. »

Dans le Ballet de M. le prince de Condé, en 1615, l'*Aurore,* s'adressant à l'auditoire le plus brillant, lui donnait ce hardi conseil :

> Beautés pour qui le ciel n'a dieu qui ne se plaise
> A sentir dans le cœur les blessures d'Amour,
> Caressez vos amants, baisez-les à votre aise,
> Sans que vos douces nuits craignent plus mon retour.
> Chères divinités, c'est avec tant de honte
> Que j'ai de vos clartés les excès découverts,
> Qu'Apollon désormais peut bien faire son conte
> De venir sans Aurore éclairer l'univers.

Louis XIII et la jeune reine prennent part aux ballets avec leurs gentilshommes et dames d'honneur : parmi les plus importants figurent : le *Ballet des Carabins* et le Ballet de la *Délivrance de Renaud.* En 1617, le nouveau nonce, Guido Bentivoglio, assiste à un ballet dansé dans l'antichambre de la reine mère, et il en fait le récit détaillé au cardinal Borghèse. La présence du nonce au ballet n'a rien qui doive étonner. Il y avait de nombreux précédents. Sous le règne de la marquise de Verneuil, tandis que la reine dansait le ballet des *Vertus* avec une foule de beautés fort décolletées : « Que pensez-vous de cet escadron ? interrogea le Vert-Galant. — *Bellissimo,* soupira le nonce, mais bien dangereux; il ne faut le regarder que comme on regarde le soleil, en clignant les yeux. » Le récitatif du ballet des *Vertus* avait pour auteur l'évêque-poète Bertaut.

Henri IV a le goût de la musique, qui lui vient de sa mère et de sa grand'mère, il apprit à jouer du luth. A partir de François Ier, nous trouvons à la cour deux troupes de musiciens : les *musiciens de la chambre* et la bande de l'*Écurie*, les premiers chantant, jouant avec des instruments d'harmonie tels que luth, harpe, viole, épinette, les seconds jouant du violon, du hautbois, de la trompette, du fifre et du tambour. La mode est à la musique profane, noëls, gais refrains chantés à table en chœur, chansons d'amour, airs de ballet. « Quand le roi de Navarre, dit d'Aubigné, avait lassé hommes et chevaux, mis tout le monde sur les dents, alors il dansait une courante, et lui seul dansait. » Et il ne dédaignait pas non plus les bals champêtres.

Il est très goguenard, aime les joyeusetés, lazzis, mystifications, les galéjades. Le cardinal du Perron, lecteur du roi, entendant quelque poète réciter à Sa Majesté des vers de sa composition, dit à la fin : « Sire, ils sont de moi, » et il les récita aussitôt sans aucune hésitation, à la grande stupéfaction de l'auteur, qui ignorait la prodigieuse mémoire de du Perron. Henri IV s'en amusa beaucoup.

Les sobriquets vont leur train; le roi en affuble ses serviteurs, appelle ses valets de chambre : *Farfaniche, Bonenfant, le Brave*, son tailleur : *Beausemblant*, l'apothicaire : *Longuemort*, le portefaix : *Lesueur*, le boulanger : *Choine*. Il goûte les pointes, joue sur les mots dans les affaires les plus sérieuses. Les députés de Paris cherchant à l'amuser pour traîner le siège en longueur, il les avertit en ces termes : « Si les Parisiens veulent attendre à capituler quand ils n'auront plus que pour un jour de vivres, je les laisserai dîner et souper, mais le lendemain ils seront contraints de se rendre : au lieu de la *miséricorde* que je leur offre, j'en ôterai *la misère*, et ils auront *la corde;* car j'y serai contraint, étant leur vrai roi et juge, pour faire pendre quelques centaines d'eux qui, par leur malice, ont fait mourir de faim plusieurs innocents et gens de bien. Je suis débiteur de cette justice devant Dieu. » Il dit toujours, et à propos, le mot, accomplit l'action nécessaire, se montre en toute vérité l'homme des rois, le roi des hommes, assaisonne gestes et discours d'un sourire un peu ironique, le sourire qui renferme des réserves, qui habille la parole. Même dans le fameux : « Paris vaut bien une messe, » je retrouve cet esprit narquois, humoristique, l'art de faire une révérence moqueuse à l'amour-propre des personnes et des choses, car les choses, j'imagine, ont leur amour-propre. Au moment de la Saint-Barthélemy, c'est la vie qui valait bien une messe.

« Je ne vous ai point appelés, dit-il aux notables réunis à Rouen en 1596, comme faisaient mes prédécesseurs, pour vous faire approuver leurs volontés. Je vous ai rassemblés pour recevoir vos conseils, pour les croire, pour les suivre; bref, *pour me mettre en tutelle entre vos mains*, envie qui ne prend guère aux rois, aux barbes grises et aux victorieux. Mais la violente amour que j'apporte à mes sujets, etc.... » Et comme la belle Gabrielle s'étonnait qu'il eût parlé de se mettre en tutelle : « Ventre-saint-gris, sourit le roi, il est vrai, mais je l'entends avec mon épée au côté. »

Henri supporte fort bien les mercuriales de ses fidèles compagnons d'armes, Sully, d'Aubigné, Sancy, Mornay. « Il faut, gronde celui-ci en 1584, qu'en votre maison on voie quelque splendeur, en votre conseil une dignité, en votre personne une gravité, en vos actions sérieuses une constance, ès moindres mêmes égalité. Ces amours si découverts, et auxquels vous donnez tant de temps, ne semblent plus de saison. Il est temps, Sire, que vous fassiez l'amour à toute la chrétienté, et particulièrement à la France. » De même Sancy, nommé ambassadeur à Rome pour faire casser le mariage avec la reine Margot, l'admoneste gaillardement : « Sire, courtisane pour courtisane (le roi songeait alors à épouser sa maîtresse), encore vaut-il mieux que vous gardiez celle que vous avez; au moins est-elle de bonne maison. » Au reste, la galanterie de nos rois n'a jamais nui à leur popularité, loin de là. Pourvu que la favorite soit belle, tout va bien : l'instinct de gauloiserie, la vanité, l'amour de la beauté, la nature toujours en révolte contre la morale rigoriste, expliquent ce trait de caractère national. Par exemple, les Français demeurent inexorables pour l'article de la beauté, parce que, dit Bulwer Lytton, ils regardent la maîtresse de leur souverain comme leur maîtresse. Celle-ci est souvent exécrée, celui-là est adoré.

Comme celle des Valois, des Capétiens, cette cour de Henri IV est nomade : le pouvoir sent l'écurie, non le bureau; d'où cet air tumultueux, de bonne humeur enjouée, qui contraste avec l'étiquette fétichiste de l'avenir. Le roi n'accepterait point le cérémonial byzantin inauguré par son prédécesseur, où se complurent ses descendants, cette bigoterie monarchique qui va domestiquer une partie de l'aristocratie en la précipitant dans la servitude dorée des antichambres royales : il aime la simplicité, ses aises, veut pouvoir déposer la majesté royale, se conduire, quand il lui plaît, comme un simple particulier; aussi vit-il avec ses entours dans une sorte de familiarité féodale. A sa cour de roi de France, Henri garde les allures du roi de Navarre, alors que souverain et sujets vivent en relations cordiales, presque familières, qu'à la nouvelle d'un dîner de gala, d'une réception un peu solennelle, chacun s'empresse de l'aider à donner grande idée de son petit État, qui apportant lièvres, chevreuils et autres bêtes des montagnes, qui envoyant des hérons, des fruits, des jambons, un gentilhomme prêtant son argenterie, un autre ses tapisseries. Surpris par l'ambassadeur d'Espagne, un jour où, marchant à quatre pattes, il promenait le Dauphin assis sur son dos : « Avez-vous des enfants? interroge-t-il simplement. — Oui, Sire. — Puisque vous en avez, je puis achever mon tour. »

C'est bien autre chose avec d'Aubigné, le farouche barde du protestantisme, un type de courtisan rabroueur, indigné si le roi refuse quelque chose à ses fidèles, comme si le royaume de France était une ville prise d'assaut, d'ailleurs rude, loyal, honnête pour son compte, mais sarcastique en diable, un Alceste à la quatrième puissance. Un jour qu'il daubait sur son roi, celui-ci l'entend et répond à un ami qui veut savoir de quoi il est question : «Il dit que je suis un ladre vert et l'homme le plus ingrat qu'il y ait au monde. » Et il n'en fut que cela. Henri était généreux et bon, trop facile pour ses maîtresses, mais il estimait que le meilleur moyen de se débarrasser d'un ennemi, c'est d'en faire un ami; et il y mettait le prix, ce qui déplaisait fort aux envieux. Ayant envoyé son portrait à d'Aubi-
é, celui-ci inscrit au bas ce quatrain :

> Ce roi est d'étrange nature ;
> Je ne sais qui diable l'a fait,
> Car il récompense en peinture
> Ceux qui le servent en effet.

Une autre fois, d'Aubigné ayant rencontré un chien du roi errant, abandonné, il fait graver sur son collier ce sonnet :

> Le fidèle Citron, qui couchait autrefois
> Sur votre lit sacré, couche ores sur la dure.
> C'est ce fidèle chien qui apprit de nature
> A faire des amis et des traîtres le choix.
>
> C'est lui qui les brigands effrayait de sa voix,
> Des dents les assassins ; d'où vient donc qu'il endure
> La faim, le froid, les coups, le dédain et l'injure,
> Payement coutumier du service des rois ?
>
> Sa fierté, sa beauté, sa jeunesse agréable
> Le fit chérir de vous ; mais il fut redoutable
> A vos haineux, aux siens pour sa dextérité.
>
> Courtisans, qui jetez vos dédaigneuses vues
> Sur ce chien délaissé, mort de faim par les rues,
> Attendez ce loyer de la fidélité.

Et d'Aubigné assure que, lorsqu'on lui ramena le chien, et qu'il lut ces vers, Henri changea de couleur et demeura tout confus.

La maréchale de Retz ayant donné à d'Au aigues un cœur de diamant, la reine Margot enleva son ami à la dame, et du même coup conquit le bijou. D'Aubigné soutenait la maréchale, la reine répliquait trop souvent : « Mais j'ai le cœur de diamant. — Oui, fit celui-ci, il n'y a que le sang des boucs qui y puisse graver. »

Les vies les plus nobles, les plus grands règnes, les plus beaux livres, les aventures les plus glorieuses ont leurs taches. En liberté de langage et de mœurs, la cour de Henri IV dépasse celle des Valois, qui ne pouvait passer pour une école normale de vertu, puisqu'on vit fleurir jusqu'à Charles IX l'institution singulière des filles de joie suivant la cour, payées par le roi, dirigées par une personne de confiance, appelée « dame des filles suivant la cour, » laquelle, conduisant les femmes et filles de sa vocation, présentait le 1er mai un bouquet au roi, et recevait des étrennes le 1er janvier, « ainsi qu'il est accoustumé de faire de tout temps [1]. » Peut-être servait-elle de paratonnerre à la vertu des dames et filles d'honneur de la cour, souvent menacée par les grossières entreprises des jeunes seigneurs, plus menacée encore dans les provinces, car les histoires de rapt pour le bon ou l'autre motif abondent dans les mémoires du temps. Comment oublier les plaisanteries de mauvais goût qu'on faisait aux nouveaux mariés, cette mystification du cardinal de Lorraine donnant un banquet où, sur les coupes à boire, étaient ciselés des sujets indécents ? Il fallait boire ou avoir grand'soif. « Les unes disaient : Voilà de belles grotesques; les autres : Voilà de plaisantes mômeries. »

Catherine de Médicis ne s'avise-t-elle pas de demander à sa fille si son mari s'était conduit avec elle en mari, en homme, et s'il n'était pas temps encore de rompre cette union? (La scène se passe peu après la Saint-Barthélemy.) «Je la suppliai, observe pudiquement Marguerite, de croire que je ne me connaissais pas en ce qu'elle me demandait : aussi pouvais-je dire lors à la vérité, comme cette Romaine à qui son mari, se cour-

----

1. Ducange, au mot *meretricalis* : « A Olive Sainte, dame des filles de joye suivant la cour du Roi, 90 livres par lettres données à Watteville, le 12 may 1535, pour lui aider et auxdites filles à vivre et supporter les dépenses qu'il leur convient faire à suivre ordinairement la cour. »

rouçant de ce qu'elle ne l'avait pas averti qu'il avait l'haleine mauvaise, lui répondit qu'elle croyait que tous les hommes l'eussent semblable, ne s'étant jamais approchée d'autre homme que de lui. » On sent qu'il y a ici pl : de bon sens et de malice que de naïveté réelle.

Il faut bien le reconnaître, le torrent rabelaisien, que Louis XIII contiendra à grand'peine, charrie sous ce règne d'étranges impuretés. Pas plus que dans les mots ou dans les gestes, la pudeur ne réside dans les actions. « Mademoiselle est ma maîtresse, elle sera votre très obéissante et très soumise servante. » C'est en ces termes que Henri présente Henriette d'Entragues à Marie de Médicis.. Quant à celle-ci, le grand-duc à son départ lui a donné ce seul conseil : « Soyez enceinte. » Aussi accepte-t-elle fort délibérément que le roi consomme le mariage avant la cérémonie religieuse : exemple suivi plus tard par Napoléon Ier, selon la formule connue : Madame, le roi est sans lit ; il prie Votre Majesté de lui faire part du sien. Henri embrasse sa maîtresse en plein conseil. Rien de plus curieux à cet égard que le manuscrit de Jean Héroard, premier médecin de Louis XIII, journal écrit heure par heure, minute par minute, avec une absolue véracité, par un admirateur sincère, et dont Soulié et Barthélemy ont publié des extraits en deux volumes. On voit vivre, agir, parler, se réjouir, se fâcher, le roi, la reine, les courtisans, les gens de service ; et voici le dauphin lui-même, d'esprit très précoce, assez ordurier dans ses propos avant de devenir Louis le Chaste, détestant et malmenant les bâtards qu'on élève avec lui, fouetté par son père et sa gouvernante, ses goûts militaires et artistiques, sa passion naissante pour les oiseaux, les chiens, sa vocation pour les travaux qui exigent l'habileté manuelle, les visites qu'il reçoit, ses qualités d'observateur très aiguisées, ses jeux, ses voyages, sa curiosité universelle, son antipathie pour Concini, pour les fous de cour et les faiseurs d'horoscopes. Ce n'est pas seulement le journal des digestions de Louis XIII, comme l'a prétendu Michelet, c'est un coin de l'existence intime de la cour prise sur le fait. Hélas! les mots les plus incongrus, les gestes les plus équivoques y reviennent cent fois, très ingénument rapportés par un homme qui les trouve tout naturels, presque obligatoires, et qui en use lui-même sans vergogne. « Je tenais sur ma table, dit Héroard, la liasse de mon journalier pour le montrer à Mme de Panjas, qui était avec Mme de Montglat. « Ce livre, Monsieur, lui dis-je, c'est votre histoire pisseuse? » Il répond : « Non. — C'est votre histoire breneuse ? » Il répond : « Non. — C'est l'histoire de vos armes ? » Il répond : « Oui. » Le même Héroard écrit son livre de l'*Institution du prince*, où il proscrit ces *paroles honteuses* [1] qu'il relate trop complaisamment dans le *journal*.

Un jour l'enfant royal, âgé de quatre ans, plaisante avec Labarge; celui-ci lui dit qu'il est Monsieur le dauphin, et lui de riposter : *Vous êtes Dauphin de mede.*

Jeudi 5 août 1604. Après qu'il a été dévêtu, Mlle de Vendôme lui demande : « Monsieur, coucherai-je avec vous? » Il répond brusquement : « *Ho! ho! vous n'êtes pas l'infante.* » Lundi 25 octobre, à Fontainebleau, il voit chez Madame, sur une tapisserie, un Holopherne

---

1. Au premier volume, pages 31, 74, 80, 81, 94, 100, 108, 117, 147, 152, 186, 194, 195, 202, 242, 371, 386, on trouverait des traits, des mots qu'il est impossible de rapporter ici.

sans tête et une Judith. Il interroge : « Où est la femme ? »
— On lui dit : « La voilà. » Il reprend : « Eh! ne faut-il
pas que la femme soit sous l'homme ? »

18 septembre 1605, à Saint-Germain. Quelqu'un lui montre le chevalier d'Épernon, bâtard de M. d'Épernon, ajoutant : « Monsieur, voici le fils bâtard de M. d'Épernon, qui vient pour être votre page. — Un bâtard, un bâtard être mon page! » répète-t-il plusieurs fois avec horreur. Et le bon Héroard racontant le propos, le dauphin écouta d'abord froidement et sans en faire semblant; puis tout d'un coup il demanda à son médecin : « Avez-vous écrit cela? » Cette question du jeune prince se répète assez souvent; s'il ne pose pas pour la galerie, du moins a-t-il la petite gloriole de ses mots et calembours, car il en commet dès l'âge de six ans. « D'où êtes-vous? interroge-t-il un gentilhomme. — De Languedoc. — De langue de chien. »

30 septembre 1606. Il prie Dieu, dit ses quatrains de Pibrac, et à celui où il y a que Dieu, d'un souffle de sa bouche, peut nous emporter, sur une observation de Mme de Montglat, il riposte : « Eh ! je m'en retournerais dans le ventre à maman. » Et cette boutade contre un bâtard : « J'aime mieux ma petite sœur que féfé Chevalier, parce qu'il n'a pas été dans le ventre à maman avec moi, comme elle, et il est assis dedans ma chaise. »

24 août 1607. Il plaisante avec la princesse de Conti. « Monsieur, je veux que vous m'appeliez Madame. — Je veux pas. — Je vous appellerai donc Griffon. — Je vous appellerai chienne. — Je vous appellerai petit renard. — Je vous appellerai grosse bête. » Puis montant sur un tabouret, tendant la main vers le front de la

princesse et faisant les cornes : « Je vous ferai porter ces armoiries. » — Héroard lui dit que les femmes portaient la lune en la tête ; il répond soudain : « Et les hommes le croissant. » Une maîtresse du roi venant d'accoucher, jamais il ne veut admettre que l'enfant soit sa sœur ; Frontenac insiste : « C'est une femme que le roi aime bien. — C'est une p...., si je ne l'aime point. » —Toujours à propos des bâtards : « Mais, Monsieur, ils sont vos frères. — Ho ! c'est une autre race de chiens. — Et M. de Verneuil ? — Ho ! c'est encore une autre race de chiens. — Monsieur, de quelle race ? — De Mme la marquise de Verneuil : je suis d'une autre race, mon frère d'Orléans, mon frère d'Anjou et mes sœurs. — Laquelle est la meilleure ? — C'est la mienne, puis celle de féfé Vendôme et féfé Chevalier, puis féfé Verneuil, et puis le petit Moret. C'est le dernier, il est après ma mede que je viens de faire. »

Janvier 1609. Mme de Montglat, au souper, lui dit qu'il était beau. « Je suis pas beau, cela est bon pour les femmes. » — Héroard propose de lui faire mettre une petite mouche. — « Une mouche, ho ! je veux pas être beau ; c'est Mme la princesse de Conti qui met à son visage des petites mouches pour se faire belle. » — A propos du fils du duc de Wurtemberg, il rumine : « Je suis plus que lui en France, et il est plus que moi en Allemagne. » On lui parlait des vies des hommes illustres que Plutarque avait écrites ; il s'informe : « N'écrira-t-on pas la mienne ? »

Mme de Montglat et M. de Souvré devisaient ensemble. La première se rengorgeant : « Je puis dire que Monseigneur le Dauphin est à moi ; le roi me l'a donné à sa naissance, » M. de Souvré répond : « Il a été à vous pour un temps, maintenant il est à moi. » Alors le jeune prince remarque froidement : « Et j'espère qu'un jour je serai à moi. »

Et, tout à travers ces volumes, mille détails qui ont leur prix, chansons, danses, ballets, conversations du roi avec son fils, les précepteurs et gouverneurs, et toute la gent chamarrée à laquelle se mêlent, en plein Louvre, musiciens ambulants, épousées de village qui viennent y danser le jour de leurs noces, merciers, porte-paniers qui entrent presque comme dans un moulin, mendiants eux-mêmes qui y pénètrent, troupe d'Égyptiens qui viennent danser au château de Fontainebleau avec les gens de service, lavement des pieds des pauvres le jeudi saint (il ne répugne pas moins au jeune prince que l'imposition des mains aux malades des écrouelles), discours des députés suisses, des ambassadeurs turcs, projets de mariage avec l'infante, combat de dogues avec des ours et des taureaux en la salle de bal de Fontainebleau, morts, naissances et maladies, étrennes de la ville de Paris, etc., tout cela noté sans ordre, au fur et à mesure, comme les choses et les gens se présentent, criant de vie et de vérité.

II.

A partir de 1605, la reine démariée Marguerite de Navarre prend part aux fêtes de la Cour, et, comme elle est ingénieuse, de bon conseil, d'humeur gaie et saine, elle efface celle qui l'a remplacée auprès de Henri IV aussi mal que la copie remplace l'original, cette balourde de Marie de Médicis. Peu s'en faut qu'elle ne redevienne l'idole de la cour par son esprit, comme elle l'était du

temps de ses frères Charles IX et Henri III, par sa
grâce, sa beauté, alors qu'elle paraissait la plus
éloquente et la mieux disante aux ambassadeurs polonais, à Ronsard qui, dans une riche élégie, proclamait
amoureux d'elle Amour :

> Ce dieu qui se repaist de nostre sang humain,
> Ayant au dos la trousse et l'arc dedans la main....
> Donques, perle d'honneur que la beauté couronne,
> Il ne faut désormais que la France s'estonne
> Si seule vous blessez les hommes et les dieux,
> Puisque l'Amour vous aime, et qu'il loge en vos yeux !

Don Juan d'Autriche et ses capitaines, qui la virent
à Namur, disaient que la conquête d'une telle beauté
valait plus que celle d'un royaume, et que bien heureux
seraient les soldats qui, pour la servir, pourraient
mourir sous sa bannière. Brantôme la met au-dessus
de tous les épistoliers, de Cicéron même, célèbre « cette
gorge pleine et charnue dont mouraient tous les courtisans, » déclare que la clarté de sa beauté brûle tellement les ailes de toutes celles du monde, qu'elles n'o-
sent ni ne peuvent voler ni comparaître à l'entour de
la sienne. Tantôt on la compare à Vénus, à Minerve,
aux Nymphes, aux Muses et aux Grâces, tantôt à Niquée,
la souveraine beauté d'Amadis, ou à l'Aurore. Quand
elle danse le Pazzemezzo d'Italie, on fait cercle pour
l'admirer ; compose-t-elle une chanson sur la mort de
Pominy, chacun répète le touchant refrain :

> A ces bois, ces prés et ces antres,
> Offrons les vœux, les pleurs, les sons,
> La plume, les yeux, les chansons,
> D'un poëte, d'un amant, d'un chantre.

Va-t-elle en Béarn, les courtisans s'attristent, comme

si une grande calamité les eût tout à coup frappés : quelques-uns même parlent de tuer M. de Duras, qui est venu la chercher de la part de son mari. La cour, soupirent-ils, est veuve de sa beauté, elle a perdu son soleil.

Les yeux un peu gros comme sa mère, les joues pleines et arrondies des Médicis, taille moyenne, bien prise, elle a des je ne sais quoi qui enlèvent, cette chose indéfinissable qui s'appelle le charme : son âme ardente et spirituelle palpite dans ses yeux, enveloppe et parfume en quelque sorte cette beauté sensuelle. Et puis, comme elle exerce la dictature de l'éventail, du goût et du costume !

Vêtue d'une robe de toile d'argent colombin à longues manches pendantes, coiffée à la Bolonaise d'un voile bleu, elle parut si belle aux dames d'Auch, qu'elles l'acclamèrent.

« Comment faites-vous, ma fille, dit Catherine tout enorgueillie, pour vous habiller ainsi ? — Je commence de bonne heure à porter mes robes, répondit-elle, et les façons que j'emporte avec moi de la cour ; quand j'y retournerai, je ne les emporterai point, mais j'aurai des ciseaux et des étoffes pour me faire habiller à la mode du temps. »

« Pourquoi dites-vous cela, reprend sa mère, c'est vous qui inventez les belles façons de s'habiller, et quelque part que vous alliez, la cour les prendra de vous, et non vous de la cour. »

Le poète huguenot du Bartas compose en son honneur un dialogue en trois langues, récité par trois demoiselles qui personnifiaient la muse gasconne, la muse latine et la muse française. « Nérac, petit Nérac, soupirait la première, tu renfermes en tes murs ce que le monde a jamais procréé de plus beau ! »

Plus habile à bien dire qu'à bien faire, elle en savait aussi plus que son pain quotidien, et Charles IX ajoutait ce compliment à double entente : « En donnant ma sœur au roi de Navarre, j'ai voulu la donner à tous les huguenots du royaume. » Partout où elle passe, elle fait la mode, donne le ton, prend les cœurs à la pipée, conquise souvent elle-même, fort raisonnable d'ailleurs, d'âme haute et d'excellent jugement, sauf cette folie d'aimer qui tire ses circonstances atténuantes de l'absence d'enfants, de l'atmosphère de galanterie et d'admiration passionnée où elle vécut, des infidélités si nombreuses de Henri IV, de la tentation assez naturelle d'en appeler de l'hymen au sentiment, lorsqu'on a été sacrifiée à la raison d'État. Car elle n'épousa le Béarnais que la mort dans l'âme, contrainte et forcée, ayant grande tendresse de cœur pour le brillant Henri de Guise, ce favori des dames et de la France, auprès duquel *les princes paraissaient peuple*, dont on disait qu'en le regardant les huguenots devenaient de la Ligue, et que Henri III, lorsqu'il le vit étendu, assassiné, salua de cette parole qui vaut toutes les épitaphes : « Il est encore plus grand mort que vivant. » Quelle scène poignante ! A l'évêché, le 18 août 1572 [1], lorsque le cardinal de Bourbon demande si elle prend le roi de Navarre pour époux, elle demeure immobile, muette, échange un rapide regard avec Henri de Guise. Charles IX s'en aperçoit, appuie la main sur la tête de sa sœur, la force de s'incliner en signe de con-

---

[1]. Cinq jours avant la Saint-Barthélemy.

sentement : le oui solennel n'est même pas prononcé. « J'ai reçu, écrit-elle, du mariage tout le mal que j'ai jamais eu, et je le tiens.... pour le seul fléau de ma vie. Que l'on ne me dise pas que les mariages se font au ciel; les cieux ne commirent pas une si grande injustice. »

Ce mariage s'accomplit en dépit des scrupules canoniques du pape, contre lequel Charles IX s'emportait [1], déplorant le bon temps que l'on faisait perdre « à sa grosse Margot, » et écrivant à Jeanne d'Albret : « Ma tante, je vous honore plus que le pape, et aime plus ma sœur que je ne le crains. Je ne suis pas huguenot, mais je ne suis pas sot aussi. Si M. le Pape fait trop la beste, je prendray moy-mesme Margot par la main, et la méneray espouser en plain presche. »

Suivons-la quelques instants à Nérac, à Pau, en ce petit Genève de Pau, ville intolérante, puritaine, où elle passera trois ans et demi, où elle se trouve aux prises avec du Pin, d'Aubigné [2], Philippe de Mornay surnommé le pape des huguenots, avec des ministres, des synodes, qui la tourmentent pour la messe qu'elle entend en sa petite chapelle, qui tonnent contre elle, se prononcent pour le divorce et la répudiation. La lune de miel n'a guère duré, peut-être même n'a-t-elle jamais commencé; les favorites du roi font la vie dure à Marguerite. Ne raconte-t-elle pas qu'elle versa alors autant de larmes que son mari et Mlle de Fosseuse buvaient de gouttes

---

1. De son côté, Jeanne d'Albret désirait ce mariage, dont elle entendait bien tirer des avantages de toute sorte, et comme elle craignait pour son fils la contagion de la cour, elle voulait « qu'il ne vînt que pour l'office qu'on ne peut faire par procuration. »

2. D'Aubigné alla jusqu'à l'accuser d'inceste avec ses trois frères.

d'eau aux Eaux-Chaudes ? Elle se console par l'amour [1] et la toilette, donne des fêtes, des ballets, et, « comme le soleil, se venge en éblouissant ses blasphémateurs, » les initie aux grâces, aux élégances de la cour. Certain jour de Pâques-Fleuries, coiffée de diamants et de plumes, ses colliers de perles au cou, vêtue d'une robe de drap d'or frisé, cadeau magnifique du Grand Turc, elle semble une déesse sur un nuage. Grâce à elle, Nérac n'aura rien à envier à la cour de Henri III. Promenades, chasses à travers les bois, conversations galantes, combats à la barrière, jeux de mail, de la longue et courte paume, courses de bagues, carrousels, mascarades, tous les plaisirs, variés avec une ingéniosité infinie, sont du domaine de Marguerite. Il n'est guère de soirée où elle ne donne les violons : *elle eut bientôt dérouillé les esprits et rouillé les armes,* les rudes compagnons d'armes du Béarnais devinrent aussi honnêtes gens que les plus galants du Louvre, accoururent avec empressement à ce rendez-vous de toutes les élégances. « Ainsi la petite cour féodale de Nérac se faisait florissante en brave noblesse, en dames excellentes, si bien en toutes sortes d'avantages, et de nature et de l'acquit, qu'elle ne s'estimait pas moins que l'autre. » On vit refleurir l'esprit de chevalerie, les habitudes de dévouement exalté, chaque cavalier se vouant à une dame qu'il servait, Sully lui-même suivant l'exemple général. « Cette cour était douce et plaisante, confesse-t-il ; on n'y par-

---

1. Le premier qui se mit sur les rangs fut le vicomte de Turenne, mais elle lui donna bien vite son congé, parce qu'il « ressemblait aux nuages vides qui n'ont de beau que l'apparence. » Elle s'amuse aussi à rendre amoureux le chancelier Pibrac, et se divertit avec son mari des belles lettres qu'il lui écrit.

lait que d'amour. » Et certes la morale et la décence en souffrirent maint dommage. « L'aise y amena les vices comme la chaleur les serpents, » remarque d'Aubigné. Marguerite se souciait plutôt de galanterie que de vertu ; elle était belle, elle avait le don de plaire et profitait de la libéralité des dieux.

Et puis quels admirables auxiliaires ! La duchesse d'Uzès, les dames et demoiselles d'honneur, Candale, Noailles, Duras, Béthune, Pecquigny, Fosseuse, Ville-savin ! La reine mère, quand elle venait en Béarn, n'était-elle pas escortée aussi de son gracieux escadron, la baronne de Sauves en tête, Mlles d'Atri, de la Vergne? Et si l'on en croit Brantôme, cette belle compagnie qui, sur le pied de guerre, se composait de plus de trois cents dames ou demoiselles, marchait et allait toujours avec sa reine, au moins la majeure part. « Et bien heureux était-il qui pouvait être touché de l'amour de telles dames, car toute beauté y abondait, toute majesté, toute gentillesse, toute bonne grâce; et bien heureux aussi qui en pouvait échapper.... Virgile, qui s'est voulu mesler d'escrire le haut appareil de la reine Didon quand elle allait à la chasse, n'a rien approché au prix de celui de notre reine, avec ses dames, et ne luy en déplaise. »

Si les vieux huguenots, qui regrettaient Jeanne d'Albret, échappent à leurs embûches, à la guerre des œillades, les dames se dédommagent en parodiant leur jargon puritain, leurs éternelles citations de l'Écriture sainte, ce qu'elles appelaient : parler le langage de Chanaan.

Quelle est d'ailleurs la conception, la physique ou la métaphysique de l'amour chez la reine Margot? Des écrivains ont pris la peine d'examiner le problème.

L'historien Dupleix dit expressément : « Elle était autant recherchée d'amours que son mari était recherché des femmes ; mais dans ses amours il y avait plus d'art et d'apparence que d'effet. » Elle aimait à se faire appeler la *Vénus Uranie*, comme pour distinguer son amour de celui du vulgaire, affectant qu'il était plus pratiqué de l'esprit que du corps, et elle avait souvent ce mot à la bouche : « Voulez-vous cesser d'aimer, possédez la chose aimée. » Cela doit être vrai d'elle au commencement, mais Chanvalon l'initia à la vie des sens, et depuis.... Voici des vers satiriques qui confirment des existences amoureuses pour lesquelles on ne peut disputer que sur le chiffre des victimes et des victoires.

> Il y a bien de la besogne
> A regarder ce petit roy,
> Comme il a mis en désarroy
> Toutes les filles de sa femme.
> Mais, hélas ! que la bonne dame
> S'en venge bien de son côté !

Admettons donc qu'elle pouvait revendiquer le mot de son mari : « Nul ne m'égale à savoir bien aimer.... »

A travers cette fête perpétuelle, Catherine de Médicis et sa fille poursuivaient un but politique de premier ordre, la conversion du roi de Navarre ; cette diplomatie couronnée de roses échoua, car le Béarnais avait compris qu'il n'y avait aucune place pour son ambition dans le parti catholique, entre les Guises et les Valois. Marguerite servait bien mieux la politique de son mari en lui ralliant force partisans, en contribuant à retenir sous sa bannière Sully qui avait encouru sa colère dans une querelle privée. On ne saura jamais assez l'influence d'un regard, d'une prière féminine qui parfois suffisent à détourner les volontés des tout-puissants, à déterminer des événements majeurs. Certains historiens solennels méconnaissent trop volontiers la profonde leçon de philosophie qui se cache sous le vieux mythe d'Adam et d'Ève, dans le mot de Pascal sur Cléopâtre : ils oublient que la dictature de l'éventail peut devenir aussi irrésistible que la dictature de l'épée.

« Les cadets de Gascogne n'ont pu saouler la reine de Navarre ; elle est allée trouver les muletiers et les chaudronniers d'Auvergne. » Cette sanglante boutade, échappée à Henri III au plus fort de sa brouille avec Marguerite, n'est rien moins que l'expression de la vérité. En guerre ouverte avec son mari, abandonnée des siens, trahie de tous côtés, reçue comme prisonnière à Usson, géant de pierre, citadelle presque imprenable qui faisait partie de son apanage, où le *soleil seul pouvait entrer de force*, Marguerite y passera d'abord des heures très sombres ; puis ayant séduit son geôlier, le marquis de Canillac, devenu son prisonnier, elle y demeurera librement et en reine, comme dans une arche de salut où le contre-coup de la guerre civile ne peut l'atteindre, y tenant une véritable cour pendant près de dix-huit ans, instruisant dans l'art de la conversation et de la galanterie raffinée les rudes gentils-hommes d'Auvergne, comme elle avait fait ceux du Béarn. Usson devient le centre le plus élégant de France, où les dames entretiennent l'émulation de bien faire et de bien dire, les mâles exercices de la chevalerie et le commerce des muses. Comme son grand-père François Ier, elle aime, protège, sait comprendre, attirer et retenir les savants, les poètes, les artistes. Plusieurs de ses familiers parvinrent à la réputation ; tels Baudoin, de

Morgues de Saint-Germain; Dupleix qui, plus tard, se
déshonora par son ingratitude envers elle; Maynard,
poète courtisan, dont elle commença la fortune, qu'elle
fit secrétaire de ses commandements. Il rima beaucoup
en son honneur, composant des ballets, des chansons, et
la regrettant jusqu'à la fin de sa vie.

> L'âge affaiblit mon discours,
> Et cette fougue me quitte,
> Dont je chantais les amours
> De la reine Marguerite.

A Usson comme à Nérac, elle ne cesse, quoi qu'on en
ait dit, d'avoir un grand état de maison, et la première
noblesse de France tient à honneur d'en faire partie; les
livres manuscrits de sa comptabilité ne laissent aucun
doute là-dessus. Sa première dame touche un traitement de 333 écus d'or, les dames ordinaires sont ap-
pointées à 133 écus d'or, les demoiselles d'honneur à
83; chancelier, intendant général de ses finances, contrôleur général, contrôleurs ordinaires, secrétaires,
maître des requêtes, procureur général, trois conseils
correspondant aux trois provinces où sont situés ses
domaines, officiers d'épée, pages, nombreux personnel
d'aumôniers, chapelains, chantres, musiciens, médecins, chirurgiens, apothicaires, rien ne manque. Bref, les
gages de ses domestiques, comme on disait alors, se
montaient au chiffre de 72,296 livres tournois, somme
considérable pour l'époque. La musique de sa chapelle
et de sa chambre est exquise; et bien chanter devient
un moyen de capter ses bonnes grâces; elle-même fait
valoir, de sa belle voix, des morceaux dont parfois elle
a composé les paroles et la musique. Les étrangers de
marque qui visitaient Usson partageaient leur admira-

tion entre la châtelaine, « ce bel astre de l'Europe, » et les merveilles de ce royal ermitage. Ils étaient éblouis, affirme Jean Darnalt, « au point de se croire dans le palais de Logistille, décrit par l'Arioste. » Marguerite fut des premières à deviner le talent du marquis Honoré d'Urfé, qui passa quelque temps auprès d'elle, ainsi que le sire de Brantôme, le conteur intarissable, qu'elle eût voulu garder toujours et qu'elle récompensa de son enthousiasme par la dédicace de ses Mémoires : « C'est un commun vice aux femmes, lui dit-elle, de se plaire aux louanges, bien que non méritées. Je blâme mon sexe en cela. Je tiens néanmoins à beaucoup de gloire qu'un si honnête homme que vous m'ait voulu peindre d'un si riche pinceau. Si j'ai eu quelques parties de celles que m'attribuez, les ennuis, les effaçant de l'extérieur, en ont aussi effacé la souvenance de ma mémoire, de sorte que, me remirant en votre discours, je ferais volontiers comme la vieille Mme de Randan qui, ayant demeuré depuis la mort de son mari sans voir un miroir, rencontrant par fortune son visage dans le miroir d'un autre, demanda qui était celle-là. » Elle fit assaut d'érudition avec Joseph Scaliger, qui lui dit en treize langues que le château élyséen d'Usson était unique au monde « pour contenir ses libéralités, sa science et ses vertus royales. »

Gardons-nous, toutefois, de prendre au sérieux cet éloge gongorique et amphigourique du P. Hilarion de la Coste, assurant que le château d'Usson fut un Thabor pour sa dévotion, un Liban pour sa solitude, un Olympe pour ses exercices, un Parnasse pour ses muses, et un Caucase pour ses afflictions. Tel autre comparait ce rocher escarpé à l'arche de Noé, à un temple sacré, à un monastère, un troisième à l'île de Caprée. Ni cet excès d'honneur, ni cette indignité. C'est bien plutôt une espèce d'abbaye de Thélème, où la reine et ses compagnes mènent de front la dévotion et la galanterie, dans une confusion qui semblerait bizarre si elle n'était coutumière à beaucoup de gens, même à des peuples entiers, comme le peuple espagnol. Suivant la tradition de quelques femmes illustres du XVIe siècle, elle approfondit la philosophie, la théologie, cultive, étend, développe l'art de la conversation ; son dîner sera une symphonie où chacun fera sa partie selon ses moyens, non point une anarchie brillante où les fines réflexions, les piquantes anecdotes sont perdues pour tous, sauf pour le voisin. Sans faire acte de despotisme, avec l'habileté la plus insinuante, aidée du prestige de son esprit plus encore que de son rang, elle gouverne la conversation, ne la tyrannise pas, propose le sujet, excite la controverse, donne tour à tour la parole, excelle à tirer de ses causeurs les plus brillants feux d'artifice, à résumer le débat et donner la conclusion « par de beaux et briefs mots. » Le principe de la conversation générale à table ne pouvait avoir une origine, un exemple plus illustres.

D'ailleurs, elle n'ignore point ce grand moyen de succès pour une maîtresse de maison : un salon adossé à une bonne cuisine, le culte de la science de gueule, disait Rabelais. On dîne à merveille chez elle, bien qu'elle fasse plus d'état de la nourriture de l'esprit que de celle du corps, *des poulets en papier que des poulets en fricassée,* et elle accueille avec autant de distinction les lettrés bourgeois que les grands seigneurs, pourvu qu'ils présentent leurs quartiers de noblesse intellectuelle, et paient leur écot en bons mots. La verve gauloise se donnait carrière à ces festins, s'échappant parfois en saillies un peu salées. On sait la réponse de Mlle Loiseau à la duchesse de Retz qui, s'imaginant l'embarrasser, lui demande si les oiseaux ont des cornes : « Oui, dit-elle, les ducs en portent. » Pendant un souper, le secrétaire de la princesse, de Fresne-Forget, fit mine de s'étonner que les hommes et les femmes pussent manger du potage avec de si grandes fraises, et surtout que les dames pussent être galantes avec leurs grands vertugadins. Le lendemain, la reine se fit apporter une cuiller à long manche, de telle sorte qu'elle mangeait sa soupe sans gâter sa fraise. « Vous voyez bien, dit-elle à de Fresne, qu'il y a remède à tout. — Oui, Madame, répondit celui-ci, quant à ce qui touche le haut, me voilà tranquille. »

C'est à Usson, en 1599, qu'elle rendit à Henri IV et à la France le très grand service de consentir à l'annulation de son mariage, pour permettre au roi d'épouser Marie de Médicis et d'avoir les héritiers du trône qu'elle avait oublié de lui donner; elle s'y prêta avec une courtoisie parfaite, invoquant elle-même les causes de nullité, et l'on a pu dire que « si leur ménage avait été peu noble et moins que bourgeois, leur divorce fut royal. » D'ailleurs, elle conserva le titre de reine et de duchesse de Valois, et obtint en échange de ce sacrifice de grands avantages, entre autres le paiement de ses dettes, car elle était prodigue, grande aumônière, changeant volontiers de domicile, toujours à court d'argent. A partir de 1599, ses relations avec Henri IV furent toutes fraternelles ; elle s'intéresse à sa santé, le félicite de ses succès, lui dévoile même les complots de

Biron, du comte d'Auvergne et de Bouillon, dont elle a réussi à démêler la trame. « Vous m'êtes et père, et frère, et roi, » écrit-elle.... Et plus tard : « Nous attendons le retour de Votre Majesté, comme ces peuples qui ont six mois de nuit, le retour du jour. »

C'est encore à Usson qu'elle composa ses *Mémoires*, et ces stances, d'une mélancolie passionnée, en souvenir de son fidèle Aubiac, que Henri III avait fait pendre cruellement, après un simulacre de procès judiciaire, sans égard aux privilèges de sa naissance :

> Rigoureux souvenirs d'une joie passée,
> Qui logez les ennuis du cœur en la pensée,
> Vous savez que le ciel, me privant de plaisir,
>   M'a privé de désir.
>
> Si quelque curieux, informé de ma plainte,
> S'étonne de me voir si vivement atteinte,
> Répondez seulement, pour prouver qu'il a tort :
>   « Le bel Atys est mort ! »
>
> Atys, de qui la perte attriste mes années,
> Atys, digne des vœux de tant d'âmes bien nées,
> Que j'avais élevé pour montrer aux humains
>   Un œuvre de mes mains....
>
> Si je cesse d'aimer, qu'on cesse de prétendre :
> Je ne veux désormais être prise ni prendre,
> Et consens que le ciel puisse éteindre mes feux,
>   Car rien n'est digne d'eux !
>
> Cet amant de mon cœur, qu'une éternelle absence
> Éloigne de mes yeux, non de ma souvenance,
> A tiré quant à soi, sans espoir de retour,
>   Ce que j'avais d'amour !

En marchant au supplice, Aubiac pressait en ses mains et il embrassa jusqu'au dernier moment un vieux manchon de velours bleu, présent de la reine. Son rêve, comme celui de l'esclave de Cléopâtre, s'était réalisé. Ne s'était-il pas écrié, quelque temps avant, en la voyant pour la première fois : « Oh! l'admirable créature! Si j'étais assez heureux pour lui plaire, je n'aurais pas regret à la vie, dussé-je la perdre une heure après! »

Comment oublier aussi les strophes brûlantes que Marguerite adressait à Chanvalon après leur première séparation :

> Nos corps sont désunis, nos âmes enlacées;
> Nos esprits séparés, et non pas nos pensées.
> Nous sommes éloignés, nous ne le sommes pas....

Quant à la Môle, dont elle fit embaumer et garda la tête après son supplice, et quant aux autres, elle demeure fort réservée dans ses Mémoires. Un mot cependant lui échappe au sujet de Bussy d'Amboise, ce vaillant qui portait sur la pointe de son épée l'honneur de sa dame, sans qu'on y osât toucher. « Il n'y avait personne en ce siècle, écrit-elle, rien de semblable en valeur, réputation, grâce et esprit. »

Les lettres et les mémoires du temps ont montré moins de discrétion. « L'absence, mande-t-elle à Chanvalon, la contrainte, donnent à mon amour autant d'accroissement, qu'à une âme faible et enflammée d'une flamme vulgaire il apporterait de diminution. Quand vous viendrez à changer d'amour, ne pensez pas m'avoir laissée, et croyez pour certain que l'heure de votre changement sera celle de ma fin, qui n'aura de terme que votre volonté.... Je ne vis plus qu'en vous, mon beau tout, ma seule et parfaite beauté.... »

Ayant enfin obtenu l'autorisation de rentrer à Paris, moyennant qu'elle assurât tout son bien au dauphin, elle quitta Usson en 1605, pour toujours. Elle naviguait avec un tact parfait entre les écueils d'une situation si délicate, gagna les bonnes grâces du roi qui venait la

voir souvent, l'amitié du dauphin qu'elle traita avec
une tendresse quasi maternelle, qu'elle comblait de présents, de prévenances. Le dauphin, par ordre de sa
mère, l'appela d'abord « maman fille. » En août 1605,
elle lui donne un Cupidon parsemé de diamants, assis
sur un dauphin, tenant un arc d'une main, sa flèche
de l'autre ; au ventre de celui-ci il y avait une éme-
raude gravée d'un dauphin couronné et entouré de
petits diamants, et un petit cimeterre parsemé de
diamants : en même temps elle envoyait à Madame
un serre-tête de diamants. Chaque année, lors de la
foire Saint-Germain, où affluaient joailliers, peintres,
marchands de Flandre et d'Allemagne, elle comble
le dauphin, promet aux marchands de payer tout ce
qu'il demanderait. C'est à elle qu'il s'adresse pour
satisfaire ses fantaisies, même pour se dispenser de travailler aux jours de paresse, chez elle qu'il va de préférence à Paris ; c'est elle qui, avec le prince de Condé,
le présenta à la confirmation. On raconte qu'un jour
qu'il allait la visiter en compagnie de son gouverneur
Souvray et de son écuyer Pluvinel, elle s'écria en le
caressant : « Ah! qu'il est beau ! Que le Chiron est
heureux qui élève cet Achille ! » et que Pluvinel, qui
n'était guère plus subtil que ses chevaux, dit à Souvray:
« Ne vous ai-je pas averti que cette méchante femme
nous ferait quelque injure ? »

Elle poussait la condescendance jusqu'à faire bon visage aux favorites du roi. N'avait-elle pas, à Nérac, sur
la prière du roi, assisté Mlle de Fosseuse prise des
douleurs de l'enfantement ? Elle assista au couronnement de Marie de Médicis. On admira beaucoup la
générosité de cette action : « Les Marguerites de France

vont bien, disait-on, auprès des lis rouges de Florence, unis aux lis blancs des rois très chrétiens. »

Héroard rapporte qu'il vit, un matin de 1605, la reine au lit, le roi assis dessus, la reine Marguerite à genoux, appuyée contre le lit, le dauphin sur le lit, jouant avec un petit chien.

C'est à elle que revient tout l'honneur du ballet dont Malherbe rima les récitatifs ; il fut dansé d'abord à l'Arsenal, puis au palais de Marguerite. On admira fort trois plats d'argent « chargés l'un d'un oranger, l'autre d'un citronnier et le troisième d'un grenadier, si bien travaillés, si bien imités, qu'ils firent illusion. » Très sagement elle refuse de se mêler des querelles engagées entre deux maîtresses du roi, la comtesse de Moret, la marquise de Verneuil ; de même se tient-elle en dehors des luttes des premières années de la régence. Marie de Médicis l'invite à toutes les grandes cérémonies, la consulte sur les difficultés d'étiquette, personne mieux qu'elle ne gardant la tradition des grandes fêtes de la cour des Valois. La régente aussi la chargea de recevoir le duc de Pastrana, venu pour demander la main d'Élisabeth de France. La fête fut royale et digne en tous points de celle qui l'offrait, de ceux qu'elle recevait. Commencé à six heures et demie selon l'usage, le bal s'ouvrit par un branle que dansa Louis XIII avec la princesse sa sœur, puis vinrent une courante entre le duc de Guise et Mlle de Vendôme, les *Canaries* par le marquis de Belbœuf et Madame Élisabeth. Alors le duc de Pastrana sollicita l'honneur de danser avec sa future souveraine : resté derrière elle, il la laissa commencer, et, fidèle à l'étiquette espagnole, ne prit que du bout des doigts la longue manche pendante de sa danseuse.

Cette reine mérite une place d'honneur dans l'histoire de la société polie, entre la sœur de François Ier, la Marguerite des Marguerites, Catherine de Médicis et la marquise de Rambouillet. Bassompierre, Pasquier, Tallemant des Réaux, Herbert de Cherbury, Bayle, l'ont dit, et il faut reconnaître avec eux qu'elle eut à Paris un des premiers cercles réguliers, bien ordonnés, tenus selon l'étiquette moderne, où s'empressent la fleur de l'aristocratie, magistrats, gens de lettres, artistes, où se succèdent sans relâche les divertissements les plus aimables, qu'elle dirige avec cette supériorité de rang et d'esprit qui lui valut le surnom de Vénus Uranie. Là se réunissent entre autres : le cardinal du Perron, surnommé le *colonel général de la littérature;* Joseph Scaliger, « le dictateur perpétuel des lettres ; » Malherbe, Bertaut, Philippe des Portes, Pitard, Porchères, Vauquelin des Yveteaux, Maynard, Racan. Quelques-uns même demeurent à ses gages dans son palais, formant une petite académie privée, une école palatine, pour l'instruire et la distraire. Montaigne, Brantôme, vingt autres lui dédient leurs œuvres; elle se montre fort curieuse de se procurer les beaux livres nouveaux, estimant que la lecture produit sur son esprit le même effet que la bonne chère sur ses joues vermeilles.

Des traits piquants s'échangeaient entre ses beaux esprits : un grand docteur s'étant avisé de dire à Théophile qu'il était dommage qu'avec tant d'esprit il sût si peu de choses : « C'est dommage, repartit le poète, que sachant tant de choses, vous ayez si peu d'esprit. » — Ou bien c'est Sully qui, montrant le président de Chevry pendant une fête, remarque : « Ç'a été le président qui a fait le ballet. — Monsieur, pardonnez-moi, s'il vous plaît, affirma Guérin, le fou attitré de Marguerite, M. le président n'a pas fait le ballet ; au contraire, c'est le ballet qui a fait M. le président. »

La marquise de Verneuil, la mauvaise et fatale maîtresse, celle qui trompe, conspire contre Henri, aurait mérité, pour son esprit du moins, d'avoir ses grandes entrées au cercle de la reine Margot. C'est elle qui recommandait plaisamment à son fils prenant congé d'elle : « Mon fils, baisez très humblement les mains au roi de ma part, et lui dites que si vous étiez à faire, il ne vous eût jamais fait avec moi. » Voici une autre boutade : elle a coutume de remarquer qu'elle est la bête du roi. Ne fait-on pas peur de la bête aux petits enfants, quand on ne peut en venir à bout ? De même le roi pour elle : quand il veut fâcher le monde, il dit qu'il verra la marquise. — Depuis longtemps déjà, à travers leurs éternelles reprises, « ils ne font plus l'amour qu'en grondant. » Elle ne lui écrivait plus : « Toujours collée à votre bouche, et mieux encore à votre âme. » Et il avait oublié ce doux compliment : « Hors de votre présence, je n'ai pas plus de joie qu'il n'y a de salut hors de l'Église. » Elle devenait grosse, gourmande, dévote, mais demeurait prompte au coup de griffe, comme au temps où, apprenant que le carrosse de la reine avait été précipité dans la Seine, elle ciselait cette malice : « O mon roi, si j'avais été là, vous sauvé, j'eusse crié de bon cœur : la reine boit ! »

Le culte du bel esprit, l'influence de Ronsard et de l'Italie avaient insensiblement conduit Marguerite à quelque préciosité dans ses habitudes, ses lettres et sa conversation. Volontiers elle parle phébus, lorsque la question de l'amour platonique vient sur le tapis ; elle écrit sur du papier à vignettes orné de trophées d'amour, se couche entre deux draps de taffetas noir dans un lit éclairé avec des flambeaux, pour faire ressortir la blancheur de sa peau. Qu'elle reste au logis ou qu'elle en sorte, le monde a les yeux fixés sur elle.

Au temps de sa jeunesse, les femmes se couvraient la tête de capuchons, hennins, bonnets et toques, entremêlaient l'étoffe et la frisure. Elle mit à la mode la coiffure en cheveux avec des étoiles de pierreries et des bouquets de plumes. C'est elle aussi qui introduisit à la cour l'usage des *chaises à porteurs*. Elle avait un carrosse dont elle usait aux grandes occasions, mais d'ordinaire allait en litière, l'usage des voitures étant encore si peu répandu que Henri IV n'en possède qu'une seule pour lui et la reine. Sous François Ier, on ne comptait que trois carrosses à la Cour : celui de la reine, celui de Diane de Poitiers, et celui du maréchal de Bois-Dauphin, trop gras pour monter à cheval.

La punition des hommes qui ont trop aimé les femmes, c'est, dit un moraliste, d'être condamnés à les aimer toujours. Marguerite avait beaucoup aimé : ayant atteint l'âge d'argent, l'âge crépusculaire, devenue énorme, ayant perdu ses charmes, mais continuant de se décolleter à outrance, de faire du jour la nuit, et de la nuit le jour, elle ne pouvait se passer de cette galanterie, jeu dangereux qui s'apprend assez tôt et s'oublie trop tard. On sait qu'un de ses soupirants, Vermond, âgé de dix-huit ans, tua d'un coup de pistolet son favori Saint-Julien en 1606. Il fut exécuté le lendemain même devant son hôtel ; et les libellistes n'épargnèrent point celle qui portait malheur à ses amants.

> La reine Vénus, demi-morte,
> De voir mourir devant sa porte
> Son Adonis, son cher amour,
> Pour vengeance, a, devant sa face,
> Fait desfaire en la même place
> L'assassin presque au même jour.

Et, malgré la perspective, les prétendants à la succession de Saint-Julien ne firent point défaut. Maynard y risque une allusion dans une poésie où il met en scène Marguerite.

> En vain tant de muguets cherchent à me reprendre.
> On ne verra jamais ma liberté se rendre,
>   Sous un second vainqueur.
> Comment aux lois d'amour veut-on que je me range,
>   Si la tombe a mon cœur?

Mais ce cœur renaissait sans cesse comme le phénix, comme le fruit sur le pommier. Pourquoi ne pas le confesser ? Elle ne peut se résigner à mettre d'accord ses toilettes, ses sentiments et son âge.

Le Père Suffren osa se plaindre en pleine chaire « qu'il n'y avait pas à Paris de petite coquette, de petite bourgeoise qui, à l'exemple de la reine Marguerite, ne montrât ses tetons. » S'apercevant qu'il avait dépassé la mesure, il crut se corriger en ajoutant « que les princesses et les reines avaient certains privilèges et certaines licences que les autres n'avaient pas. » Un jeune Carme, meilleur courtisan, compara « le sein de la reine à celui de la Vierge Marie, » ce qui lui valut un don de cinquante pistoles de Marguerite. C'est là le vice, la tare de cette fin d'existence en partie double, où la galanterie va de front avec la religiosité : elle prend pour aumônier Vincent de Paul, Bajaumont succède à Saint-Julien pour un autre office. Là-dessus, d'Aubigné,

qui ne désarme point, satirise durement les orgies de
messes, de vêpres et d'amours.

> Commune, qui te communies
> Ainsi qu'en amours en hosties,
> Qui communies tous les jours,
> En hosties comme en amours,
> A quoi ces dieux que tu consommes
> Et en tous temps et en tous lieux ?
> Toi qui ne t'es pu soûler d'hommes,
> Te penses-tu crever de dieux ?

Marguerite mourut le 27 mars 1615, âgée de soixante-
deux ans : poètes et prédicateurs chantèrent ses mérites, les pauvres la regrettèrent amèrement ; Servin,
dans son épitaphe, l'appela la reine des indigents, un
autre déclare qu'elle ne faisait du mal qu'à elle-même.
Richelieu lui consacre une page élogieuse où, après
avoir exalté son dévouement à l'État, son style, son éloquence, la grâce de son hospitalité, sa charité infinie,
il remarque « que Dieu lui donna la grâce de faire une
fin si chrétienne que, si elle eût eu sujet de porter envie
à d'autres durant sa vie, on a davantage sujet de lui en
porter à sa mort. » C'est pourquoi, malgré ses fautes
trop réelles, et bien que la calomnie ait encore enflé le
dossier de la médisance, elle demeure un de ces personnages sympathiques que l'histoire et la légende, le
roman et le théâtre se plaisent à décorer de leurs pres-
tiges ; un de ces personnages sympathiques que la
postérité acclame, sur lesquels elle repose doucement
sa pensée, comme pour puiser en eux des motifs d'espérance et de bonheur ; un de ces personnages sympathiques qui, pendant leur vie, après la mort, traînent
dans leur sillage lumineux des légions d'admirateurs,
qu'un poète, amoureux posthume, ressuscite parfois

pour les entourer d'une immortelle auréole. Elle a péché sans doute, et largement participé aux faiblesses de l'humanité ; mais, sans prétendre que le repentir soit supérieur à l'innocence, elle paraît plus touchante peut-être, plus près de nous, que ces vertus héroïques qui semblent n'avoir connu la tentation que par ouï-dire, et font l'effet de pures abstractions, de principes austères, plutôt que de créatures de chair et de sang. On lui sait gré de ce besoin d'anxiété que son neveu le comte d'Auvergne signale comme un des traits domi-nants de son caractère. Son exemple prouve une fois de plus que la bonté, la charité ne sont point l'apanage de la vertu absolue. Elle fait partie du chœur des grandes enchanteresses, de celles qui ont ensorcelé le monde par le rayonnement de leur grâce, de leur talent. Ose-rai-je ajouter, sans avoir l'air de proférer une hérésie morale, que la séduction, la beauté, l'esprit, poussés à ce degré, se confondant avec tant d'autres qualités, devien-nent en quelque sorte des vertus, justifient ou du moins expliquent les engouements éternels ?

CINQUIÈME CONFÉRENCE

L'HOTEL DE RAMBOUILLET & LA PRÉCIOSITÉ

Mesdames, Messieurs,

Tout a été dit sur l'hôtel de Rambouillet [1] : Mlle de Scudéry, Tallemant des Réaux, Somaize, l'abbé de Pure, Fléchier, Pellisson au XVIIe siècle, et, au XIXe siècle, Rœderer, Walckenaër, Livet, Sainte-Beuve, MM. Brunetière, Larroumet, n'ont guère laissé d'autre ressource que de résumer leurs travaux ; ils témoignent de l'importance de ce salon célèbre, qui, sorti en droite ligne des leçons et des exemples de l'*Astrée*, véritable succursale de l'Académie française, joue

---

1. Correspondance de Huet, 2 vol. ; — C. Henry, *Un érudit homme du monde, homme d'église, homme de cour*, Hachette, 1879 ; — A. Fabre, *La Jeunesse de Fléchier*, 2 vol. ; *Fléchier orateur*, Perrin ; — Amédée Roux, *Un misanthrope à la cour de Louis XIV*; *Mautausier, sa vie et son temps ;* — Charles de Mouy, *Grands seigneurs et grandes dames ;* — Charles Livet, *Le dictionnaire des Précieuses,* 2 vol., 1856 ; — d'Alembert, *Notes sur l'Éloge de Fléchier,* t. II ; — Livet, *Précieux et précieuses,* 1 vol., Didier ; — *Historiettes de Tallemant des Réaux ;* — d'Aubignac, *La nouvelle histoire du temps, ou relation véritable du royaume de coquetterie,* 1654 ; — de Pure, *La Précieuse, ou le Mystère des ruelles ;* — Georges Doncieux, *Le P. Bouhours ;* — Gustave Larroumet, *Un historien de*

un rôle éminent dans le mouvement social de l'époque.
A vrai dire, ce rôle a été longtemps obscurci, dénaturé
par l'ironie, surtout par cette badauderie qui, à force
de répéter les paradoxes des gens d'esprit, leur donne
droit de cité parmi les lieux communs. Depuis que le
monde est monde, le public n'a-t-il pas préféré la
légende à l'histoire, le roman à la réalité, les féeries de
l'imagination aux nobles conquêtes de la raison ? Rien
de plus difficile que de déraciner un préjugé, une formule commode et simpliste dont l'auteur a su mettre
les rieurs de son côté.

Qu'est-ce que la préciosité, dont l'hôtel de Rambouillet
passe pour avoir été le principe et la source ? Comme
si elle n'avait pas eu ses parangons au xvie siècle, avec
Maurice Scève, Ronsard, les poètes de la Pléiade ;
comme si les dissertations des *Amadis* et de l'*Astrée*
n'en fournissaient pas de très nombreux exemples ;
comme si les précieux étaient inconnus en Grèce et à
Rome ! Comme si l'on oubliait enfin que les langues
débutent par la naïveté, et par une évolution naturelle,
par besoin d'exprimer des sentiments nouveaux, ar-

la société précieuse au XVIIe siècle, Baudeau de Somaize ; — Victor
Cousin : *La Société française au XVIIe siècle,* 2 vol. ; *Mme de Longueville,* 2 vol. ; *Mme de Chevreuse,* 1 vol. ; *Mme de Sablé,* 1 vol. ; *Mme de
Hautefort,* 1 vol. ; — Rœderer : *Histoire de la société polie ;* — Walcke-
naer, *Études sur Mme de Sévigné,* 6 vol. ; — Mémoires de l'abbé
Arnauld ; — Sainte-Beuve, *Causeries du lundi ;* — Charles Giraud,
Œuvres de Saint-Évremond ; — Perrens, *Les Libertins au XVIIe siècle ;* — Ferdinand Brunetière, *La Société précieuse au XVIIe siècle,*
dans *Revue des Deux Mondes,* 15 avril 1882 ; *Manuel de l'histoire de
la littérature,* 1 vol. ; — Arvède Barine, *La Grande Mademoiselle,*
dans *Revue des Deux Mondes,* 1er octobre 1899 ; — Bourciez : *L'Hôtel
de Rambouillet,* dans Petit de Julleville ; — Nisard, *Histoire de la
littérature française.*

rivent au genre rare, au genre distingué, qui glisse si aisément dans l'affectation ! La préciosité est d'abord, pour résumer la définition de M. Brunetière dans son admirable *Manuel de l'histoire de la littérature française*, une théorie ou conception littéraire, voisine de la théorie de l'art pour l'art, partant comme celle-ci du même principe, du plaisir qui consiste dans la forme et la difficulté vaincue. Elle est ensuite une corruption du langage, du même ordre, ou peu s'en faut, que le gongorisme [1], l'euphuisme, le *marinisme*, le travers de traiter le langage en lui-même et pour lui-même, comme une matière capable de subir toutes les transformations, de procéder par périphrases, pointes, concetti, agudezas, antithèses, allitérations, de pousser à l'extrême les métaphores. Elle est enfin une tournure ou disposition d'esprit spéciale qui se résout en désir de se distinguer, en dégoût du lieu commun, en croyance qu'il faut être neuf :

> Il nous faut du nouveau, n'en fût-il plus au monde,

qui mène à la recherche des choses fines, complexes, délicates, subtiles; mais quel ne serait pas le danger d'en faire table rase ? Et puisque les paroles suivent ou précèdent les pensées, et les pensées les actions, la préciosité a certainement affiné, amélioré les âmes, répandu l'instinct des nécessités sociales et mondaines, développé l'art de la conversation, retenu l'homme sur cette pente de la grossièreté où il roule si volontiers quand il est abandonné à lui-même.

---

1. Gongora, inventeur du style *culto*, précurseur du style précieux. *Nada vulgar*, « rien de vulgaire, » telle est sa devise et celle de ses disciples. Ils laissent au vulgaire le soin de parler d'une manière intelligible.

Ceci posé, vous ne rencontrerez aucun des défauts de la préciosité dans le caractère et la vie de la marquise de Rambouillet : tous ses biographes, Tallemant des Réaux lui-même, le médisant du siècle, renchérissent d'éloges à son égard, attestant les qualités de cette personne si rare, sa beauté rehaussée par une vertu irréprochable, le goût le plus exquis associé à une raison supérieure, l'esprit qui s'exerce sur les choses et non sur les personnes, la bonté la plus intelligente, le naturel dans le raffiné et l'absence de prétentions; elle a fondé, sans y songer, le salon le plus illustre de son siècle, et ne se proposait d'autre but que de charmer ses loisirs, de distraire un mari qu'elle adorait, et d'être agréable à ses amis; le reste vint en quelque sorte par surcroît.

Catherine de Vivonne, fille unique de Jean de Vivonne, marquis de Pisani, ambassadeur de France en Espagne et à Rome [1], et de Julia Savelli, grande dame romaine, veuve de Louis des Ursins, épousait à l'âge de douze ans, en 1600, Charles d'Angennes, marquis de Rambouillet, seigneur de Talmont et d'Arquenay, qui fut successivement maître de la garde-robe, chevalier des ordres, colonel général, maréchal de camp, ambassadeur en Piémont et en Espagne, personnage considérable comme on voit, bien vu du maréchal d'Ancre et de Richelieu, d'une assez grande fierté toutefois, et dépensant fort noblement sa fortune. Peu satisfaite de la

---

1. Un jour le petit prince de Condé, jouant avec Mˡˡᵉ de Pisani, alors âgée de huit ans, la prit par la tête et la baisa. Le marquis de Pisani, son gouverneur, l'ayant appris, le punit sévèrement, car, observait-il, les princes sont des animaux qui ne s'échappent que trop.

distribution intérieure de l'hôtel de Rambouillet, elle le démolit, fut à elle-même son propre architecte, et un architecte qui opéra une petite révolution (1618). Avant elle, ce que nous appelons le salon, la salle à manger, n'existe pas, le cadre de la vie de société manque. On dîne au hasard, dans sa chambre, dans son anti-chambre, ou sa salle à manger.

« L'esprit de conversation, dit excellemment Arvède Barine, est une plante trop délicate pour fleurir dans ces conditions, au hasard et à l'abandon. Pour avoir des causeurs, il faut avant tout avoir un endroit pour causer. Tout le monde le sait à présent, ou devrait le savoir: personne n'a plus le droit d'ignorer l'influence du lieu où l'on se tient, et qu'il suffit d'un meuble mal placé pour empêcher les sympathies de se grouper, le courant de s'établir entre les esprits. Il y a trois cents ans, ce fut la découverte de Mme de Rambouillet. Ses réflexions l'amenèrent à inventer l'appartement moderne, favorable aux réunions intimes et aux joutes d'esprit. C'est une date dans l'histoire de la société française. »

C'est d'elle qu'on apprit à mettre les escaliers de côté, pour avoir une enfilade de chambres, disposition favorable aux grandes réceptions, à exhausser les planchers, à faire des portes et fenêtres régnant de haut en bas, depuis le plafond jusqu'au plancher. On l'imita si bien que la reine mère, quand elle fit bâtir le Luxembourg, ordonna aux architectes de visiter l'hôtel de Rambouillet. La première elle s'avisa de faire peindre une chambre d'autre couleur que de rouge ou de tanné; le grand cabinet ou salon fut tapissé de velours bleu, encadré dans des bordures brochées d'or, d'où lui vint le nom de chambre bleue. En même temps, la marquise, dégoûtée des désordres et des intrigues de la cour, prenait une détermination bien rare chez une jeune femme de vingt ans, et qui contribua beaucoup à l'agrément de sa maison : elle s'éloigna des assemblées du Louvre et résolut de rester chez elle.

Le lieu, les habitudes sédentaires de Mme de Rambouillet, étaient donc favorables à la réunion d'une société choisie ; ajoutez-y le rapprochement des esprits divisés pendant quarante ans de guerre civiles, le progrès des richesses et des lumières, un nouveau branle des imaginations, des âmes tout entières, un développement prodigieux de cet instinct social qui semble appartenir au Français plus qu'à tout autre peuple, qui fait que la conversation française seule est une conversation nationale, et en quelque sorte la conversation humaine. Mettez en ligne l'émulation établie entre les sexes par leur mélange dans les sociétés particulières, la nécessité de se communiquer de plus en plus pour expliquer « cette prière muette qu'ils s'adressent continuellement l'un à l'autre, » selon le mot de Rœderer, car, plus les mœurs sont chastes et réservées, plus il faut de conversation pour se faire entendre d'un sexe à l'autre; la licence, au contraire, est brusque, le cynisme laconique; leur langue, qui se rapproche de l'état barbare, ne dépasse guère celle du sauvage ou du fauve qui rencontre sa femelle. Et c'est sous cette heureuse étoile que l'hôtel de Rambouillet s'ouvrait tous les soirs aux gens de la cour ennemis des scandales, à l'élite du monde poli, aux lettrés de profession, aux esprits cultivés de toutes les classes.

D'autres qualités morales et sociales de la marquise

paraient d'un nouveau prestige son salon : elle possédait au plus rare degré l'art de la bonté ingénieuse,
délicate, qui devine les souffrances intimes et leur
porte remède; elle avait l'art de donner, et savait que
toutes les charités ne sont pas de pain; à ses yeux,
donner n'était pas seulement un plaisir de roi, c'était
un plaisir de dieu. Jamais il n'y eut de meilleure amie :
quand il s'agissait de défendre sa dignité, ses amis,
elle ne craignait pas de déplaire aux puissants.
Lorsque, par exemple, entouré d'embûches, de complots même, désireux d'étendre partout sa surveillance,
de connaître les intrigues du cardinal de la Valette et
de la princesse de Condé, Richelieu la fit prier par Bois-
Robert ou le P. Joseph de lui signaler ceux qui le mal-
traitaient dans son salon, elle répondit que tous ses amis
étaient si fortement persuadés de la considération
qu'elle avait pour Son Éminence, qu'il n'y en avait pas
un seul qui eût la hardiesse de parler mal de lui en sa
présence, et ainsi qu'elle n'aurait jamais occasion de
lui donner de semblables avis.

Un autre trait de son caractère, trait commun à des
femmes de la plus haute vertu, à des religieuses même
comme sainte Thérèse, c'était son humeur enjouée, le
goût des amusements naturels, des inventions plaisantes; et ceci encore exclut toute idée de pédantisme,
d'apprêt, de fausse préciosité. Une de ses joies les plus
grandes était de surprendre les gens. Un jour qu'elle
avait parmi ses hôtes, à la campagne, Philippe de Cos-
péan, évêque de Lisieux, elle lui proposa d'aller se promener dans la prairie. Quand il fut près de certaines
roches creuses, appelées la Marmite de Rabelais, il
aperçut au travers des arbres des fantômes qui lui sem-

blaient des nymphes. La marquise, tout d'abord, feignait de ne rien voir; enfin, parvenus jusqu'aux roches, ils trouvèrent Mlle de Rambouillet et toutes les demoiselles de la maison, déguisées en effet en nymphes, qui, assises sur ces roches, formaient le plus agréable spectacle.

Un autre jour, c'est le comte de Guiche, le futur maréchal de Gramont, qu'on mystifie : comme il avait mangé force champignons à table, son valet de chambre, gagné, rétrécit en un clin d'œil tous les pourpoints de ses habits. Quand il les voulut revêtir, il les trouva trop étroits de quatre grands doigts. « Qu'est ceci, songe-t-il, suis-je enflé; serait-ce d'avoir trop mangé de champignons ? — Cela se pourrait bien, répond Chaudebonne, qui assistait à son lever, vous en mangeâtes hier au soir à crever. » Et tous les complices de faire chorus, et lui de s'émouvoir, et de commencer à découvrir dans son teint je ne sais quoi de livide. La messe sonne, le voilà contraint d'y aller en robe de chambre; et il disait, en riant du bout des dents : « Ce serait pourtant une belle fin que de mourir à vingt et un ans pour avoir mangé des champignons [1]. » Chaudebonne conseille, en attendant le contrepoison, d'employer une recette dont il se souvenait; il l'écrit et la donne au comte; il y avait sur le papier : « Prends de bons ciseaux et découds ton pourpoint. » Alors seulement il devina la plaisanterie.

J'en passe, et des meilleurs; laissez-moi cependant

---

1. Le directeur d'une fort célèbre revue arrêta son collaborateur M. C., qui chez lui, à la campagne, entamait un plat de champignons : « Prenez garde! fit-il, votre roman que je publie n'est pas terminé. »

vous raconter, d'après les Mémoires de l'abbé Arnauld, une autre anecdote qui montre combien on s'amusait chez Mme de Rambouillet : « Ce n'étaient tous les jours que jeux d'esprit et parties galantes. Un jour que nous étions à Pomponne, Mme de Rambouillet, avec une troupe choisie, résolut d'y venir surprendre mon père. M. Godeau en était ; il ne pensait point, en ce temps-là, à devenir prince de l'Église, comme il le fut quelques années après. Ceux qui l'ont connu savent qu'il était fort petit, et, à l'hôtel de Rambouillet, on l'appelait pour cette raison le nain de la princesse Julie. Ils partirent de Paris en deux carrosses, et, sur les cinq heures du soir, deux ou trois cavaliers viennent à Pomponne comme s'ils eussent été des maréchaux de logis d'une compagnie de cavalerie, et demandent à faire le logement. Aussitôt on court au château avertir M. d'Andilly, qui, n'étant pas accoutumé à recevoir ces sortes d'hôtes, vient fort échauffé trouver ces messieurs, les interroge de leur ordre, s'étonne qu'on lui ait voulu causer ce déplaisir, et les prie de ne rien faire qu'il n'ait parlé à leurs officiers. Pendant qu'il raisonne avec eux, on entend sonner la trompette : il s'avance, croyant que ce fût la compagnie, mais il fut étrangement surpris de voir le nain de la princesse Julie, lequel, armé à l'antique et monté sur un grand coursier, sans lui donner le loisir de le reconnaître, pousse sur lui à toute bride, et lui rompt au milieu de l'estomac une lance de paille qu'il avait mise en arrêt, lui jetant en même temps un cartel de défi fort galant. Il ne fut pas longtemps à revenir de l'étonnement où cette surprise l'avait jeté, car les deux carrosses parurent aussitôt, et les éclats de rire lui firent perdre sa mauvaise humeur. Il reçut cette agréable compagnie de meilleur cœur qu'il n'aurait fait l'autre ; mais ce ne fut pas sans avoir puni par quelques soufflets ce petit nain audacieux de sa téméraire entreprise. »

Voiture parle aussi d'une partie de campagne à la Barre, chez Mme du Vigean, où se succédèrent des plaisirs de toute sorte : concert, apparitions mythologiques, bal, souper, feux d'artifice, de six heures du soir à deux heures du matin. Principaux invités : Madame la Princesse, Mlle de Bourbon, Mme Aubry, Mlle de Rambouillet, Mlle Paulet, MM. de Chaudebonne et Voiture. La troupe revint en carrosse à Paris, précédée de vingt flambeaux, chantant les refrains en vogue tels que le *Petit Doigt*, le *Savant*, les *Ponts-Bretons*. La lettre adressée au cardinal de la Valette contient de jolis détails. « .... Et la plus magnifique chose qui y fut, c'est que j'y dansai. Mlle de Bourbon jugea qu'à la vérité je dansais mal, mais que je tirais bien des armes, pour ce qu'à la fin de toutes les cadences, il semblait que je me misse en garde.... »

En 1632, pendant la guerre de Trente ans, Julie d'An·gennes s'intéressait fort aux succès de Gustave-Adolphe. On l'en plaisantait, et un jour Voiture imagina de déguiser cinq ou six valets en Suédois qui vinrent chez Arthénice présenter le portrait du roi de Suède, accompagné d'une belle lettre. Celle-ci mit en joie les habitués de la marquise.

Voiture n'était pas toujours aussi bien inspiré. Ayant rencontré un meneur d'ours, il l'introduisit avec ses bêtes dans la chambre de la marquise, qui, se retournant au bruit, vit quatre grosses pattes posées sur son paravent. Elle pardonna cette mystification de mauvais goût. Et comme il ne publiait rien, mais disait ses vers dans les sociétés, elle fit imprimer un sonnet dans un recueil; un ami auquel il en avait donné la primeur l'avait retenu et envoyé à la marquise : lorsque Voiture vint le réciter à l'hôtel, on lui montra le livre, et il crut assez longtemps qu'il avait confondu son invention avec sa mémoire.

De tels divertissements alternent avec des déduits d'un autre ordre : comédie de société, lecture de Descartes dont les femmes du salon se montrent disciples passionnées, conversations charmantes ou profondes qui, sans effort, vont aux deux pôles de l'esprit humain. Sans doute, la conversation ne naît pas avec l'hôtel de Rambouillet : on en voit des modèles, ou plutôt des exemples assez curieux au xvie siècle, dans l'Italie de la Renaissance; les Grecs, les Romains ont connu l'atticisme, l'urbanité, ce caractère de politesse qui se décèle dans le parler, l'accent, l'esprit, les habitudes des personnes, cette vertu sociale qui rend un homme aimable aux autres, qui embellit et assure le commerce de la vie. Ce qu'on peut affirmer d'une manière certaine, c'est que, grâce à l'hôtel de Rambouillet, la conversation s'élève à la hauteur d'une science et d'un art où l'esprit, le goût, la décence, se combinent harmonieusement, qu'ainsi la passion du bon langage devient une passion nationale. On s'est moqué des lettres que s'écrivirent Mlle de Rambouillet et Voiture sur le mot *car*, dont plusieurs membres de l'Académie réclamaient la suppression; ces lettres n'en ont pas moins sauvé un mot nécessaire et de grand usage. Un homme d'esprit du siècle dernier, le comte de Ségur, remarquait, à propos de la pruderie de langage de l'impératrice Catherine II : « là où la vertu règne, la bienséance est inutile. » On ne

pensait point de la sorte chez la marquise; elle voulait
l'accord du bon goût et des bonnes mœurs, plus ordinaire après tout que l'existence du goût sans mœurs, ou
des mœurs sans goût. Voiture ayant essayé de baiser
le bras de sa fille, celle-ci le rabroua fort vivement;
et cependant l'audacieux s'appelait Voiture, l'enfant
gâté, les délices et la merveille, «l'âme du rond; »
celui-là même dont le sans-gêne familier faisait dire
à M. le Prince : « S'il était de notre condition, on
ne pourrait le souffrir, » l'homme le plus habile à
filer en mille nuances le bel esprit, l'auteur de la fameuse lettre de *la carpe à son compère le brochet*, et
de mille autres facéties aimables. Il eut le tort de
mettre sa réputation en viager : ses vers et sa prose,
fort travaillés sans doute, n'ont pas été faits pour le
public, on ne s'en aperçoit que trop; mais on y reconnaît un air de grâce et de facilité assez nouveau pour
le temps; et, dans quelques-uns de ses écrits, sa lettre
sur le cardinal de Richelieu par exemple, on entrevoit
un homme de talent et de grand sens qui n'a pas eu
l'occasion de se dégager, de remplir tout son mérite.
Était-ce d'ailleurs une témérité si grande que la tentative de Voiture? Un peu plus tard, Mme de Sévigné ne
tenait *pas ses bras trop chers*. Son cousin Bussy-Rabutin
ajoute à la vérité : « Sans doute parce qu'ils ne sont
pas beaux. Les prend et les baise qui veut : elle se
persuade qu'il n'y a point de mal, parce qu'elle croit
qu'on n'y a pas de plaisir. »

Qu'il restât beaucoup à faire contre la grossièreté, le
pédantisme, le désordre et la corruption, que celle-ci,
sous toutes ses formes, se montrât sans cesse prête à
reparaître, comme la rouille cherche toujours à envahir

le fer, rien de plus certain ; les passions d'âme à âme,
les chastes amours de Louis XIII avec Mlle de Hautefort
et Mlle de Lafayette ne rencontraient pas beaucoup d'imitateurs à la cour. Puis les terribles et nécessaires tragédies que faisait représenter le cardinal de Richelieu sur
la scène politique donnaient plus de prix encore à cette
nouvelle autorité d'exemple et d'opinion, où les âmes
douces et nobles cherchaient un asile fermé à l'esprit
de faction, une autre source de mœurs, d'idées, de
principes. Rappelons-nous cette licence trop réelle de la
première partie du XVIIe siècle, les plaintes de tant de
moralistes, historiens et prédicateurs, ces retours perpétuels au mauvais ton qui arrachaient ce sarcasme à
Mme Deshoulières :

> Causer une heure avec des femmes,
> Leur présenter la main, parler de leurs attraits,
> Entre les jeunes gens sont des crimes infâmes
> Qu'ils ne se pardonnent jamais.

Combien, parmi ces beaux seigneurs, se laissent
aller à des actions plus que messéantes! C'est le marquis de la Caze qui, dans un souper, saisit un gigot, en
frappe sa voisine au visage, et l'asperge de jus ; elle,
bonne personne, « en rit de tout son cœur. » C'est le
comte de Brégis qui, ayant reçu un soufflet de sa danseuse, la décoiffe en plein bal. C'est le prince de Condé
qui, jouant aux jeux innocents, mange et fait manger
aux dames des ordures ; c'est le roi Louis XIII qui,
remarquant une dame trop décolletée dans la foule admise à le voir dîner, « la dernière fois qu'il but, retint
une gorgée de vin en la bouche, qu'il lança dans le sein
découvert de cette demoiselle. » Richelieu lui-même lève
parfois la main sur ses gens et les officiers de sa garde ;

battre ses inférieurs au moindre manquement semble, aux femmes aussi bien qu'aux hommes, la chose la plus naturelle du monde. Le duc d'Angoulême, bâtard de Charles IX, le comte de Montsoreau fabriquent de la fausse monnaie. Le maréchal de Marillac tue son adversaire « avant que l'autre eût eu le loisir de mettre l'épée à la main ; » d'autres, pendant qu'ils se battent en duel, ont des laquais bien stylés qui frappent leurs adversaires par derrière. Et les traits de ce genre abondent dans les mémoires du temps.

A la mort de Bassompierre, Mme de Motteville remarque que ses restes valurent mieux que la jeunesse des plus polis. Rien de plus comique que l'étonnement de Tallemant des Réaux lorsqu'il constate que l'on ne peut prononcer devant Mme de Rambouillet certains mots dont Molière ne se fit point faute : cela va dans l'excès, ajoute-t-il.

Les épicuriens prenaient fort bien leur parti de cette licence, et vous savez les jolis vers de Saint-Évremond (ils datent de 1674) :

> J'ai vu le temps de la bonne Régence,
> Temps où régnait une heureuse abondance,
> Temps où la ville aussi bien que la cour
> Ne respiraient que les jeux de l'amour.
>
> Une politique indulgente
> De notre nature innocente
> Favorisait tous les désirs ;
> Tout goût paraissait légitime,
> La douce erreur ne s'appelait point crime,
> Les vices délicats se nommaient des plaisirs.

Répétons-le donc avec Rœderer : « la société et la cour étaient deux mondes différents, où les personnes mêmes qui les fréquentaient ne se ressemblaient plus à elles-mêmes, dès qu'elles passaient de l'un à l'autre.

Le cloître et le monde ne sont pas plus distincts. En entrant à l'hôtel de Rambouillet, on laissait la politique et les intrigues à la porte ; il y régnait seulement cette noble et gracieuse galanterie qui, sans rien coûter à la vertu, fait la douceur et le charme de la vie humaine ; on y faisait la cour aux dames, mais une cour enjouée et respectueuse. Plus la cour était agitée et corrompue, plus la société de l'hôtel de Rambouillet était recherchée et florissante. »

Princesses et princes de sang royal fréquentaient dans l'intimité chez Arthénice, bien qu'elle ne fût pas duchesse, bien que l'étiquette semblât interposer une barrière entre elles ; ainsi la princesse de Condé, Mme de Longueville, la princesse Palatine, le duc d'Enghien. Venaient ensuite, Mlle du Vigean, Richelieu, la duchesse d'Aiguillon, le cardinal de la Valette, le marquis de Souvré, M. de Chaudebonne, le comte de Guiche, Arnauld de Corbeville, le marquis de Montausier, la comtesse de la Suze, dont Boileau goûtait les élégies, qui se fit catholique parce que son mari était huguenot, et qui s'en sépara afin de ne le voir ni dans ce monde ni dans l'autre ; Mme de Scudéry, femme de George de Scudéry, que sa correspondance avec Bussy-Rabutin a placée au rang des bons épistoliers du temps ; Mlle Paulet, fille de l'inventeur de l'impôt de la Paulette, la belle lionne, comme on l'appelait à cause de ses cheveux d'un blond vénitien, aussi célèbre par sa voix, sa danse, son esprit et les grâces de toute sa personne que par les sentiments qu'elle inspira à Henri IV, aux Guises, à MM. de Bellegarde, de Termes et de Montmorency : admettons avec Victor Cousin qu'ils furent aussi platoniques de sa part qu'ils l'étaient peu sans doute de la part de ces messieurs. Ses *mourants* contèrent que l'on avait trouvé deux rossignols morts de jalousie sur le bord d'une fontaine où elle avait chanté tout le jour. Son premier grand succès à la cour fut à ce fameux bal de l'hiver de 1609, où Henri IV devint éperdument épris de Charlotte de Montmorency, princesse de Condé ; elle y parut dans le rôle d'Orion, montée sur un dauphin, et ravit la noble assemblée en chantant des vers de Lingendes. Au reste, Mlle de Scudéry, qui s'occupe longuement de Mlle Paulet dans le *Grand Cyrus*, représente sa pureté, sa fierté et sa vertu avec tant de force, qu'elle doit avoir raison, car autrement elle aurait soulevé la conscience des contemporains par un si choquant contraste entre le roman et la réalité. « Comme la vertu de cette personne était fort connue de la reine, dit par exemple Mlle de Scudéry, l'amour du roi ne la mit point mal avec elle ; au contraire, lorsque ce prince avait quelque chagrin dans l'esprit, la reine cherchait à faire naître quelque occasion de lui faire voir Élise. S'il était malade, elle la priait de chanter auprès de lui pour enchanter son mal, et ne lui donnait guère moins de marques d'estime que le roi lui en donnait d'amour. » Autre preuve en faveur de Mlle Paulet : simple bourgeoise, elle était fort aimée, fêtée par la marquise, admise par celle-ci dans son cercle le plus intime ; être reçue de la sorte valait un brevet de vertu, comme être reçue dans d'autres salons fut plus tard un brevet d'esprit. On lui fit une galanterie charmante la première fois qu'elle vint à Rambouillet : elle fut reçue à l'entrée du bourg par les plus jolies filles du lieu et par les demoiselles du château, toutes couronnées de fleurs et fort proprement vêtues.

Une d'elles, plus parée que ses compagnes, lui présenta les clefs du château, et quand elle passa sur le pont, on tira deux petites pièces d'artillerie placées sur les tours. Une personne de tel mérite ajoutait beaucoup aux agréments de cette société : l'abbé Arnauld raconte qu'étant allé passer quelques jours à Rambouillet, on y représenta la *Sophonisbe* de Mairet, où Julie d'Angennes remplit le rôle de Sophonisbe, et que, dans les entr'actes, Mlle Paulet, habillée en nymphe, chantait avec son théorbe. « Et cette voix admirable, disait-il, ne nous faisait point regretter la meilleure bande de violons qu'on emploie dans les intermèdes. » Son talent la trahit un jour que, déguisée en marchande d'oublies, elle avait vendu tout son corbillon aux habitués de la marquise, qui la pressèrent ensuite de dire une chanson.

D'autres bourgeoises, Mme Cornuel, Mme Arragonais, toutes deux spirituelles et lettrées, font partie du cercle intime de la marquise. « Il n'y a point de roturiers dans l'empire précieux, les sciences et la galanterie n'ayant rien que d'illustre et de noble. »

Arnauld de Corbeville, un des bons lieutenants de Condé, mais dont la bravoure et le mérite furent souvent contrariés par la fortune, passait avec une rare souplesse des fatigues de la guerre aux plaisirs de la société. C'était lui que Mme de Rambouillet chargeait en général de répondre pour elle aux épîtres en vers qu'on lui adressait de tous côtés. Sous ce rapport, Tallemant lui-même confesse qu'il est le Racan de Voiture. Lorsque Montausier, le *mourant* de Julie, lui adressa cette fameuse guirlande poétique, cette illustre galanterie, où toutes les fleurs étaient enluminées sur du vélin, et les vers de chaque poète écrits aussi sur du vélin,

Arnauld donna le meilleur ou le moins mauvais des quatre madrigaux de la tulipe. A cette fadeur poétique je préfère le gai pont-neuf qu'il composa sur le mariage du prince d'Avaugour avec la fille de Mme de Clermont d'Entragues, l'aimable compagne de Mlles de Bourbon, de Rambouillet, de Boutteville et du Vigean.

> Prince breton, prince breton,
> Vous êtes un joli poupon,
> D'épouser notre demoiselle!
> Elle est si bonne, elle est si belle!
> D'or elle a plus d'un million,
> Elle en emplira votre écuelle,
>   Prince breton !
>
> Prince breton, prince breton,
> Vous avez un bien gros menton
> Pour si blanche et blonde femelle.
> Que si jamais dans sa cervelle
> Se fourrait quelque amour fripon,
> Ma foi, vous en auriez dans l'aile,
>   Prince breton.
>
> Prince breton, prince breton,
> Je ne le dis pas tout de bon :
> Nous avons vu mainte prunelle
> Se radoucir pour l'amour d'elle;
> Mais toujours elle disait non :
> Et ma foi! vous l'aurez pucelle,
>   Prince breton.

L'élite des littérateurs, presque tous les poètes, Malherbe, Vaugelas, Gombaud, Chapelain, Marini, Voiture, Racan, Patru, Godeau, Conrart, Sarrazin, Costar, Mairet, Charleval, Ménage, etc., figuraient avec honneur dans cette compagnie : Corneille y lut plusieurs de ses pièces avant de les envoyer à la Comédie; elle se trompa pour *Polyeucte*, et Voiture se chargea de conseiller à l'auteur de garder sa pièce dans un tiroir, mais elle soutint le *Cid* contre Richelieu. D'affirmer cependant, avec la plupart des historiens, que les littérateurs ont été pour la première fois admis alors sur le pied d'égalité, une telle proposition semble trop absolue. Quelques grandes dames du xvie siècle n'avaient-elles pas donné l'exemple ? Plusieurs même n'avaient-elles pas témoigné plus que de l'amitié à des poètes ? Mais que notre marquise ait généralisé des cas particuliers, et singulièrement ennobli la condition des gens de lettres, ceci paraît hors de doute. Avant elle, ils sont attachés à quelque grand, font partie de sa domesticité. Heureux encore ceux qui obtiennent cette bonne fortune, qui n'en sont pas réduits à vendre leurs vers trois francs le cent pour les grands, quarante sous pour les petits ! L'un d'eux, mourant de faim, n'en vient-il pas à se laisser arracher une dent très saine par un charlatan du Pont-Neuf qui lui promet dix sous à condition qu'il ne criera point !

Clément Marot avait été le poète attitré de Marguerite, sœur de François Ier, Ronsard le poète de Charles IX, Baïf celui de Henri III, Desportes lui avait succédé sous le titre de lecteur. Henri IV commanda à Malherbe de se tenir près de sa personne ; il eut place à la table du grand maître de la maison, mille francs d'appointements, un valet et un cheval à son service. Montausier attache à sa personne Huet, Fléchier et les fait entrer à la cour. Toutes ces places étaient sans doute honorables, mais dépendantes. A l'hôtel de Rambouillet, l'homme de lettres échappe aux liens personnels : il n'est plus le secrétaire des commandements, le lecteur, le factotum littéraire, le teinturier poétique d'un prince, il devient maître à son tour de choisir ses préférences envers les grands.

La marquise n'était point seule à l'hôtel de Rambouillet : elle avait eu sept enfants de son mariage, deux garçons, cinq filles. L'un de ses fils était mort à sept ans ; l'autre, le marquis de Pisani, surnommé le *chameau de bagage* du duc d'Enghien, parce qu'il était contrefait, fut tué à la bataille de Nordlingen en 1645 ; trois de ses filles devinrent abbesses de couvents, et c'est l'une d'elles que les religieuses de son abbaye, enragées de sa nomination, enfermèrent, la traitant de radoteuse, et lui envoyant des poupées par dérision.

Quant à l'abbesse d'Yères, son mauvais caractère, ses révoltes continuelles contre sa famille, son directeur et le pape lui-même suscitèrent mille chagrins à Mme de Rambouillet. Ce n'est pas que les conseils lui aient manqué. Godeau, évêque de Grasse, lui en donna d'excellents qui éclairent d'un jour piquant la vie intérieure de certains couvents. Après avoir parlé de son confesseur, des prédicateurs à admettre ou à écarter, des règles morales et disciplinaires : « Vous vous souvenez bien, ajoute-t-il, de ce que nous avons dit de quelques supérieures qui pensent que, pour faire les abbesses, il faut qu'elles soient toujours assises dans une chaire, et qu'elles parlent à leurs religieuses comme à des laquais ; qu'elles aient leur table, leur chambre, leur promenoir à part, et des filles que l'on appelle les filles de Madame, tout cet équipage est ridicule, pour ne pas dire abominable.... Croyez-moi, le diable perd beaucoup dans votre chœur...., dans vos cellules, dans vos conférences et dans vos chapitres ; mais il se récompense de toutes ses pertes à la grille. Aux lieux les plus réformés, on commence par les discours de dévotion, on finit par les nouvelles. Aux autres qui sont plus libres, je n'oserais écrire ce qui s'y dit et ce qui s'y fait : c'est peu quand la conversation n'a été que dangereuse ou inutile.... Pensez-vous que les religieuses retournent dans leurs cellules avec une belle disposition pour prier, après avoir entendu parler de tous les mariages qui se sont faits dans Paris, de tous les ballets, de toutes les promenades, de toutes les modes ou de toutes les affaires de leurs familles et de l'État ? Et c'est de cela cependant qu'on parlera à vos grilles, si vous n'y prenez garde.... »

Et l'abbesse d'Yères s'empresse de méconnaître ces sages avis : tant et si bien qu'elle ruine son abbaye; ses scandales se répandent au dehors, un procès éclate, le parlement intervient et la fait enfermer dans une communauté de la rue Saint-Antoine.

Deux filles seulement de la marquise restèrent dans le monde : Julie d'Angennes, duchesse de Montausier, gouvernante du Dauphin, première dame d'honneur de Marie-Thérèse, et Angélique d'Angennes, première femme du comte de Grignan, le futur gendre de Mme de Sévigné: elles n'eurent pas toutes les qualités de leur impeccable mère; par elles la préciosité fit son entrée à l'hôtel de Rambouillet. Mlle de Scudéry, si bienveillante, appelle la seconde une des plus aimables et des plus redoutables personnes du royaume : « Ce n'est pas, ajoute-t-elle, qu'elle ne soit généreuse, et qu'elle n'ait même de la bonté, mais sa bonté n'étant pas de celles qui font scrupule de faire la guerre à leurs amis, Anacrise est sans doute fort à craindre. (En d'autres termes, Angélique d'Angennes est une bonne peste.) Car je ne crois pas qu'il y ait une personne au monde qui ait une raison si fine et si particulière que la sienne. Il y a si peu de choses qui la satisfassent, si peu de personnes qui lui plaisent, un si petit nombre de plaisirs qui touchent son inclination, qu'il n'est presque pas possible que les choses s'ajustent jamais si parfaitement qu'elle puisse passer un jour tout à fait heureuse en toute une année, tant elle a l'imagination délicate, le goût exquis et particulier, et l'humeur difficile à contenter. » Plus que sa sœur, elle représentait le côté précieux à l'hôtel de Rambouillet ; une méchante locution la faisait tomber en pâmoison, et l'aversion des mots la conduisit aisément à celle des personnes. Quand Julie l'emmenait en Angoumois dans le gouvernement de M. de Montausier, elle avait fort à faire de réparer, à force de grâce et de prévenances, les indignations dédaigneuses d'Angélique, les boutades de son mari. Une fois, par exemple, elle dit tout haut à quelqu'un qui venait de la cour : « Je vous assure qu'on a grand besoin de quelque rafraîchissement, car sans cela on mourrait bientôt ici. » Au contraire, Mme de Montausier, dès qu'elle voyait arriver un gentilhomme, s'informait de ses tenants et aboutissants, et, à table ou en causant, le nommait par son nom, lui demandait des nouvelles de sa famille, ayant l'air de s'intéresser à ses affaires : il la quittait enchanté.

Peu de femmes furent autant célébrées, en vers et en prose ; mais tous les vers qu'elle inspira ne valent pas, je pense, ceux que Malherbe adressa à sa mère, dont il avait retourné le prénom en celui d'Arthénice.

> Cette belle bergère, à qui les destinées
> Semblaient avoir gardé mes dernières années,
> Eut en perfection tous les rares trésors
> Qui parent un esprit et font aimer un corps.
> Ce ne furent qu'attraits, ce ne furent que charmes.

> Sitôt que je la vis, je lui rendis les armes ;
> Un objet si puissant ébranla ma raison.
> Je voulus être sien, j'entrai dans sa prison,
> Et de tout mon pouvoir essayai de lui plaire,
> Tant que ma servitude espéra du salaire ;
> Mais comme j'aperçus l'infaillible danger
> Où, si je poursuivais, je m'allais engager,
> Le soin de mon salut m'ôta cette pensée ;
> J'eus honte de brûler pour une âme glacée ;
> Et, sans me travailler à lui faire pitié,
> Restreignis mon amour aux termes d'amitié.

D'ailleurs Julie d'Angennes est bonne, dévouée, caressante même et empressée, habile à plaire aux personnes les plus différentes, portant partout avec elle le mouvement et la joie, aimant à s'amuser comme sa mère, ayant plutôt la beauté de son esprit et de sa grâce que la beauté réelle, née pour le monde et les grandes fêtes au point de donner congé à la maladie lorsqu'il y avait un divertissement, et si excellente danseuse qu'à la nouvelle de son mariage, les Vingt-quatre violons vinrent d'eux-mêmes lui donner une sérénade, observant qu'elle avait fait tant d'honneur à la danse qu'ils seraient bien ingrats de ne lui en pas témoigner quelque reconnaissance. Mme de Sablé, Mlle de Bourbon ne pouvaient se passer d'elle ; ses adorateurs furent légion, mais de ces passions idéales ou réelles elle excellait à faire des amitiés tendres, solides, et pratiquait avec éclat cette orgueilleuse maxime d'une autre précieuse : que les femmes, ornements de la terre, sont faites pour être adorées et répandre autour d'elles tous les grands sentiments, en accordant comme une assez digne récompense leur estime et leur amitié, et en ne souffrant que les respects des hommes. Aussi bien, l'amour n'est pas considéré alors comme une faiblesse : on y voit la marque de l'élévation et de la délicatesse de l'âme. Mme d'Aiguillon, s'apercevant que son neveu rendait des soins à Mme de Pons, lui dit qu'elle souhaitait qu'il fût assez honnête homme pour être amoureux d'elle. Mlle de Scudéry explique fort bien cette idée dans le *Cyrus :* « Nul ne peut être honnête homme achevé qui n'a point aimé, c'est-à-dire cherché à plaire. Remettez-vous un peu en la mémoire tous les jeunes gens que vous voyez entrer dans le monde, et cherchez un peu pourquoi il y en a tant dont la conversation est pesante et incommode, et vous trouverez que c'est parce qu'il leur manque je ne sais quelle hardiesse respectueuse, et je ne sais quelle civilité spirituelle et galante que l'amour seul peut donner.... de sorte qu'il faut confesser que l'amour seul fait les véritables honnêtes gens.... Le soin de plaire polit l'esprit, et l'amour inspire plus de libéralité en un quart d'heure que l'étude de la philosophie ne pourrait faire en dix ans.... »

Mais, puisqu'on tombe du côté où l'on penche, Julie d'Angennes ne sut point s'arrêter sur la pente naturelle de son caractère, lorsque l'occasion se présenta. Disons-le sans ambages, son amabilité dégénérait aisément en banalité, son humeur accommodante la conduisit à des compromis équivoques ; depuis son mariage elle devint un peu cabaleuse et eut les vices de la cour. Si son mari passe, à tort selon moi, pour avoir fourni à Molière le caractère d'Alceste, elle représente assez bien un Philinte courtisan. Un jour que la reine mère avait reçu, bien à contre-cœur, Mlle de la Vallière, Mme de Montausier en témoigna toute sa joie à Mme de Motteville : « Voyez-vous, Madame, la reine mère a fait une action admirable d'avoir voulu voir la Vallière. Voilà le tour d'une très habile femme et d'une bonne politique. Mais elle est si faible que nous ne pouvons pas espérer qu'elle soutienne cette action comme elle le devrait. »

Mme de Montausier avait ses raisons pour applaudir à cette condescendance forcée ; elle ferma les yeux, puisqu'elle avait favorisé l'intrigue, et prit la place de la vertueuse duchesse de Navailles qui, pour avoir fermé au jeune roi l'entrée de la chambre des filles d'honneur de la reine, venait d'être congédiée de la cour et exilée dans ses terres : avec elle le roi ne trouva plus visage de pierre à la porte. Lorsque éclata pour Mme de Montespan la passion du roi, de ce roi qui, selon le mot de Pie IX, commençait à se considérer comme la quatrième personne de la Trinité, Mme de Montausier ne fut pas plus rigide ; d'aucuns rapportent que Mme de Montespan allait attendre le roi dans son appartement. M. de Montespan, cet amphitryon malgré lui, qui n'acceptait point sans protester la pilule dorée du seigneur Jupiter, s'emporta contre elle, et vint lui dire mille injures : on affirme que la mortification qu'elle en eut, nullement effacée par le poste de gouverneur de M. le dauphin attribué peu après à son mari, hâta sa mort (15 novembre 1671).

Quant à Montausier, il demeure à la fois un exemple fort curieux du succès auquel parviennent certains hommes qui, à première vue, semblent de vrais paysans du Danube, et de l'indulgence, disons mieux, de l'engouement des contemporains et de la postérité pour ces mêmes hommes. C'est un stoïcien, un héros de l'ancienne chevalerie, c'est une vertu hérissée, s'écrient Mlle de Scudéry, Fléchier, Massillon, Saint-Simon ; il est

tout d'une pièce, affirme Tallemant des Réaux ; Mme de
Rambouillet opine plus finement qu'il est fou à force de
sagesse. Il faut rabattre singulièrement des apothéoses,
des oraisons funèbres dont on l'a accablé ; il y a de tout
dans cette existence, du mauvais, du passable, du très
bon. Sous le faste de vertu qu'il étalait se cachent bien
des misères, et l'ambition conduit ce prétendu Alceste
en des sentiers bien étranges. D'ailleurs il a de la
chance, ses boutades, ses rudesses, ses brutalités même
lui réussissent : Mme de Montausier n'est-elle pas là pour
réparer ses frasques ? Sans elle il ne garderait pas un
gentilhomme, et dans son gouvernement la noblesse ne
le visiterait guère, car il n'a rien de populaire. Même à
sa table, il se fait craindre : c'est lui qui avait mis en
usage et à la mode les grandes cuillers et les grandes
fourchettes ; il rompait en visière à la moindre incon-
gruité, et jamais personne n'eut davantage besoin de
sacrifier aux Grâces. Le plus honnête homme de la
cour, soit ; mais, comme l'observe d'Alembert, cela
prouve seulement que le plus honnête homme de la
cour n'est pas toujours le plus honnête homme du
monde ; sous le manteau du philosophe il gardait toujours l'uniforme de courtisan. Au demeurant, homme
d'honneur et de courage, bon officier, d'une fidélité
inébranlable à la cause royale dans ces temps trou-
blés de la Fronde où il semblait plus difficile de connaître son devoir que de le remplir, mal récompensé
tout d'abord, parce qu'il ne fut pas de ceux qui surent
à propos « se faire soupçonner ou se faire craindre, »
disant aux grands des vérités *à bride abattue*, généreux
envers les pauvres et les humbles, ami des lettres et
véritable ami de ses amis, aussi aimable dans l'inti-

mité que brusque et revêche en public, mauvais rimeur, assez bon prosateur, d'un goût peu sûr, fort vif à la dispute, et ayant un excellent cœur. Mais quel singulier Alceste que ce fanatique du pouvoir absolu qui s'empresse à servir les amours du roi, veut qu'on bâtisse à Paris deux citadelles pour contenir le peuple, fait le métier de bel esprit, met Perse en vers français, préfère Claudien à Virgile, porte aux nues la *Pucelle* de Chapelain et court aux Samedis de Mlle de Scudéry, se montre, en un mot, plus capable « d'écrire le sonnet d'Oronte que de le trouver bon à mettre au cabinet. » Ce qui a fait illusion, c'est qu'il a la tournure et le langage du Misanthrope, c'est qu'aussi il a des côtés stoïques, des parties de la plus solide vertu ; générosité, courage, accès de franchise qui lui font appliquer ce dicton :

> Pour le pape il ne dirait
> Une chose qu'il ne croirait.

Nommé gouverneur du dauphin, il ne réussit à tirer de cette âme indolente qu'un prince médiocre, poli, effacé : il n'y avait pas l'étoffe, la matière première faisait presque défaut ; et toutefois j'imagine qu'une Mme de Genlis, un Fénelon eussent obtenu quelque chose de mieux. On sait que Montausier eut pour auxiliaires Bossuet et Huet dans cette lourde tâche, qu'il imagina le premier les éditions *ad usum Delphini,* que, pendant des années, il ne le quitta pas plus la nuit que le jour, ni pendant ses travaux ni pendant ses plaisirs, parce qu'il n'ignorait pas que c'est dans ceux-ci que les enfants décèlent leur âme sans qu'ils y pensent, et instruisent parfaitement leur maître de ce qu'il doit cultiver ou retrancher en eux. Comment se fait-il cependant que des hommes aussi éminents, aussi dévoués, ne soient parvenus qu'à se faire haïr du dauphin, à l'aigrir sans le corriger ? Ont-ils pénétré le secret de cette nature, deviné les moyens subtils de faire vibrer les cordes de ce cœur engourdi ? N'est-il pas pénible d'apprendre que Montausier n'épargnait ni la férule ni les gourmades, en souvenir de l'austère éducation qu'il avait lui-même reçue ; que dans des accès de colère il lui arriva de frapper cruellement son élève ; qu'une fois, en particulier, un corps, piqué de baleines pour tenir la taille ferme, para les coups de poing assenés sur l'enfant royal, et sauva peut-être sa vie ? Montausier ignorait donc que châtier avec emportement, ce n'est pas punir, c'est se venger, et il montrait à mon sens quelque naïveté ou beaucoup d'orgueil en prononçant ces paroles au mariage du dauphin : « Monseigneur, si vous êtes honnête homme, vous m'aimerez ; si vous ne l'êtes pas, vous me haïrez, et je m'en consolerai. » On l'apprécie davantage lorsqu'il fait entrer le jeune prince dans une humble cabane de paysan, et lui dit : « C'est sous ce chaume et dans cette misérable retraite que logent le père, la mère et les enfants, qui travaillent sans cesse pour payer l'or dont vos palais sont ornés, et qui meurent de faim pour subvenir aux frais de votre table. » Ou bien encore, lorsqu'il lance au roi lui-même, qui semblait se consoler de ne pouvoir secourir une ville assiégée, cette âpre remontrance : « Il est vrai, Sire, que vous seriez encore fort bien roi de France, quand on vous aurait repris Metz, Toul et Verdun, et la Comté, et plusieurs autres provinces dont vos prédécesseurs se sont bien passés. » Mais la réponse du roi fut plus noble que le reproche n'avait été courageux : « Je vous entends bien, monsieur de Montausier, dit-il ; vous croyez que mes affaires vont mal ; mais je trouve très bon ce que vous dites, car je sais quel cœur vous avez pour moi. » Les amis du duc se réjouirent, et ses envieux, qui se rappelaient les foudroyantes disgrâces encourues par d'autres pour bien moins, eurent leur béjaune.

Quelle lettre aussi que celle qu'il écrit au dauphin après la prise de Philippsbourg : « Monseigneur, je ne vous fais point de compliment sur la prise de Philippsbourg : vous aviez une armée, des bombes, du canon et Vauban. Je ne vous en fais point aussi sur ce que vous êtes brave, c'est une vertu héréditaire de votre maison ; mais je me réjouis avec vous sur ce que vous êtes libéral, humain, généreux, et faisant valoir les services de ceux qui font bien : voilà sur quoi je vous fais mon compliment. »

Mettons encore à l'actif de Montausier cette illustre passion pour Julie d'Angennes, passion de treize ans, qui, aux yeux des précieuses, lui valut un brevet d'amoureux ou de mourant idéal, comme on disait alors, cette opiniâtre constance que les refus de la belle ne rebutèrent point, qui sut intéresser tout le monde à sa flamme, Mlle Paulet, Mme de Sablé, Mme d'Aiguillon, Richelieu, Mazarin, la reine elle-même et tous les poètes de l'hôtel de Rambouillet. Et, après que Julie, de guerre lasse, eut cédé, pour ne pas fâcher sa mère, peut-être aussi parce qu'on avait fait briller à ses yeux la perspective de devenir première dame d'honneur de Sa Majesté, son admiration, son respect, une tendresse profonde qui allait au-devant de ses moindres désirs, et se traduisit par la fidélité du cœur plus que par la fidélité matérielle. De cette idolâtrie conjugale voici un plaisant témoignage. Mme de Rambouillet s'étant avisée qu'il n'y a rien de plus ridicule qu'un homme affublé d'un bonnet de nuit, Mme de Montausier exagérait encore cette aversion, et Mlle d'Arquenay, qui devint abbesse de Saint-Étienne de Reims, était la plus déchaînée contre ces couvre-chef. Son frère l'ayant priée de venir jusque dans sa chambre, ferme la porte au verrou, et soudain cinq ou six hommes sortent d'un cabinet avec des bonnets de nuit ornés de coiffes bien blanches, car des bonnets de nuit sans coiffes eussent été capables de la faire mourir de frayeur. Elle veut s'enfuir : « Jésus, ma sœur, lui dit-il, pensez-vous que je vous aie voulu donner la peine de venir ici pour rien ? Non, non, vous ferez collation, s'il vous plaît.... Il fallut se mettre à table et manger la collation servie par les hommes à bonnet de nuit. Instruit de cette petite répugnance, Montausier ne voulut jamais se montrer en bonnet de nuit, quoique sa femme le priât de s'en servir.

Leur fille unique montrait, à leur exemple, beaucoup d'esprit et, tout enfant, avait des mots à elle, et comme une sorte de préciosité enfantine. Elle était à peine âgée de six ans, quand Godeau, évêque de Grasse, lui ayant demandé depuis combien de temps sa grande poupée avait été sevrée : « Et vous, combien y a-t-il, répliqua-t-elle, car vous n'êtes guère plus grand ? » M. de Nemours, archevêque de Reims, lui proposant de l'épouser : « Monsieur, reprit-elle, gardez votre arche-vêché, il vaut mieux que moi. » On amena un renard chez son père : dès qu'elle le vit, elle mit les mains sur son collier. « C'est, dit-elle à ceux qui s'étonnaient, de peur que le renard ne me le vole, ils sont si fins dans les fables d'Ésope. » Voilà pour l'esprit sans épithète, et voici pour l'esprit précieux, un peu agaçant, à mon avis. Elle ordonnait à un gentilhomme de son père : « Je ne veux pas seulement que vous m'embrassiez en imagination. » A huit ans elle se mettra en tête de faire une comédie : « Mais il faudra, confessait-elle, que Corneille y jette un peu les yeux avant que nous la jouions. » Une autre fois, s'approchant de Mme de Rambouillet : « Or çà, ma grand'maman, dira-t-elle gravement, parlons des affaires de l'État, à présent que j'ai cinq ans ! »

A l'âge de dix ans, elle avait lu l'Ancien et le Nouveau Testament, et répondait à tout ce qu'on pouvait lui proposer de plus difficile sur cette matière.

Ne serait-ce pas le cas de répéter :

> Quand ils ont tant d'esprit, les enfants vivent peu.

Elle vécut cependant, et épousa le duc d'Uzès. Tallemant prétend même qu'elle se gâta, et pour l'esprit et pour le corps, mais ici encore il est sujet à caution.

Le mariage de Julie en 1645, celui d'Angélique en 1653, l'éloignement de Balzac, la mort de Voiture, celle de plusieurs enfants et du mari de la marquise, la guerre de la Fronde, marquent un déclin sensible de l'hôtel de Rambouillet, dépeuplent les cabinets fameux où toute une génération de grands seigneurs et de beaux esprits avait jadis « révéré la vertu sous le nom de l'incomparable Arthénice. » C'est alors sans doute qu'elle composa pour elle-même cette épithaphe, douloureux témoignage de tant de chagrins, et de ces infirmités « dont le ciel, dit la Bruyère, a pourvu la vieillesse pour la consolation de ceux qui partent et de ceux qui restent : »

> Ici gît Arthénice, exempte des rigueurs
> Dont l'âpreté du sort l'a toujours poursuivie ;
> Et si tu veux, passant, compter tous ses malheurs,
> Tu n'auras qu'à compter les moments de sa vie.

Au temps même de sa splendeur, il y avait eu d'autres salons, celui, par exemple, de la vicomtesse d'Auchy, née des Ursins, que Malherbe aima et célébra dans ses vers, tout en la rudoyant parfois dans la réalité :

> Ils s'en vont, ces rois de ma vie,
>   Ces yeux, ces beaux yeux
> Dont l'éclat fait pâlir d'envie
>   Ceux mêmes des cieux !
>
> Dieux amis de l'innocence,
>   Qu'ai-je fait pour mériter
> Les ennuis où cette absence
>   Me va précipiter ?
>
> Elle s'en va, cette merveille,
>   Pour qui nuit et jour,
> Quoi que la raison me conseille,
>   Je brûle d'amour....
>
> En quel effroi de solitude
>   Assez écarté,
> Mettrai-je mon inquiétude
>   En sa liberté ?
>
> Les affligés ont en leurs peines
>   Recours à pleurer ;
> Mais quand mes yeux seront fontaines,
>   Que puis-je espérer ?

> Amour est dans ses yeux, il y trempe ses dards....

Jamais personne, selon Tallemant, ne fut si avide que Mme d'Auchy de lectures, de comédies, de lettres, de harangues, de discours, elle prêtait volontiers son logis pour de telles assemblées, et, afin de s'en donner à cœur joie, s'avisa d'instituer une académie où chacun lirait tour à tour quelque ouvrage : elle avait pour principal collaborateur l'abbé de Cérisy, qui cherchait à contrecarrer Boisrobert, et espérait que cette académie vivrait comme l'Académie française. Au commencement il y avait foule. Un parent de M. de Luynes, le comte de Payan, lut une harangue où il parla comme aurait fait César, et traita les autres de haut en bas ; sur quoi l'avocat Habert ne manqua point de remarquer : « Cet homme a déclaré qu'il ne savait pas le latin, je trouve pourtant qu'il n'a pas trop mal traduit le *Soldat fanfaron* de Plaute. » D'autres en vinrent à disputer sur la religion, ce dont l'archevêque de Paris ayant pris de l'ombrage, il interdit les grandes assemblées, et il fallut se réduire aux petites compagnies particulières. Au reste, Mme d'Auchy était la plus grande complimenteuse du monde, la servante très humble du genre humain, faisait grande chère aux auteurs, et entretenait avec soin ses amitiés. Non contente d'être chantée par les autres, il lui prit fantaisie de se chanter elle-même et de passer devant la postérité pour une femme savante. La voilà qui achète d'un docteur en théologie des commentaires sur les épîtres de saint Paul, et les fait imprimer sous son nom avec son portrait. Gombaud lui ayant demandé, par malice, comment elle entendait un passage de saint Paul : « Hé, dit-elle, cela y est-il ? » La question vaut le compliment d'une femme de la cour au comte de Guibert sur son traité de la *Tactique :* « Monsieur, j'ai lu votre *Tic tac*, c'est charmant [1]. »

Des débris de l'hôtel de Rambouillet se formèrent, entre 1645 et 1650, de nouvelles sociétés, qui en furent

---

1. Dans un autre volume je compléterai cette étude sur la préciosité, à propos de Mlle de Scudéry.

la suite, l'imitation, quelques-unes la caricature. Plusieurs gardèrent soigneusement les traditions de bon ton et de bon goût : tels les cercles de Mlle de Montpensier, les hôtels de Richelieu et d'Albret, où afflua ce qu'il y avait de meilleur à Paris en hommes et en femmes. L'hôtel de Rambouillet avait eu ses précieux, ses précieuses qui, lorsqu'ils ne se sentirent plus contenus par l'excellent exemple de la marquise, voulurent à leur tour gouverner un petit empire, et tenir maison. Le mot de précieux, de ruelles, d'alcôves, de réduits, existait à peine en 1650, mais on eut la chose. « L'anarchie se mit dans le bel esprit et dans les usages de bienséance ; les mauvais singes, les mauvaises copies de l'hôtel de Rambouillet eurent la prétention de devenir modèles. Pour signaler la décence de son langage, on prit des précautions si grandes contre l'indécence, et elles désignaient si bien l'écueil, qu'elles étaient l'indécence même. Pour faire sentir la propriété de ses expressions, on se hérissa d'un purisme intraitable. Pour faire briller la finesse et la délicatesse de son esprit, on alambiqua toutes ses idées. Enfin, pour faire admirer ses grâces, on se jeta dans la minauderie. » La préciosité infesta les salons de la bourgeoisie parisienne et gagna la province. Les modèles de comédie ou de satire se multiplient pour Molière, Boileau, la Fontaine, trop bons courtisans pour laisser échapper une occasion de plaire à Louis XIV en daubant une école si opposée à ses habitudes, en favorisant ses mœurs olympiennes. C'est beaucoup plus tard seulement que les précieuses et la société polie vont triompher à la cour dans la personne de Mme de Maintenon. Entre la fausse préciosité et la bonne, la ligne de démarcation, le départ, devenaient de plus en plus difficiles à établir : les livres de l'abbé Daubignac, de l'abbé de Pure, de Somaize, contribuèrent à obscurcir la distinction.

De Pure et Somaize font plutôt l'éloge des précieuses ; une précieuse, d'après le premier, est un précis de l'esprit et un extrait de l'intelligence humaine. Ses yeux sont des rayons de lumière qui pénètrent jusqu'aux secrets des cœurs. Plusieurs, paraît-il, ont un homme d'esprit pauvre et malheureux auquel elles donnent un dîner par semaine, un habit par an, avec la charge de mettre sur pied leurs ouvrages, de les fournir de bons mots. Elles réalisent de notables changements dans l'orthographe, censurent les mauvais vers, corrigent les passables, créent mille néologismes dont une partie ont passé dans la langue, et qui naissaient du travail de la pensée ou du mouvement de la conversation, déclarent une guerre immortelle au pédantisme et aux provinciaux, perfectionnent la vie sociale, s'interdisent les dehors, les gestes de l'amour (quelques-uns bien entendu), vont même si loin que Mlle Dupré, la cartésienne, amie de Fléchier, le précieux de la chaire, se faisait gloire d'être incapable de tendresse. Beaucoup prônent le célibat, l'état de veuvage, par goût d'indépendance : elles sont féministes avant le mot. « L'humeur précieuse règne si fort chez Mme de Bernon que, si on ne l'eût mariée à quatorze ans, elle n'aurait jamais pu se résoudre à recevoir un maître. » Mlle de Villebois et sa sœur « ont toutes les qualités nécessaires à une précieuse, car, premièrement, elles n'ont pas de mère. » Astrologie, astronomie, chimie, alchimie, mathématiques, magie blanche, chiromancie, droit, rien ne les effraie. Mlle Deschamps enseigne le droit publiquement avant de se marier; Mlle Danceresses, de Narbonne, improvise des vers sur-le-champ en réponse à ceux qu'on lui écrit; Madame l'abbesse d'Espagne est en correspondance avec l'univers. Le jeu, ce fléau de la société d'autrefois, fait fureur dans leurs alcôves. L'historien de la décadence de ce monde poli, Somaize, en cite un grand nombre qui ne se reposent de disserter qu'en jouant, ou, mieux encore, qui parlent et manient les cartes tout ensemble.

Leurs conversations ressemblent fort aux conversations d'aujourd'hui. La poésie doit-elle passer avant la science, l'histoire avant les romans, ou ceux-ci avant celle-là? De quelle liberté doivent jouir les femmes dans la société et la vie conjugale? Les hommes, sont-ils capables d'aimer? On dispute sur Corneille, Racine, Gassendi, Descartes, Molière, de même que nos beaux esprits dissertent sur MM. de Vogüé, Anatole France, Bourget, Paul Hervieu, Jules Lemaître. Les débats au sujet de la langue sont innombrables et reviennent à tout propos. Certaines précieuses ne permettent pas qu'on dise : j'aime le melon, parce que c'est avilir le mot j'aime; elles autorisent seulement le mot : j'estime, pour cet usage. D'aucunes professent qu'on ne doit pas pousser trop loin l'amitié elle-même, afin de ne pas engager l'avenir, afin que la séparation et la mésintelligence « ne puissent troubler l'âme ou altérer le divertissement nécessaire à la conversation. »

Arvède Barine remarque finement que la vie de salon fut le commencement de la domestication de la noblesse. « Les anciens passe-temps du gentilhomme en sa gentilhommière ne prenaient pas sur son indépendance; on pouvait aimer de tout son cœur à chasser, à

batailler avec ses voisins, et demeurer un être inso-
ciable, ce qui est le seul moyen d'être un homme libre.
Les nouveaux divertissements exigeaient des sacrifices
continuels aux convenances d'autrui, chose excellente
en soi, et qui a cependant mal tourné pour l'aristocratie
française ; le jour où il convint à Louis XIV, qui avait
ses raisons, de transformer ses ducs et pairs en courtisans et en grands barons de l'antichambre, il n'y trouva
pas assez de difficulté. « L'incomparable Arthénice »
lui avait trop bien mâché la besogne, sans y penser,
lorsqu'elle avait donné le goût des jeux innocents et
des belles conversations aux plus remuants, y compris
la Grande Mademoiselle elle-même. » Il convient d'observer qu'avant Arthénice, Marguerite de Valois, sœur
de François Ier, Catherine de Médicis, Marguerite de
Navarre, le roman de *l'Astrée*, etc., avaient préparé
cette métamorphose.

En résumé, l'influence de la préciosité se traduit de
diverses sortes. Par elle, la langue s'épure et s'enrichit.
Elle s'épure en se débarrassant du pédantisme, des
termes grossiers qui caractérisent les fonctions basses,
les habitudes vulgaires ; elle s'enrichit par la détermination du sens précis des mots, par l'acquisition de
mots nouveaux. Son influence sur les mœurs a été salu-
taire, puisqu'elle a relevé la condition de la femme, le
ton de la conversation, opposé une digue au libertinage
et à la corruption, présenté le platonisme comme un
idéal.

Mais M. Brunetière lui reproche d'avoir en même
temps remis la littérature française à l'école de l'Espagne et de l'Italie, d'avoir subtilisé et appauvri la langue, fait de la métaphore une énigme, de la périphrase

un vrai déguisement, poussé les auteurs à n'exprimer que des choses nobles, c'est-à-dire une très petite portion de l'humanité, d'avoir achevé de détruire le lyrisme, donné trop de place à la conversation, à la galanterie noble. Romanciers, gens de théâtre, ne se sont-ils pas ainsi détournés du sentiment de la réalité vivante, de l'étude des humbles? Le théâtre n'a-t-il pas mérité qu'on l'appelât : *une conversation sous un lustre?* D'avoir toutefois créé ou singulièrement amélioré quelques genres littéraires, le genre épistolaire, le roman psychologique, les *Maximes*, les *Portraits* ou *Caractères*, de tels titres suffisent à l'éloge de la préciosité. Et n'en peut-on tirer cette conclusion que l'esprit précieux est un trait nécessaire de l'esprit français, j'allais dire de l'esprit humain, qu'il représente en quelque sorte la droite de cet esprit, comme l'esprit gaulois en représente la gauche, de même que la préciosité elle-même a ses gens bien portants, ses malades, ses décadents, avec des nuances à l'infini? Et elle constitue si bien un caractère fondamental de l'esprit français que Boileau et Molière, au XVIIe siècle, Voltaire au XVIIIe siècle, n'ont point triomphé des précieux, qui ont continué de vivre à côté des classiques, inférieurs sans doute, représentant l'école du monde et de la mode, mais gardant leur raison d'être et de durer.

SIXIÈME CONFÉRENCE

LA SOCIÉTÉ INTIME DU CARDINAL DE RICHELIEU

MESDAMES, MESSIEURS,

Deux historiens de talent, MM. Hanotaux et le vicomte d'Avenel, ont, dans des livres de haute portée, avec une précision lumineuse, montré la France politique et sociale telle qu'elle s'épanouissait pendant les quarante premières années du xviie siècle, et, en particulier, à l'avènement du cardinal de Richelieu comme premier ministre, en 1624, après que la régence de Marie de Médicis avait compromis les résultats de la politique de Henri IV, lorsque les intrigues de l'Espagne et de l'Autriche, les agitations factieuses du parti protestant, les révoltes perpétuelles des grands et des seigneurs, leurs ambitions déréglées, leur égoïsme transcendant, la renaissance du fanatisme religieux, menaçaient d'anéantir l'œuvre du Béarnais [1]. Ces portraits

---

1. Hanotaux, *Richelieu*, 2 vol. ; — Vicomte d'Avenel, *Richelieu et la monarchie absolue*, 4 vol. ;— G. Fagniez, *Le Père Joseph et Richelieu*, 2 vol. Hachette ; — Charles Labitte, *Études littéraires*, t. Ier ; — Kerviler, *Guillaume Bautru, comte de Serrant* ; — *Historiettes* de Tallemant des Réaux ; — Le P. Griffet, *Histoire de Louis XIII*, 3 vol. in-4 ; — Bazin, *Histoire de Louis XIII* ; — Caillet, *L'adminis-*

d'ensemble, ces tableaux saisissants, font comprendre comment la politique de Richelieu, qui de loin, avec nos idées d'hommes du XIXᵉ siècle, semble dure, implacable, néfaste même, fut nécessaire, légitime, comment la rançon des inconvénients et des maux est payée au centuple par les bienfaits immenses qui en découlèrent : l'unité de la patrie cimentée par l'unité de la monarchie, l'étranger vaincu, la France agrandie, rayonnante de gloire et de grandeur, le protestantisme dépouillé de ses prérogatives politiques, la défaite de ces princes qui ne commençaient à ménager le royaume qu'au moment où ils se croyaient sur le point d'en devenir les maîtres, l'ordre, ce pain quotidien de la vie des peuples, succédant à une espèce d'anarchie féodale, la richesse, une richesse toute relative, à la misère profonde des foules. Et sans doute les moyens paraissent un peu acerbes, mais, ne l'oublions pas, ces hommes, ces partis, ces doctrines étaient en perpétuel état d'insurrection contre le premier ministre, contre la royauté, contre la France, — et la débonnaireté, la douceur inopportune, entraînent presque autant de catastrophes que la tyrannie.

Oui certes, Richelieu entre dans la voie qui a conduit Louis XIV à la révocation de l'édit de Nantes, mais il s'arrête à temps et évite l'écueil.

Ce gentilhomme mitré qui croit que la noblesse de race est la meilleure garantie de la noblesse de l'âme, et

---

tration en France sous le ministère du cardinal de Richelieu; — L. Dussieux, *Richelieu,* étude biographique; —*Boutteville le duelliste,* par Pierre de Ségur, *Revue de Paris,* 1ᵉʳ janvier 1899; — Perrens, *Les libertins au XVIIᵉ siècle,* in-8; — Aubery, *Mémoires pour servir à l'histoire du cardinal de Richelieu.*

qui la comble de faveurs, envoie à l'échafaud quelques seigneurs comme les Montmorency ; mais ceux-ci ne se font point faute de conspirer sa perte, d'appeler l'étranger, ou bien encore d'ensanglanter le royaume par leurs rivalités, de se décimer eux-mêmes par la folie du duel. Il s'agissait, Richelieu lui-même l'a dit, de couper la gorge aux duels ou aux édits du roi ; Montmorency-Boutteville avait tout bravé, à vingt-quatre ans, il avait eu dix-neuf rencontres ; un certain d'Andrieux tuera soixante-douze hommes en combat singulier : et quelqu'un ayant demandé au cardinal Zapata ce qui avait fait trancher la tête du duc de Montmorency, il répondait ce mot qui justifie le ministre : « Non pas tant ses crimes que la clémence des rois prédécesseurs de Sa Majesté [1]. »

Richelieu n'aime ni les corps électifs ni la presse ; il poursuit partout la liberté de pensée : mais ces corps électifs, ces parlements, cette presse, font obstacle à son idéal centralisateur ; le formalisme, l'esprit d'opposition des parlements l'irritent, le conduisent à violer le principe excellent qui condamne les tribunaux politiques. Entouré d'embûches, de complots de cour, menacé à chaque instant dans sa vie et son pouvoir, il ne saurait se conduire en philosophe retiré dans la tour d'ivoire de l'abstraction ; il doit faire face à des nécessités pressantes : il créera donc des instruments dociles,

---

1. Le but poursuivi ne fut que très imparfaitement atteint : une lettre du maréchal de Gramont, en 1654, atteste qu'en dix ans, les duels coûtèrent la vie à neuf cent cinquante-quatre gentilshommes, « sans compter ceux dont la mort fut attribuée à d'autres causes. » Mais peut-être, sans les mesures prises par Richelieu, le nombre des victimes eût-il été beaucoup plus considérable.

brisera ou annihilera les rebelles. D'une main il bataille, écarte l'assaillant, détruit l'obstacle, de l'autre il
façonne, pétrit l'idée immortelle, achève la statue de la
France, créée pour l'éternité : on dirait de ces bons
chevaliers qui terrassent fantômes, dragons, monstres
de toute sorte préposés à la garde du palais enchanté,
arrivent enfin jusqu'à la chambre où dort la princesse
prisonnière et la délivrent.

Il persécuta durement les jansénistes, ces stoïques
chrétiens, mais il combattait en eux une théologie et
une morale qui ne concilient point la prescience divine
et la liberté humaine, la responsabilité et la grâce, le
mérite de la foi et le mérite des œuvres ; et il leur
reprochait, non sans raison, de favoriser le scepticisme ;
de décourager l'esprit de piété, en ne supportant aucune faiblesse, en montrant trop escarpés les sentiers
de la pénitence. Surtout il pressentait, il redoutait en
eux des instruments de discordes, des fauteurs, des
semeurs de révolutions.

Richelieu accordait des évêchés à ses courtisans pour
un bon mot, pour une pièce de vers ; il donna un prieuré
au violon Maugars, et payait de la même monnaie
d'autres artistes de sa musique ; mais il prenait en
main la défense de l'orthodoxie, la réforme de la discipline de l'Église de France, et laissait le clergé beaucoup
plus fidèle à ses devoirs qu'il ne l'avait trouvé.

En somme, il eut les intentions de toutes les grandes
choses qu'il accomplit. Il est partout, au nord, au
midi, à l'ouest, à l'est de l'Europe ; même en Perse, en
Orient, on sent sa main puissante : comme un romancier, comme un dramaturge dirige une foule de personnages, suit vingt intrigues à la fois, il emmêle, il dé-

mêle les affaires, dénoue, frappe, prépare, sème, récolte, devine les hommes, en tire la substance, pétrit les choses, broie ses adversaires, collabore avec le destin. Et j'admets que la grâce et la séduction de la bonté lui aient manqué, mais son cœur n'était nullement fermé à la pitié. Tout bien pesé, si l'on a égard aux temps, aux circonstances, sa politique revêt ce triple caractère sous lequel elle se présente à la postérité : modération, réformes prudentes poursuivies avec patience, succès de son vivant, après sa mort.

De ces affirmations, Messieurs, vous trouveriez les preuves multiples dans les livres que je vous ai signalés, ainsi que dans l'ouvrage de M. Fagniez sur l'Éminence grise et l'Éminence rouge, le P. Joseph et Richelieu. Sans plus insister sur ce sujet, je voudrais aujourd'hui, sinon présenter l'homme privé, l'homme d'esprit, le cardinal dans ses rapports avec la société de son temps, parler du moins de quelques-uns de ses familiers, de ceux qui eurent le privilège de connaître le grand homme en robe de chambre, de servir ses goûts, ses rancunes, ses faiblesses peut-être, de le distraire aussi par leurs plaisanteries et leurs racontars. Comme beaucoup d'hommes célèbres, Richelieu adore les commérages, se préoccupe des mille riens, des modes, des ridicules qui engraissent la conversation à la cour et à la ville ; il aime la gloriole presque autant que la gloire, ne se contente pas d'être homme d'État, bon théologien, se croit encore poète, auteur dramatique, aime à plaire aux dames, fait le bel esprit, met des pointes dans ses dépêches diplomatiques, se montre jaloux des succès de Corneille au point de demander à l'Académie française, tout récemment instituée par lui, de condamner *le Cid*. D'ailleurs, il sait le prix de ce que j'oserai appeler : la politique de la goutte d'eau; comme Marie de Médicis et Anne d'Autriche ont conjuré et failli plusieurs fois amener sa perte, il n'ignore pas que c'est en parlant aux femmes qu'on apprend à parler aux gouvernements. J'imagine qu'avec quelques correctifs il eût fort goûté cette maxime du comte de Cavour : « Les peuples sont gouvernés par des chambres à coucher, des antichambres, ou des chambres parlementaires. »

De même, comme la plupart des princes et des personnages historiques, il ne hait point la flatterie, pourvu que l'encens soit de fine qualité. Il aimait, surtout après les repas, les exercices violents, mais ne voulait pas être surpris dans ces moments de plaisir. Un jour, le comte de Gramont, qui était de sa famille, et avait ses grandes entrées au Palais Royal, trouva le cardinal, après dîner, qui se divertissait à sauter le long d'un mur le plus haut qu'il pouvait. M. de Gramont, voyant cela, fit un tour d'habile courtisan, dit à Richelieu qu'il sautait bien mieux que lui, et commença de sauter cinq ou six fois. Le ministre, qui savait la cour, vit bien ce que cela voulait dire, et lui en sut gré.

Il y a en quelque sorte deux sociétés intimes autour du cardinal : son entourage politique, le groupe des collaborateurs qui le conseillent, le réconfortent dans les heures d'abattement, exécutent sa volonté : le P. Joseph, Bouthillier, le cardinal de la Valette, Bullion, de Noyers, Mazarin, Châteauneuf avant que la duchesse de Chevreuse le lui enlève d'un regard, trahison qu'il paya de dix années de prison d'État, Henri d'Estoubleau de Sourdis, archevêque de Bordeaux, intendant de sa maison et de ses affaires, etc. Groupe peu uni d'ailleurs, travaillé par de sourdes rivalités qui font à peine trêve devant le maître, société toute politique et grave, où la gaieté pénètre rarement. Mais comme l'éternelle loi d'ironie mêle sans cesse le rire et les larmes, le comique et le sérieux, la poésie et la prose, il arrivait parfois qu'un de ces personnages devînt le héros d'un plaisant conte, et le P. Joseph lui-même apportait son écot, à la grande joie du cardinal. Un jour, par exemple, un homme de qualité allant visiter un capucin dans quelque couvent de province, les moines lui demandèrent des nouvelles du roi, puis de son premier ministre. « Et après, interrogea le gardien, ne nous apprendrez-vous rien de notre bon Père Joseph ? — Il se porte fort bien, il est exempt de toutes sortes d'austérités. — Le pauvre homme ! soupirait le gardien. — Il a du crédit, reprenait le seigneur ; les plus grands de la cour le visitent avec soin ; on dit même qu'il va être nommé cardinal, et que Son Éminence l'a désigné au roi comme son successeur. — Le pauvre homme ! — Il a une bonne litière quand il voyage ! — Le pauvre homme ! — Un mulet pour son lit. — Le pauvre homme ! — Lorsqu'il y a quelque chose de bon à la table de M. le cardinal, celui-ci lui en envoie. — Le pauvre homme ! » Ainsi, à chaque réponse, le moine s'exclamait : « Le pauvre homme ! » comme s'il eût été bien à plaindre. L'anecdote du P. Joseph eut grand succès ; Louis XIV, en 1662, reprit le mot du gardien en l'appliquant à Péréfixe, évêque de Rodez, son ancien précepteur. Molière, qui assistait à la scène, en fit son profit, et la rappela à ce prince lorsqu'il lui lut les trois premiers actes du *Tartufe*.

Et puis il y a un autre groupe, celui des lettrés, des amuseurs, ceux qui, avec la duchesse d'Aiguillon, nièce du cardinal, organisent les fêtes, les réceptions, qui dirigent ce qu'un homme grave appellerait le département des niaiseries ; comme si la politique n'était pas parfois l'art de gaspiller son temps gravement. A leur tête, l'abbé de Bois-Robert, que Citois, médecin de l'Éminence, recommandait comme le meilleur remède dans ses maladies ; entre les deux sociétés, ayant un pied dans chaque camp, propre aux emplois de l'un et de l'autre, Guillaume Bautru, comte de Serrant. Et d'apprendre que leurs plaisanteries, leurs épigrammes charmaient la ville et la cour, le cercle de l'Éminence et celui de la marquise de Rambouillet, c'est peut-être de quoi nous rendre curieux de faire connaissance avec eux.

Le trait le plus spirituel de Bautru est d'avoir pressenti la fortune de Richelieu, qui, parvenu aux affaires, lui confia plusieurs missions diplomatiques en Espagne, en Flandre, en Italie, le fit conseiller d'État, introducteur des ambassadeurs, riche et influent. Son frère, le comte de Nogent, eut presque autant de chance, grâce à son crédit, grâce aussi à un de ces heureux hasards qui décident souvent d'une destinée. Le premier jour qu'il fut présenté à la cour, il lui advint de porter le roi sur ses épaules pour passer un endroit des Tuileries où il y avait une mare d'eau. A quelque temps de là, sa bonne étoile lui procura une autre aubaine : Louis XIII avait un gros chien à qui il jetait sans cesse de bons morceaux de sa table ; l'animal s'étant dégoûté et ayant refusé une perdrix, le roi le crut malade et en conçut beaucoup de chagrin. Nogent demanda le chien pour trois jours, se faisant fort de le rendre en bonne santé; en effet, il fit jeûner le chien, le ramena au roi, lui donna un gros morceau de pain qu'il avala d'un trait : Loius XIII fut si enchanté que depuis il fit des grâces à Nogent. Pour en finir avec ce frère, Bautru l'appelait le Plutarque des laquais, car les laquais admiraient fort ses sentences; il passait un peu pour le plaisant de la cour. Cependant il fut extrêmement mortifié, un jour qu'au dîner de Sa Majesté, l'Angely, fou attitré de Louis XIII, lui dit familièrement : « Couvrons-nous, cela est sans conséquence pour nous. » D'ailleurs, tous les Bautru avaient l'esprit de facétie, de raillerie et de repartie, ce que Francisque Sarcey appelait volontiers : l'esprit blagueur.

Cet esprit-là accompagnait notre héros partout, même dans les entretiens les plus graves avec le premier ministre Olivarez. Ce dernier, essayant de faire prévaloir l'arbitrage de l'Empereur comme juge naturel de tous les princes chrétiens, Bautru riposte aussitôt qu'il y a plus de seize cents ans que le juge naturel des rois a été crucifié à Jérusalem. Pour consoler Bautru d'aller en Espagne, le royaume de l'étiquette et de l'ennui (il n'y a qu'à être en Espagne pour n'avoir plus envie d'y bâtir des châteaux, disait Mme de Villars), Richelieu lui avait donné comme compagnon Maugars, excellent joueur de viole, mais original fieffé et ridiculement glorieux. Le roi d'Espagne, auquel on vantait ses talents, voulut l'entendre par une jalousie : mais ce maître fou déclara qu'il ne jouerait point s'il ne voyait Sa Majesté, et que le roi de France ne l'avait jamais traité ainsi. Bautru conseilla de faire habiller quelqu'un en roi et d'en avoir le plaisir : on mit sur un fauteuil un valet de chambre, entouré de hallebardiers, avec l'ordre de ne dire autre chose que *muy bien!* Maugars s'évertuait à jouer, et le roi de comédie disait à tout bout de champ : *muy bien!* avec une gravité admirable. Ce même Maugars refusait d'appeler en duel le chevalier de Puybarault, « car, disait-il, je me battrais, je ne me soucie pas de mourir; mais si quelqu'un de ces doigts était coupé, ce pauvre homme (il entendait Richelieu) ne pourrait plus vivre. Il se faut conserver pour lui. »

Bautru était bon officier, fort honnête homme et courtisan avisé, mais il avait une ennemie intime, sa langue, qui lui attira force nasardes, surtout avant l'élévation du cardinal au ministère. Lorsqu'un mot le démangeait, il fallait qu'il se grattât, et tant pis si la satire tombait sur un personnage vindicatif. Qu'il adressât cette jolie épigramme à un évêque non résidant : « C'est bien fait, Monseigneur, cela marque la confiance que vous avez en Dieu ; votre diocèse peut-il être mieux que sous la conduite de la Providence ? » le prélat emboursait chrétiennement l'algarade. Mais tous les raillés n'étaient pas d'humeur si débonnaire, et mal lui en prit de viser le duc d'Épernon, le duc de Montbazon et la comtesse de Vertus. Il paraît qu'il avait lancé un petit volume intitulé : *Les hauts faits du duc d'Epernon*, lequel ne contenait que des pages blanches ; d'autres attaques comblèrent la mesure, et les donneurs d'étrivières du duc (maint grand seigneur en avait à gages) l'étrillèrent d'importance. A quelque temps de là, un de ces hommes, passant à côté de lui, se mit à contrefaire ses cris quand on le battait. Et Bautru de remarquer avec sang-froid : « Vraiment, voilà un bon écho, il répond longtemps après. » Il fit aussi connaissance avec les bâtonniers de la comtesse de Vertus, et même avec ceux du marquis de Borbonne, dont la bravoure était assez suspecte. La première fois qu'il retourna au Louvre après cette disgrâce, chacun ne savait comment l'aborder : « Eh quoi! s'écria-t-il, croit-on que je sois devenu sauvage pour avoir passé par les bois?—Mais pourquoi n'en pas tirer vengeance?—Je ne me mêle jamais de ce qui se passe derrière moi. » Peu après, il alla chez la reine, et comme il portait une canne. « Avez-vous la goutte ? demanda-t-elle. — C'est, fit le prince de Guéménée, qu'il porte le bâton comme saint Laurent porte son gril ; c'est la marque de son martyre. » Et cependant Bautru était brave et d'assez bonne noblesse, de noblesse acquise par la robe, conquise par l'épée ; ses filles, ses nièces s'unirent aux Colbert, aux Lauzun, aux Rohan, aux d'Estrées ; mais le manque de crédit, la jeunesse, l'infériorité du rang, l'empêchaient de se faire justice. On regardait tout naturel, à cette époque, de se venger d'une satire par le bâton, qui jouait un rôle si considérable dans le code pénal étranger et même français, en particulier dans notre justice militaire, nos écoles, voire dans les relations conjugales. Se rappelait-on cette loi romaine qui punissait de la bastonnade quiconque faisait des vers satiriques et mordants? Le fait était si fréquent qu'il en était résulté une locution particulière : au lieu de : bâtonner quelqu'un, on disait : le *traiter en poète.* Régnier, parlant des Mécènes du jour, écrit :

> Ils nous voient de bon œil, et, tenant une gaule,
> Ainsi qu'à leurs chevaux, nous en flattent l'épaule.

Un autre écrivain appelle le bâton : la palme de la satire.

Cependant l'esprit rétablissait quelquefois la balance dans les rapports sociaux. Chapelle dînait avec un marquis d'humeur moqueuse qui ne cessait d'adresser de vagues menaces aux auteurs de vers satiriques contre les gens de qualité. Agacé de cette attitude impertinente, Chapelle se lève, et dit au marquis en lui présentant le dos : « Frappe, mais va-t'en ! » Le gentilhomme changea de ton et se mit à combler le poète de politesses.

Furetière, Boissat, Desbarreaux, Dancourt, Marigny, plus tard Voltaire, La Harpe, ont passé par les verges ; Boileau, Molière en furent plus d'une fois menacés ; il semblait que les écrivains fussent gent bâtonnable à la merci des grands seigneurs. Dancourt se trouvant à table avec le comte de Livry, qui avait des prétentions peu fondées au bel esprit, celui-ci l'interpelle rageusement : « Dancourt, tu as été charmant jusqu'ici, mais je t'avertis que, si d'ici à la fin du souper tu as plus d'esprit que moi, je te donnerai cent coups de bâton. »

Seul peut-être Boissat, rossé par les valets de la comtesse de Sault, obtint une réparation ; il écrivit à l'Académie française, dont il faisait partie, s'adressa à la noblesse du Dauphiné, à laquelle il appartenait, et, au bout d'un an de pourparlers, il eut satisfaction : on stipula notamment que l'offensé prendrait un bâton *pour en user comme bon lui semblerait* sur le dos de ses agresseurs, qui se tiendraient agenouillés à ses pieds. Mais Boissat se montra bon prince et n'appliqua point la peine du talion. Il y eut cependant un poète qui fit mieux encore : Dulot, l'inventeur des bouts-rimés, osa retourner la coutume établie, en administrant une magistrale volée de bois vert au marquis de Fosseuse, heureux, disait-il, d'avoir traité en vilain un gentilhomme qui se prétendait allié aux Montmorency. Au xviiie siècle la fierté de Boissat trouva des imitateurs, Piron, Beaumarchais, Sedaine; mais les philosophes, les gens de lettres avaient alors pour eux l'opinion publique, et même ils la faisaient [1].

Roy, qui fut membre de l'Académie française, avait tellement l'habitude d'embourser des croquignoles, récompense ordinaire de ses sarcasmes, qu'ayant annoncé à un ami qu'il composait son ballet de l'*Année galante*, celui-ci repartit : « Un balai ; prenez garde au manche ! »

Comme souvenir ironique de la bastonnade infligée à Voltaire par les laquais du chevalier de Rohan, Fréron inséra cet erratum dans un numéro de l'*Année littéraire :* « Faute à corriger dans le numéro 20, page 200, ligne 12. François-Marie de Voltaire-*Arouet;* lisez : François-Marie de Voltaire *à rouer.* »

Et ces gentillesses-là ne sont pas réservées aux seuls gens de lettres ; on ne se gêne pas davantage entre gentilshommes. Le duc de Nevers et le cardinal de Guise, plaidant l'un contre l'autre et se rencontrant chez le rapporteur de leur procès, se frappent « sans se marchander, » et l'enquête démontra que le cardinal avait commencé. Le duc d'Épernon « baille trois coups de poing » dans la poitrine et le visage de l'archevêque de Bordeaux, et agrémente son procédé de plusieurs coups

---

1. **Auguste Laforêt**, *Le bâton ; Étude historique et littéraire,* 2 vol., Marseille, 1876 ; — Victor Fournel, *Du rôle des coups de bâton dans les relations sociales,* 1 vol. ; — Antony Réal, *Histoire philosophique et anecdotique du bâton,* 1 vol.

de bâton dans l'estomac, ajoutant que « sans le respect de son caractère, il le renverserait sur le carreau. » Et le même archevêque reçut un coup de canne du maréchal de Vitry en plein conseil de guerre. Par ordre du roi, d'Épernon dut faire des excuses publiques et solennelles au prélat ; et quant à Vitry, Richelieu le fit enfermer pendant six ans à la Bastille.

Les choses en vinrent au point qu'un règlement des maréchaux de France, en 1653, statua que tout gentilhomme qui en frapperait un autre avec le bâton serait puni d'un an de prison, ou de six mois de prison avec une amende de trois mille livres. De plus l'agresseur devait demander pardon à genoux à l'offensé, et se déclarer prêt à recevoir de lui un nombre de coups de bâton égal à celui qu'il avait lui-même donné. Il y avait des cas où l'offensé était obligé de rendre les coups de bâton, quand même il aurait eu la générosité de pardonner.

Sous l'ancien régime, écoliers, marins, soldats, paient tribut au fouet, à la bastonnade, et dans certaines classes de la société on trouve tout naturel d'y soumettre.... les femmes. Mœurs aimables, touchante application du droit de la force, d'où naissent de plaisants aphorismes, de piquantes anecdotes !

« Il faut battre sa femme, mais il ne faut pas l'assommer.

> Qui bat sa femme, il la fait braire ;
> Qui la rebat, il la fait taire.

« Aimer et battre ne sont qu'une même chose. Les femmes sont comme les côtelettes ; plus on les bat, et plus elles sont tendres. » Voici un mari qui, affligé d'une mauvaise mémoire, n'allait jamais à confesse sans avoir battu sa femme ; à mesure qu'il frappait, elle lui reprochait toutes ses méchantes actions, et ainsi pouvait-il se remémorer ses péchés.

> Jean s'accusait un jour d'avoir battu sa femme.
> — Combien de fois, mon fils ? lui dit son confesseur.
> — Tous les matins. — Comment, tous les matins ? Infâme !
> D'un semblable péché sentez-vous la noirceur ?
> Sachez qu'il peut sur vous faire tomber la foudre !
> Battre sa femme ainsi ! — Mon père, je vous crois,
> Et je vous fais serment, si vous voulez m'absoudre,
> De la battre demain pour la dernière fois.

Au xviie siècle, le bâton se métamorphose en canne, en objet d'art, les dames elles-mêmes s'en servent, on l'incruste de pierres précieuses : la canne de Samuel Bernard vaut dix mille écus. Les jeunes seigneurs adoptent aussi la sarbacane, qu'ils emploient à lancer aux dames des dragées entourées de devises galantes. Au xviiie siècle, la maréchale de Luxembourg a une canne dont la pomme, en forme d'étui, contient les pièces de monnaie qu'elle distribue pendant ses promenades.

A vrai dire, l'idée d'outrage et d'infamie attachée à la bastonnade n'a pas toujours prévalu. Une constitution de Charlemagne impose le duel au bâton à ceux auxquels il était permis, et un capitulaire de Louis le Débonnaire donne le choix de combattre avec le bâton ou les armes. Plus tard, la mode vint pour les gentilshommes de se battre à cheval et avec leurs armes, les vilains seuls combattant à pied et avec le bâton : celui contre lequel on l'avait employé était dès lors traité en vilain, et outragé.

On sait quel usage en font Molière, et avant lui les comédiens italiens. Ils donnent, disait-on, autant de soufflets et de coups de bâton qu'ils débitent de paroles [1].

Le bâton a été l'objet de plusieurs traités, d'une monographie en deux volumes : il méritait une page dans l'histoire de la société d'autrefois.

Par la faveur de Richelieu, Bautru était devenu assez vite un personnage : introducteur des ambassadeurs, conseiller d'État, membre de l'Académie française, il a, lui aussi, des courtisans, protège les lettres, donne à dîner aux écrivains et se fait construire un superbe château près d'Angers, à Serrant, qu'il érigea lui-même en comté, sur la foi d'une lettre royale dont la suscription lui donnait le titre de comte de Serrant. Il avait 500,000 écus de bien, le nez fin et toujours tourné du bon côté, l'amitié de tous les surintendants qui se succédèrent sous Richelieu. Quand on frappa les premiers louis d'or, le surintendant de Bullion dit à ses amis : « Prenez-en tant que vous pourrez dans vos poches. » Bautru fut celui qui en emporta le plus : 3,600. Et Bullion passait pour le plus économe des surintendants. N'était-ce pas de quoi consoler Bautru des coups de bâton d'antan.... et de ses infortunes conjugales ?

Il continua de plus belle de médire, de se moquer, de lancer des pointes, s'amusant lui-même, amusant son patron, figurant dans le quatuor des fameux diseurs de bons mots du temps, avec le comte du Lude, le prince de Guéménée et le marquis de Gerzay; tous les quatre étaient angevins.

---

1. Charles Magnin : *Histoire des Marionnettes en Europe*, 1 vol., 1862; — *Théâtre de Guignol*, 2 vol. ; — *Théâtre de la foire*, 5 vol.

C'est Bautru qui expliquait ainsi au cardinal la cause des perpétuelles bronchites de Balzac : « Comment voulez-vous qu'il se porte bien ? Il ne parle que de lui-même, et chaque fois il se découvre. Tout cela l'enrhume. »

Considérant, au-dessus d'une cheminée, la Justice et la Paix sculptées qui s'embrassaient : « Voyez-vous, dit-il, elles s'embrassent, elles se baisent, elles se disent adieu, et ne se reverront jamais. »

Une autre fois, Bois-Robert ayant composé un acte dans l'une des pièces des cinq auteurs aux gages du cardinal, Bautru allait partout répétant : « Bois-Robert est un bien bon homme, mais il a pourtant fait un méchant acte. »

Présentant certain poète famélique à un ministre, il dit à celui-ci : « Voilà un homme qui vous donnera l'immortalité, mais il faut que vous lui donniez de quoi vivre. »

Appelé un jour pour mettre le holà entre son fils et sa belle-fille qui en venaient aux mains, il se contenta de les considérer, en observant : «L'homme ne sépare pas ce que Dieu a joint. »

C'est lui qui disait de l'évêque Godeau, qu'il avait eu Grasse pour un *Benedicite.*

M. de la Rivière était allé à Rome pour tâcher d'être cardinal, et avait échoué dans ses recherches. Comme il souffrait d'une forte bronchite, Bautru opina : « C'est qu'il est revenu sans chapeau. »

La reine mère voulait faire mettre Ninon aux *Filles repenties.* «Madame, objecta notre homme, elle n'est ni fille ni repentie. »

Il avait pour axiome qu'il est aussi difficile de passer pour honnête homme dès qu'on est gueux, qu'il est aisé de l'être lorsqu'on est riche, et que l'on a de quoi faire plaisir ; on est aisément honnête homme quand on a 3 ou 4,000 pistoles à prêter à propos. Ne compter que très peu sur ce que la reconnaissance peut dicter à nos amis, et ne nous fonder que sur ce que l'intérêt, ou de leurs affaires ou de leurs plaisirs, les oblige d'accomplir.

Il composa une satire contre un frère du cardinal du Perron qui avait pour surnom : l'Ambigu : « On ne pouvait pas, disait-il, décider s'il était jour ou nuit, lorsqu'il vint au monde. Il était hermaphrodite et la sage-femme dit à la mère : « Madame, votre fils est une fille et votre fille est un garçon. » On le nomma Lysique, afin qu'on ne pût distinguer si c'était le nom d'un homme ou d'une femme. Il publia un volume, mais on ne pouvait dire pour cela qu'il fût auteur, parce que c'était une traduction. »

M. Lambert battant son cheval qui lançait force ruades, Bautru se tourna du côté du cheval et dit : « Montrez-vous le plus sage. »

Allant un jour chez la reine, il trouva dans l'antichambre M. de Roquelaure, qui lui montra les cornes. Sans rien dire, il entre dans la chambre de Sa Majesté, prend un air soucieux, se fait interroger et finit par répondre : « Madame, c'est que j'ai vu en passant M. de Roquelaure qui montrait à vos filles tout ce qu'il portait. » Voilà la reine furieuse, et Roquelaure eut toutes les peines du monde à se disculper.

On trouve dans les manuscrits de Conrart le récit d'une conversation fort curieuse entre l'évêque du Mans, MM. de Bautru et de Nogent, qui d'ailleurs n'est qu'une variante de la lettre de Saint-Évremond au comte d'Olonne ; elle éclaire le caractère et l'esprit de Bautru, en même temps que certains préjugés d'une partie de la noblesse, et le ton de la discussion. En voici quelques passages : « Vous me laissâtes hier dans une conversation qui devint insensiblement une furieuse dispute. On y dit tout ce qu'on put à la honte et à l'avantage des lettres. Il n'est pas besoin de vous nommer les acteurs; vous savez qu'ils étaient tous deux fort intéressés à soutenir leur parti, Bautru ayant peu d'obligation à la nature de son génie, et Nogent pouvant dire, sans être ingrat, qu'il ne doit son talent ni aux arts ni aux sciences. Cela vint sur le sujet de la reine de Suède qu'on louait de la connaissance qu'elle a de tant de choses. Tout d'un coup Nogent se leva, et ôtant son chapeau d'un air ridicule : « Messieurs, dit-il, si la reine de Suède n'avait su que les coutumes de son pays, elle y régnerait encore. Pour avoir appris notre langue et nos manières, pour s'être mise en état de réussir huit jours en France, elle a perdu son royaume. Voilà ce qu'ont produit sa science et ses belles lumières que vous nous vantez. » Bautru, voyant moquer la reine de Suède qu'il estime tant, et les bonnes lettres qui lui sont si chères, répliqua vivement : « Il faut être bien injuste d'imputer à la reine de Suède, comme un crime, la plus belle action de sa vie. Pour votre aversion aux sciences, je ne m'en étonne pas. Si vous aviez lu les histoires les plus connues, vous sauriez que son abdication n'est pas sans exemple.... Dioclétien n'a-t-il pas quitté l'empire, et Sylla le pouvoir souverain ? Mais toutes ces choses vous sont inconnues, et c'est folie de discuter avec un ignorant. Au reste, où trouverez-vous un homme extraordinaire qui n'ait des lumières et des connaissances acquises ? » A commencer par Condé, il alla jusqu'à César, de César au grand Alexandre. Et l'affaire eût été plus loin, si Nogent ne l'eût interrompu avec tant d'impétuosité qu'il fut contraint de se taire. « Vraiment, dit-il, vous nous en contez bien avec votre César et votre Alexandre. Je ne sais s'ils étaient savants ou ignorants, et il ne m'importe guère. Mais je sais bien que, de mon temps, on ne faisait étudier les gentilshommes que pour être d'église. Ceux qu'on destinait à la cour ou à l'armée allaient honnêtement à l'académie ; on apprenait à monter à cheval, à danser, à faire des armes, jouer du luth, voltiger, un peu de mathématiques, et c'était tout ; vous aviez en France mille braves gens d'armes, galants hommes ; c'est ainsi que se formaient les Termes, les Bellegarde, les Montmorency. Du latin de mon temps ! Par Dieu, un gentilhomme en eût été déshonoré. Je connais les grandes qualités de M. le Prince, et suis son serviteur ; mais je vous dirai que le dernier connétable de Montmorency sut maintenir son crédit dans les provinces, et sa considération à la cour sans savoir lire. Peu de latin, vous dis-je, et du bon français.... »

C'est la destinée des grands railleurs d'être parfois raillés, de rencontrer de hardis ou rusés compagnons qui leur rendent pain blanc pour fouace et fèves pour pois. Bautru n'y échappe pas plus que les autres. Un jour que des députés de Mirebalais (Poitou) étaient venus solliciter le cardinal, il demanda à l'orateur : « Monsieur, sans vous interrompre, combien valaient les ânes en votre pays, quand vous partîtes ? » Celui-ci riposta tranquillement : « Ceux de votre taille et de votre poil valaient dix écus. » Bautru resta bouche bée, et tout déferré des deux pieds.

Il avait pris en grippe un importun *di primo cartello*, certain président qui avait l'*absence agréable*. Ce magistrat se présente à sa porte. « Dis-lui que je suis au lit, commande Bautru au laquais. — Monsieur, il dit qu'il attendra que vous soyez levé. — Dis-lui que je me trouve mal. — Il dit qu'il vous enseignera quelque recette. — Dis-lui que je suis à l'extrémité. — Il dit qu'il veut donc vous faire ses adieux. — Dis-lui que je suis mort. — Il dit qu'il veut vous donner de l'eau bénite. » Enfin il fallut le laisser entrer ; Bautru se jeta dans son lit, s'enveloppa d'un drap et contrefit le mort. Le président, après avoir lancé les gémissements de circonstance, fit auprès du lit une prière interminable, alla enfin s'emparer d'un grand bénitier qu'il aperçut dans la ruelle, et en répandit l'eau jusqu'à la dernière goutte sur le comédien de la mort.

D'aucuns accusaient Bautru de donner volontiers des entorses à la vérité, et Marigny prétendait plaisamment qu'il était né d'une fausse couche, qu'il avait été baptisé avec du faux sel, qu'il ne logeait jamais que dans les faubourgs, qu'il passait toujours par de fausses portes, qu'il cherchait toujours les faux-fuyants, et qu'il ne chantait qu'en faux-bourdon.

L'Angely, fou du roi, ne l'épargnait pas non plus. Un jour qu'il était depuis quelque temps dans une compagnie, Bautru vint à entrer. Sitôt que l'Angely l'eut aperçu, il lui dit : « Vous venez bien à propos, Monsieur, pour me seconder : je me lassais d'être seul. » Le mot vexa infiniment Bautru, un peu sans doute parce qu'il exprimait une demi-vérité. Bautru n'est-il pas l'amuseur consacré, le bouffon volontaire de la cour, comme l'Angely en est le bouffon patenté, officiel, avec cette nuance que sa gaicté lui rapporte de fort grandes charges ? Un bouffon sublime, un fou diplomate, pourrait-on le définir. On le voit tout en haut de l'échelle, passé au rang du courtisan, tandis qu'en bas, à côté des chiens, des singes et des perroquets favoris, grouillent les nains, pauvres imbéciles, malheureux rachitiques, dont les gens sains d'esprit et de corps, par une disposition fâcheuse de l'esprit humain, par la loi amère de l'ironie et de l'antithèse, se moquent peu chrétiennement. C'est là un legs domestique de l'antiquité. Bouffons et nains, *moroi* chez les Grecs, *moriones*, *joculatores* chez les Romains, nous les rencontrons aussi à la cour des princes asiatiques, avec leurs costumes bizarres et leurs drôleries de paroles qui souvent recouvrent des conseils salutaires, des reparties très sensées, font rire le prince aux dépens des courtisans. D'aucuns sont des philosophes qui se déguisent en fous pour se gausser de ceux qu'ils font rire, des gens habiles qui exploitent les faiblesses de leurs maîtres, et amassent de bonnes rentes avec leur esprit ou leur difformité. Quelle amertume de scepticisme dans cette réponse du fou Rosen que rapporte Henri Heine ! Il a bravé mille morts pour sauver son roi prisonnier, abandonné de ses chevaliers ; enfin il l'a délivré, et le prince, rentré dans ses États, assis sur son trône, interroge son fou : « Que veux-tu que je te donne ? Parle, mon fidèle Rosen. — Ah ! sire, ne me faites pas couper la tête ! »

Il y a des fous à la cour de Charlemagne ; les peuples ont leurs fous dans l'église, sur la place publique, avec les associations bouffonnes de la *Mère sotte*, des *Conards*, etc.... Par eux se perpétue le don heureux du

rire, qui est le signe particulier de l'espèce humaine :
ils sont les cousins germains de ces autres amuseurs,
trouvères, ménestrels, troubadours, jongleurs du
moyen âge, les ancêtres des mystificateurs ; et dans leur
famille, j'aperçois, parents plus modestes, les saltim-
banques, les farceurs qui, eux aussi, s'élèveront plus
tard à la dignité comique. Des villes eurent leurs fous
en titre d'office, et la vacance d'une marotte donne lieu
à bien des compétitions. Un capitulaire de 789 interdit aux prêtres d'avoir des farceurs, des chiens de
chasse, des oiseaux de proie pour leur amusement : il
paraît avoir été fort mal observé par les dignitaires de
l'Église, car on renouvela cette défense plus d'une
fois. Le fou devient l'ornement obligé de toutes les
fêtes : Charles V, mandant au maire et aux échevins
de Troyes la mort de son fou, leur ordonnait de lui en
envoyer un autre, *suivant la coutume ;* le même prince
fit élever des tombeaux à deux de ses fous, dans
l'église Saint-Germain l'Auxerrois à Paris, et dans l'église
Saint-Maurice de Senlis. De grands poètes, de célèbres
auteurs dramatiques, Shakespeare, Victor Hugo, Alfred
de Musset, A. Dumas, ont tiré parti de cette singulière
institution qui correspond à un état de civilisation peu
avancée, lorsque la grâce, la courtoisie, l'esprit s'épanouissent à peine, et tend au contraire à disparaître, du
moins à se transformer ou s'idéaliser, à mesure que la
société se dégage, que grandit l'art de la conversation.
Ou bien encore elle se perpétue chez des peuples très
policés, chez les Grecs, les Romains, dans les réunions
où l'on ne compte pas beaucoup sur les invités, comme
aujourd'hui, dans certaines maisons, Bartet, Mounet-
Sully, Félicia Mallet, Zambelli, Sandrini, les Mante

remplacent la causerie absente, et font le trait d'union entre des foules de mondains qui sont aux vrais salons ce qu'est une cohue à une troupe bien disciplinée.

« La laideur et la difformité, observe Canel [1], étaient aussi recherchées que l'intelligence chez un singe, la beauté du plumage chez un paon, et le jargon chez un perroquet. Le plus horrible magot, qui le disputait en monstruosité aux diaboliques inventions de la sculpture chrétienne, avait le privilège d'être admis le premier dans la chambre royale, de parler à sa fantaisie sans qu'on l'interrogeât, et de décocher impunément contre les plus nobles blasons les traits de sa méchanceté.... Un fou bien appris sautait et gambadait comme un singe, jouait de la cornemuse, de la trompette et du rebec pour égaler la musique du rossignol, jetait un luxe de paroles pour n'avoir rien à envier à la pie babillarde ; savait par cœur des motets, des oraisons, des vers, des adevineaux ou énigmes à deviner, des lais ou contes joyeux : tout cela, afin de mettre en relief sa supériorité sur le lévrier fidèle qui couchait au chevet de son maître, sur le faucon que la dame du lieu faisait elle-même voler, sur la haquenée que montait cette *gente damoiselle* dans les chasses et les voyages.... Un fou de bonne maison était élevé avec autant de soins, de peine et de frais qu'un âne savant. »

Ésope le Phrygien, Caillette, Triboulet, Brusquet,

---

1. Canel, *Les Fous des rois de France*, 1 vol., Lemerre ; — Docteur Moreau, *Fous et bouffons*, 1 vol., Baillière ; — A. Gazeau, *Les Bouffons*, Hachette, 1882 ; — Bibliophile Jacob, *Histoire des mystificateurs et des mystifiés ;* — Édouard Grenier, *Les Nains et les Géants*, Hachette, 1884.

Thony, Sibilot, Mathurine, Chicot, Angoulevent, maître Guillaume, l'Angely, ces noms ont été popularisés par l'histoire et la poésie, le roman ou le drame.

> Triboulet fut un fol de la tête écorné,
> Aussi sage à trente ans que le jour qu'il fut né.
> Petit front et gros yeux, un nez taillé à voste,
> Estomac plat et long, haut dos à porter hoste !
> Chacun contrefaisait, chanta, dansa, prêcha,
> Et du tout si plaisant qu'one homme ne fâcha.

Tel le peint Jean Marot, et l'on sait ce que Triboulet devint sous la plume de Victor Hugo.

François Ier lui dit un jour : « Si quelqu'un ose te tuer, je le fais pendre un quart d'heure après. — S'il vous plaisait de le faire pendre un quart d'heure avant ? » répliqua fort à propos le fou.

Brantôme affirme que si l'on eût recueilli tous les bons mots, contes, traits et tours de Brusquet, on eût fait un gros livre fort amusant, car il fut pour la bouffonnerie le premier homme, et le fut pour le geste, pour écrire, pour les inventions. Valet de garde-robe du roi, valet de chambre, puis bouffon en titre, et enfin dégoûté du service, il devint maître de poste et réalisa une grande fortune : d'ailleurs il avait coutume de faire main basse sur tout ce qui lui plaisait, chez les princes et seigneurs.

Est-ce de lui certaine boutade à une dame de qualité qui lui avait permis d'entrer dans sa chambre, à condition qu'il ne dirait point d'inconvenances ? Mais comme elle le reçut avec cette question : « Ne venez-vous pas nous reprocher nos fautes ? » il ne put se tenir de riposter : « Nenni, Madame, car ce n'est pas ma coutume de discourir des choses dont toute la ville parle. »

Chicot fut ligueur, prit part à la Saint-Barthélemy, et mourut en soldat. Henri III, Henri IV, s'amusaient de ses facéties, encore qu'il les saupoudrât de fortes vérités. Ne s'avise-t-il pas de dire au roi, devant toute la cour : « Monsieur mon ami, je vois bien que tout ce que tu fais ne servira de rien à la fin, si tu ne te fais catholique. Il faut que tu voises à Rome, et qu'étant là, tu bourgeronnes le pape, et que tout le monde le voie, car autrement ils ne croiront jamais que tu sois catholique. Puis tu prendras un peu d'eau bénite pour achever de laver tout le reste de tes péchés. » Et une autre fois : « Pour mon Dieu, Monsieur mon ami, gardez-vous de tomber entre les mains des ligueurs ; car vous pourriez tomber entre les mains de tel qui vous pendrait comme une andouille, et puis ferait écrire sur votre potence : *A l'escu de France et de Navarre ; céans a bon logis pour y demeurer à jamais.* Cela est dangereux pour le passage des vivres. »

Catherine de Médicis eut trois nains et trois naines, que l'on avait mariés ensemble, mais il n'en sortit aucune lignée. On leur faisait danser en rond voltes et gaillardes. Naturellement les gens d'imagination ne manquaient pas d'affirmer qu'ils venaient en droiture du pays des Pygmées, tandis qu'ils avaient été en réalité « ramassés dans l'enclos du royaume de France. »

Maître Guillaume, fou de Henri IV, avait des hallucinations religieuses dont il tirait des discours assez surprenants. Les pages et les laquais l'avaient sans doute molesté outre mesure, car il les détestait profondément, les frappait par surprise d'un bâton court qu'il portait toujours sous sa robe, ayant bien soin de crier toujours le premier au meurtre, concluant qu'en même temps que Dieu faisait les anges, le diable faisait les pages et les laquais. Le cardinal du Perron le rendit une fois bien muet devant le roi, comme il prétendait avoir figuré dans l'arche de Noé avec sa femme et ses enfants. « Venez çà, maître Guillaume ; il n'y avait dans l'arche que huit personnes, Noé, sa femme, ses trois enfants, et les femmes de ses trois enfants. Vous n'étiez pas Noé ? — Non, confesse-t-il. — Vous n'étiez pas sa femme ? — Non. — Vous n'étiez pas de ses enfants ? — Non. — Vous n'étiez pas une des femmes de ses fils ? — Non. — Vous étiez donc une bête, car il n'y avait que ces personnes-là ; tout le reste était des bêtes. » Il se trouva bien empêché et ne souffla mot.

Louis XIII aima un temps à s'entourer de bouffons qui le distrayaient des humeurs noires dues à l'état de sa santé. Il paraît même qu'il admettait des fous à ses conseils, si l'on s'en rapporte à ce mot de Sully : « Sire, lorsque le roi votre père, de glorieuse mémoire, me faisait l'honneur de me consulter sur les affaires de son royaume, il commençait par faire retirer les bouffons et les baladins. » Mais ne s'agit-il pas ici de quelque courtisan moqueur que le vieux Sully rabroue vertement ?

L'Angely fut le dernier bouffon en titre d'office sous Louis XIV ; les grands et les seigneurs n'en continuèrent pas moins à garder auprès d'eux des amuseurs. Le dernier nain en titre d'office, Richebourg, né en 1769, était au service de la duchesse d'Orléans, mère de Louis-Philippe. Sa taille ne dépassait pas soixante-cinq centimètres. Très dévoué à la famille de sa bienfaitrice il rendit, pendant la Révolution, de précieux services, allant porter au dehors dépêches et messages pressants, ceux-ci bien dissimulés sous son bonnet. On l'emmaillotait comme un nourrisson, une femme le tenait dans ses bras. Gai, bavard, parfois même spirituel, il mourut en 1858, âgé de quatre-vingt-dix ans, et, jusqu'à sa mort, la famille d'Orléans lui fit verser une pension annuelle de trois mille francs.

Après la mort de Richelieu, Bautru passe à son successeur, comme un immeuble par destination du ministère ; pendant toute la régence, il est l'hôte assidu de Mazarin, combat pour lui par la plume et la langue sous la Fronde. Dès la première journée des barricades, on le trouve avec son frère Nogent aux côtés d'Anne d'Autriche et du cardinal, et l'on sait l'admirable page où Retz peint de façon si saisissante la situation de la cour, lorsqu'il accourut au palais royal pour représenter à la reine le trouble de Paris, l'urgence des concessions : « Cette scène est vraie, dit Sainte-Beuve, elle doit l'être, car elle ressemble à la nature humaine, à la nature des rois, des ministres et des courtisans en ces extrémités. C'est la scène de Versailles pendant qu'on prend la Bastille ; c'est la scène, tant de fois répétée, de Saint-Cloud ou des Tuileries, le matin des émeutes qui balaient les dynasties. »

« Le maréchal de la Meilleraye, qui vit que la Rivière, Bautru et Nogent traitaient l'émotion de bagatelle, et qu'ils la tournaient même en ridicule, s'emporta, il parla avec force, dit Retz, il s'en rapporta à mon témoignage. Je le rendis avec liberté, et je confirmai ce qu'il avait dit et prédit du mouvement. Le cardinal sourit malignement, et la reine se mit en colère. Anne d'Autriche se calma bientôt, mais il y eut quelques moments où la reine contrefit la douce, et elle ne fut jamais plus aigre. M. de Longueville témoignait de la tristesse, et il était dans une joie sensible, parce que c'était l'homme du monde qui aimait mieux le commencement de toute affaire. M. le duc d'Orléans faisait l'empressé et le passionné en parlant à la reine, et je ne l'ai jamais vu siffler avec plus d'indolence qu'il siffla une demi-heure après, entretenant Guerchy dans la petite chambre grise. Le maréchal de Villeroy faisait le gai pour faire la cour au ministre, et il m'avait dit en particulier, les larmes aux yeux, que l'État était sur le bord du précipice. Bautru et Nogent bouffonnaient, et représentaient, pour plaire à la reine, la nourrice du vieux Broussel qui animait le peuple à la sédition, quoiqu'ils connussent très bien, l'un et l'autre, que la tragédie ne serait peut-être pas fort éloignée de la farce.... »

Et l'on rapporte qu'à une seconde visite de Retz, l'incorrigible Bautru dit à la régente : « Votre Majesté est donc bien malade, puisque le Coadjuteur lui apporte l'extrême-onction. » Le Coadjuteur en garda longtemps rancune à Bautru.

Après la Fronde et le retour triomphant de Mazarin, notre courtisan se vit en faveur plus que jamais ; il aimait toujours la société, les lettres, les lettrés, et il était devenu fort original. Par exemple il venait voir son ami Ménage aux jours de la Mercuriale, sorte d'Académie qui se tenait chaque semaine chez ce savant, et comme il se plaisait beaucoup à la grande compagnie, il voulait qu'on fît monter les laquais, lorsqu'elle ne lui paraissait pas assez nombreuse. « Il y a quarante ans que notre amitié dure, remarquait Ménage, et nous ne nous sommes jamais brouillés.—Pourquoi nous serions-nous brouillés, repartit Bautru, nous n'avons point eu de succession à partager ? »

Comme il était grand épicurien, négligeant autant sa

chapelle qu'il avait soin de sa table et de sa bibliothèque, et mettant une partie de sa philosophie à n'admirer que très peu de choses, il passa pour libertin, et on
lui attribua ce mot sur un crucifix : « Nous nous saluons,
mais nous ne nous parlons pas. » La bonne chère avait
fini par l'user, et il vécut ses dernières années presque
impotent, cloué sur un fauteuil ; un dernier accès de
goutte l'emporta en 1665. Fidèle à son caractère, il
mourut sur un trait d'esprit. Les médecins ordonnaient
une saignée, Bautru n'en voulait point ; le roi qui l'aimait, ayant appris sa résistance, lui envoya l'ordre de
céder : « Je n'aime pas les saignées de la part du roi, »
sourit-il ; il se laissa faire cependant et mourut presque
aussitôt. Faut-il vous rappeler cette autre boutade d'un
mourant, d'un des plus charmants et des meilleurs
esprits de notre temps, M. Émile Labiche, auquel son
fils demandait, à l'instant suprême, de porter à une
morte ses regrets, ses pensées émues : « Tu ne pourrais pas faire la commission toi-même ? »

François le Métel de Bois-Robert eut, comme Bautru,
sa langue pour ennemie, et de plus, ses mauvaises
mœurs : mais cette même langue lui fut aussi une amie
utile, car elle devint l'instrument de sa fortune ; de
l'esprit à foison, une verve, une mémoire intarissables,
un talent de conteur extraordinaire, de tels dons comiques que Richelieu lui ayant ordonné, ainsi qu'au célèbre Mondory, de pousser une scène devant lui, on
trouva qu'il avait mieux fait que l'acteur. Il est, il le
dit lui-même, un grand dupeur d'oreilles. Avec cela
l'envie de parvenir, le flair du courtisan, assez d'indépendance de cœur pour abandonner les vaincus et se
ruer sans vergogne aux pieds du vainqueur : il agit

comme cet autre valet de cour qui voulait qu'on tînt le pot au ministre en place, et qu'on le versât sur sa tête, une fois tombé. Il met aussi à profit le trait de ce gentilhomme ruiné qui, pour toute grâce, demanda à Richelieu de lui frapper de temps en temps sur l'épaule d'un air familier, devant la cour : on le crut favori du ministre, et sa fortune fut bientôt rétablie. Bois-Robert obtiendra des abbayes, le titre de conseiller d'État en amusant l'Éminence, il fera les délices des ruelles, non point comme Voiture, par les grâces coquettes du langage et les raffinements de la galanterie quintessenciée, mais par sa gaieté, la brusquerie de ses boutades, ses anecdotes graveleuses. Non seulement il connaît à fond la chronique scandaleuse de Paris, mais il sait par cœur les auteurs légers du XVIe siècle : Rabelais, Marguerite de Navarre, Bonaventure des Periers, Béroalde de Verville. Au besoin il contrefait les précieux, et adresse à Mme des Loges, en 1627, une lettre farcie de madrigaux exquis, sans parler d'autres épîtres du dernier galant à sept ou huit maîtresses idéales. Car Bois-Robert a beaucoup écrit : pièces de théâtre, paraphrases des psaumes, romans, ballets pour la cour, volumes de vers, jaillissent sans effort de ce joyeux cerveau.! Et comment le beau monde n'eût-il pas été indulgent à ses travers, en lisant cette défense des yeux louches de Lysimène : « Je voudrais que ma fortune allât de travers, tant les choses de cette nature me sont agréables ? » Au demeurant bon homme, incapable de rancune tenace, et aimant à rendre service, beau débrideur de messes comme frère Jean des Entommeures, faisant gras pendant le carême, jurant comme un païen, joueur enragé, un de ces abbés enfin qui, « au lieu de lire leur bréviaire, jouent des bénéfices au trictrac. » Cela fit dire que la prêtrise en sa personne était comme la farine aux bouffons, qu'elle servait à le rendre plus plaisant.

Il a pour premier patron le cardinal du Perron, s'attache ensuite à Marie de Médicis, à M. et Mme de Chevreuse qu'il suit en Angleterre, et qui lui demandèrent un jour de contrefaire lord Holland, après avoir caché derrière une tapisserie ce personnage et le roi lui-même. Il vit à Rome le pape Urbain VIII, qui goûta son esprit et lui donna un petit prieuré ; de retour à Paris, il se glisse dans l'antichambre de l'évêque de Luçon, implorant les miettes de sa table. Un jour il le voit essayer un chapeau : « Me sied-il bien, Bois-Robert ? — Oui, mais il vous siérait mieux encore s'il était de la couleur du nez de votre aumônier : » un nez rouge comme le chapeau d'un cardinal.

Ce lazzi commença peut-être la fortune de Bois-Robert, qui bientôt devint le compagnon indispensable de Richelieu, à la cour, à Rueil, à l'armée, partout. Du Laurens, Bourzéis, Raconis, Desmarest lui-même pâlirent devant lui. On l'appelait le *favori de campagne* de Son Éminence, il ne lui plaisait pas moins à la ville, et le servait utilement en mainte circonstance. C'est ainsi qu'il réussit à attacher le comte d'Harcourt à son maître, et à diviser ainsi une puissante famille dont on redoutait les intrigues. La première fois que l'abbé en parla à Richelieu, il répondit en riant :

Le comte d'Harcourt
Le Bois, a l'esprit bien court.

Bois-Robert insiste : « Monseigneur, c'est un homme qui a grand cœur : il a, comme vous savez, battu Bout-

teville. » Le cardinal mande d'Harcourt et lui dit :
« Monsieur le comte, le roi veut que vous sortiez du
royaume. » Le comte, stupéfait, répond qu'il est prêt à
obéir. « Mais, continue le cardinal, c'est en commandant l'armée navale. »

C'est Bois-Robert qui suggéra l'idée de fonder l'Académie française. Il est le lien, l'intermédiaire autorisé
entre elle et l'Éminence, et comme il a grand crédit, il
y pousse beaucoup de passe-volants, de comparses qui
faisaient nombre, recevaient, grâce à lui, des pensions,
ne disaient rien ou parlaient mal, et n'écrivaient point.
On les appela les *enfants de la pitié de Bois-Robert ;* il
se nomma lui-même le *solliciteur des Muses affligées.*
D'ailleurs, il ne se faisait aucun scrupule de médire de
ses confrères, et, dans une épître à Balzac, il raille joliment la lenteur indolente de la Compagnie.

> L'Académie est comme un vrai chapitre :
> Chacun à part promet d'y faire bien,
> Mais tous ensemble ils ne tiennent plus rien ;
> Mais tous ensemble ils ne font rien qui vaille.
> Depuis six ans dessus l'F on travaille,
> Et le destin m'aurait bien obligé
> S'il m'avait dit : « Tu vivras jusqu'au G. »

Mais on pardonnait cette pointe à l'obligeant favori,
et Balzac lui adressait ce compliment un peu excessif :
« Vous êtes le père des courtoisies, et, après avoir été
Horace, vous prenez le rôle de Mécène. »

On sait qu'avec Colletet, Rotrou, l'Estoile et Corneille, il complétait cette pléiade des cinq auteurs chargés de composer les pièces dont le cardinal fournissait
d'ordinaire le titre, le sujet, le plan, et se réservait
l'honneur. Les cinq auteurs avaient un banc à part à
son théâtre ; ils lui prêtaient leur plume, il leur prêtait

sa bourse ; il donna par exemple à Colletet soixante pistoles pour ces six vers :

> A même temps j'ai vu, sur le bord d'un ruisseau,
> La cane s'humecter de la bourbe de l'eau,
> D'une voix enrouée et d'un battement d'aile
> Animer le canard qui languit auprès d'elle,
> Pour apaiser le feu qu'ils sentent nuit et jour
> Dans cette onde plus sale encor que leur amour.

Ce même Colletet épousa successivement ses trois servantes, et, manie plus étrange que ces mariages ancillaires, non content de les louer en vers et en prose, il voulait qu'on crût à leur esprit : beaucoup, Boileau en tête, célébraient la muse de Claudine ; mais on fut bien désabusé, lorsque Colletet mourut en 1659, après avoir composé, au nom de sa femme, sa propre épitaphe :

> Le cœur gros de soupirs, les yeux noyés de larmes,
> Plus triste que la mort, dont je sens les alarmes,
> Jusque dans le tombeau je vous suis, cher époux.
> Comme je vous aimai d'une amour sans seconde,
> Et que je vous louai d'un langage assez doux,
> Pour ne plus rien aimer, ni rien louer au monde,
> J'ensevelis mon cœur et ma plume avec vous.

Colletet mort, Claudine se tut, et son silence donna beau jeu aux faiseurs d'épigrammes.

Richelieu, d'ailleurs, avait le goût littéraire assez peu délicat ; jamais il ne paya les vers de Corneille comme ceux de Colletet, jamais il n'écouta ses observations comme celles de Chapelain. Le grand tragique avait cru devoir changer quelque chose au troisième acte des *Thuileries,* qui lui avait été confié ; cette liberté déplut à l'Éminence, qui lui dit sèchement qu'il fallait *avoir un esprit de suite.* Ce n'est pas là une raison décisive de conclure que la protection des grands soit plus funeste qu'utile aux lettres et aux arts.

Non seulement le cardinal protège les comédiens, mais plus que personne il contribue à mettre à la mode le goût du théâtre, la comédie de société ; il fait jouer ses pièces au Palais Cardinal, dans une salle qui coûta plus de 200,000 écus, y convie le roi, la cour, les prélats qui s'y empressent, qui ont un banc réservé connu sous le nom de : *Banc des évêques ;* donne sur cette scène des drames, des ballets, dont princes, princesses et seigneurs briguent les rôles.

Corneille fait allusion à ce goût passionné dans une de ses premières pièces, *l'Illusion* (1636) :

.... A présent le théâtre
Est en un si haut point que chacun l'idolâtre ;
Et ce que votre temps voyait avec mépris,
Est aujourd'hui l'amour de tous les bons esprits,
L'entretien de Paris, le souhait des provinces,
Le divertissement le plus doux de nos princes,
Les délices du peuple et le plaisir des grands ;
Il tient le premier rang parmi leurs passe-temps ;
Et ceux dont nous voyons la sagesse profonde
Par leurs illustres soins conserver tout le monde,
Trouvent dans les douceurs d'un spectacle si beau,
De quoi se délasser d'un si pesant fardeau.
Même notre grand roi, ce foudre de la guerre,
Dont le nom se fait craindre aux deux bouts de la terre,
Le front ceint de lauriers, daigne bien quelquefois
Prêter l'œil et l'oreille au Théâtre-François.
C'est là que le Parnasse étale ses merveilles ;
Les plus rares esprits lui consacrent leurs veilles,
Et tous ceux qu'Apollon voit d'un meilleur regard,
De leurs doctes travaux lui donnent quelque part.
D'ailleurs, si par les biens on prise les personnes,
Le théâtre est un fief dont les rentes sont bonnes.

Bois-Robert a une telle passion pour les spectacles, qu'on appelle le théâtre de l'hôtel de Bourgogne la cathédrale de l'abbé de Bois-Robert ; il joue si bien qu'on le surnomme l'abbé Mondory, le Trivelin de

Longue-Robe, l'aumônier de l'hôtel de Bourgogne. Une partie de ses pièces fut composée pour le théâtre de son maître. Un jour par exemple, pour le divertir et contenter sa jalousie contre le Cid, il le fit jouer en parodie par des laquais et des marmitons. Entre autres choses, en cet endroit où don Diègue dit à son fils :

> Rodrigue, as-tu du cœur ?

Rodrigue répondait :

> Je n'ai que du carreau.

Le cardinal, Racan lui-même, riaient aux larmes lorsque l'abbé jouait la pièce des trois Racans, dont il tira plus tard les trois Orontes. « Il dit *vlai*, il dit *vlai*, » s'écriait le poète bègue et charmé, bien qu'il fût doublement mystifié. Deux de ses amis, le chevalier de Bueil et Yvrande, ayant appris qu'il devait rendre visite vers trois heures à Mlle de Gournay, la fille d'alliance de Montaigne, imaginent la malice suivante. Le chevalier de Bueil frappe à la porte de Mlle de Gournay deux heures avant ; elle faisait des vers : « Cette pensée était belle, dit-elle à sa servante Jamyn, mais elle pourra revenir, et ce cavalier peut-être ne reviendrait pas. » Il s'était fait annoncer sous le nom de marquis de Racan ; elle ne le connaissait que par ouï-dire, le crut, le remercia de cent façons, tandis que lui, de son côté, lui faisait mille contes. Elle, toute ravie d'une si rare aubaine, recommandait à sa servante, voyant que sa chatte favorite miaulait : « Jamyn, faites taire ma mie Piaillon, pour écouter M. de Racan. » A peine est-il sorti, Yvrande se présente, trouve la porte entr'ouverte, et, avec une grande révérence : « J'entre bien librement, Mademoiselle ; mais l'illustre demoiselle de Gournay ne doit pas être traitée comme le commun. — Ce compliment me plaît ; Jamyn, mes tablettes, que je le marque. — Je viens vous remercier, Mademoiselle, de l'honneur que vous m'avez fait de me donner votre livre. — Moi, Monsieur, je ne vous l'ai pas donné ; mais je devrais l'avoir fait : une *Ombre* pour ce gentilhomme. — J'en ai une, Mademoiselle ; et tenez, il y a telle et telle chose en tel chapitre. » Il lui dit après qu'en retour il lui apportait des vers de sa façon : elle les prend et les lit. « Voilà qui est gentil, opine-t-elle ; ici vous *malherbisez*, ici vous *colombisez,* cela est gentil. Mais ne saurai-je point votre nom ? — Mademoiselle, je m'appelle Racan. — Monsieur, vous vous moquez de moi ! — Moi, Mademoiselle, me moquer de cette héroïne, de la fille d'alliance du grand Montaigne !.... — Bien, bien, celui qui vient de sortir a donc voulu se moquer de moi, ou peut-être vous-même vous en voulez-vous moquer. Mais, n'importe, la jeunesse peut rire de la vieillesse. Je suis toujours bien aise d'avoir vu deux gentilshommes si bien faits et si spirituels. » Là-dessus arrive Racan, qui débite d'assez mauvaise grâce son compliment : « Je suis tout essouflé, mademoiselle ; où diable êtes-vous venue loger si haut ? Je vous remercie de votre présent, de votre *Omble* que vous m'avez donnée. — Jamyn, fait-elle d'un air dédaigneux, désabusez ce pauvre gentilhomme ; je n'en ai donné qu'à tel et tel, à M. de Malherbe, à M. de Racan. — Eh ! Mademoiselle, c'est moi. — Voyez, Jamyn, le joli personnage ! Au moins les deux autres étaient-ils plaisants. Mais celui-ci est un méchant bouffon. — Mademoiselle, je suis le *vlai* Racan. — Je ne sais pas qui vous êtes, mais vous êtes le plus sot des trois. Mordieu ! je n'entends pas qu'on me raille ! » La voilà en fureur. Racan, ne sachant à quel saint se vouer, aperçoit un recueil de vers : « Mademoiselle, prenez ce volume, et je vous dirai tous mes vers par cœur. » Cela ne l'apaise point, elle crie *au voleur !* des gens montent, il s'enfuit. Le jour même elle apprit l'histoire ; toute désolée, elle emprunte un carrosse, va chercher Racan chez M. de Bellegarde, le trouve encore au lit, tire le rideau ; il s'éveille, l'aperçoit, la prend pour une sorcière, se sauve dans un cabinet. Depuis, elle lui demanda cent fois pardon, et ils furent les meilleurs amis du monde.

En 1641, on dansa au Palais Cardinal le *Ballet de la prospérité des armes de la France*, avec des machines et des inventions nouvelles pour faire « paraître tantôt les campagnes d'Arras et la plaine de Casal, et tantôt les Alpes couvertes de neige, puis la mer agitée, le gouffre des enfers, et enfin le ciel ouvert d'où Jupiter, ayant paru sur son trône, descendit sur la terre. » L'abbé de Marolles, le Dangeau de la chose, rapporte qu'il y avait des places pour les évêques, les abbés et même pour les confesseurs et aumôniers du cardinal. Ceux-ci se trouvèrent à deux loges de celle de Jean de Werth et d'Eckenfort qu'on avait fait venir tout exprès de Vincennes, où ils étaient prisonniers, dans le même temps que le célèbre abbé de Saint-Cyran qui les avait édifiés et peut-être consolés. Le cardinal comptait éblouir Jean de Werth, général allemand fameux par ses succès d'avant-garde, par sa pointe si audacieuse sur Corbie. Interrogé sur le spectacle, Jean de Werth répondit qu'il trouvait cela très beau, mais que ce qu'il estimait le plus étonnant dans le royaume très chrétien, c'était de voir les évêques à la comédie et les saints en prison. Le mot courut comme une traînée de poudre, mais il ne corrigea personne.

Quelque temps auparavant, Richelieu donna au Palais Cardinal, devant le roi, la reine et toute la cour sa grande tragédie de *Mirame* ; il y avait là des allusions à Buckingham, et d'autres applications fort pénibles pour Anne d'Autriche, mais elle dut subir en silence cette injure, comme une rançon de sa conduite envers le cardinal. L'évêque de Chartres, Léonor d'Estampes de Valençay, un courtisan mitré et fort plat, avait paru à cette fête, rangeant les sièges, donnant des places aux dames ; puis il s'était présenté sur le théâtre à la tête de vingt-quatre pages qui portaient la collation, lui-même étant vêtu de velours, en habit court, répondant à ses amis qui blâmaient cette bassesse, qu'il faisait toute sorte de métiers pour vivre. Bois-Robert le surnommait : le maréchal de camp comique. C'est à la répétition générale de *Mirame* que cet abbé, qui avait ordre de convier les dames, fit pénétrer sous de faux noms quelques gourgandines ; d'où scandale, observations du duc d'Orléans et du roi, joie des dévots, des ennemis de Bois-Robert, qui le firent exiler à Rouen. Mais l'Éminence et les gens de lettres le regrettaient fort, l'Académie fit une démarche en l'honneur de celui que Gombaud appelait *son bon ange*, le médecin Citois recommandait au cardinal de prendre deux drachmes de son poète après dîner, Bautru intervint. Bois-Robert fut rappelé au bout de vingt mois, malgré les efforts de la duchesse d'Aiguillon, qui voyait en lui le *profanateur du palais* de son oncle. Richelieu, en le revoyant, pleura ; Bois-Robert joua le saisi, et Mazarin, présent à la scène, feignant de le croire malade, lui fit tirer trois bonnes palettes de sang.

Richelieu mort, son successeur protégea Bois-Robert, sans le garder comme favori. Il s'en consola par ses succès littéraires, ses saillies et le jeu. A la cour on disait couramment qu'il était notre Sophocle.

Les femmes du théâtre de Bois-Robert (ceci n'est point pour nous surprendre) descendent de ces belles personnes qui embrassaient Alain Chartier endormi ; elles sont de la famille des demoiselles d'honneur de Catherine de Médicis, des héroïnes de Boccace et de Marguerite de Navarre ; elles s'attendrissent et tutoient à première vue, détestent les cérémonies et les amoureux transis, donnent des rendez-vous au bout de cinq minutes, avec cette formule :

> A quelle heure ? -- A minuit. — Viens donc, je t'y convie !
> Adieu, mon âme ! — Adieu, lumière de ma vie 1 !

Les amants sont plus vifs encore dans leurs procédés : aimables mauvais sujets, suivant toutes les modes, achetant leurs nœuds de rubans au Palais, portant des gants « à la Fronde, » faisant le soir le tour de l'île Saint-Louis (ce qui était du dernier élégant), ayant des démêlés avec la justice, se perdant de débauche, et, comme dit Bois-Robert, engageant au démon leur âme et leurs tripes.

Pendant la Fronde notre homme avait composé quelques chansons contre le coadjuteur de Retz. Redevenu

---

1. Je résume ici une page de l'étude de M. Charles Labitte. — Les héroïnes de ce théâtre font penser à cette duchesse italienne qui, lisant un roman français plein de belles dissertations sur l'amour, murmure en haussant les épaules : « Voilà bien des paroles pour une affaire qui chez nous s'arrange dans l'espace d'une matinée ! »

son ami, et dînant un jour chez lui, comme Retz exprimait ironiquement le désir d'entendre ses couplets, Bois-Robert se lève, va sans affectation à la fenêtre et revient s'asseoir : « Eh bien ? — Ma foi, Monseigneur, je n'en ferai rien, votre fenêtre est trop haute ! »

On racontait encore qu'allant dîner en ville, quelqu'un le pria de confesser un pauvre homme qui se mourait dans la rue, et qu'il se contenta de dire en passant : « Mon ami, pensez à Dieu, et récitez votre *Benedicite !* »

Ses coups de langue, son impiété, ses relations avec Ninon de Lenclos, qu'il appelait sa divine, lui attirèrent un nouvel exil en province, dont il se tira encore grâce à la protection de Mlle Servan, fille du ministre, et de Mme de Mancini. Seulement il n'eut point la permission de suivre la cour, et, chose plus pénible, on l'obligea de dire quelquefois la messe. Mme Cornuel, qui assista ainsi à une messe de minuit, assurait que sa chasuble était faite d'une robe de Ninon, et elle refusa de retourner au sermon le lendemain, parce qu'ayant vu Bois-Robert à l'autel, elle craignait de trouver le pitre Trivelin en chaire.

Il mourut le 30 mars 1662, bouffonnant jusqu'à la fin, émettant le vœu d'être aussi bien avec Dieu qu'il avait été avec le cardinal de Richelieu, qui l'avait perdu, ajoutait-il. Et d'avoir continué la tradition des abbés libertins et spirituels du xvie siècle, des Mellin de Saint-Gelais, des Desportes, d'avoir servi, si l'on veut, de précurseur à ceux du xviiie, aux Voisenon, aux Boismont, c'est un mince titre de gloire assurément. Mais il a mieux fait : il a pris part au mouvement intellectuel sous Richelieu et Mazarin, profité de son crédit pour secou-

rir les gens de lettres, contribué largement à la fondation de l'Académie française.

Richelieu ne s'amuse pas seulement de l'esprit d'un
Bois-Robert, d'un Bautru, il s'en sert, ou plutôt il a deviné que cet esprit de conversation n'exclut pas le bon
esprit, l'esprit d'intrigue et l'esprit des affaires, qu'il
est un ornement, un auxiliaire, et s'ajoute à d'autres
qualités. Comme tous les grands joueurs il a le respect
des petites cartes, il sait que :

> Les fous sont, aux échecs, les plus proches des rois.

Puissant architecte, cherchant à construire sa Notre-
Dame politique, il emploiera des matériaux, des ou-
vriers de toute sorte. Par Bautru, il négocie avec l'é-
tranger, avec Gaston d'Orléans ; par Bois-Robert, il
gagne les lettrés, dont la dignité s'accroît en devenant
avec lui les clients de l'État, en entrant à l'Académie.

Par eux encore se dessine nettement un des caractères
de l'esprit français, de cet esprit fait de bon sens, de
gaieté, de bonhomie sympathique, de clarté, de sel
gaulois, que Rabelais, Montaigne, personnifient si puissamment au xvie siècle, que Scarron, Bautru, Bois-Robert, Mme Pilou, Mme Cornuel, Ninon de Lenclos, pour ne
citer que ceux-là, propagèrent au xviie siècle dans la
conversation, en opposition à celui de Pascal, de la Rochefoucauld, des romans précieux, qui trouvera son
immortelle expression dans Molière, — qui, de notre
temps enfin, circule dans l'œuvre si riche, si balsami-
que, d'Émile Labiche, de Victorien Sardou et d'Émile
Augier.

SEPTIÈME CONFÉRENCE

LA SOCIÉTÉ ET PORT-ROYAL

Mesdames, Messieurs,

Vous n'attendez pas de moi que je vous présente un résumé, même succinct, de l'histoire de Port-Royal au xviie siècle, et vous me permettrez de vous renvoyer à l'ouvrage de Sainte-Beuve [1], un des plus beaux livres d'histoire qu'on ait écrits, un de ceux, à mon sens, qui donnent la sensation profonde de la vérité pittoresque, qui posent le mieux, du moins pour les profanes en théologie, ces questions éternelles par lesquelles nous sommes écartelés à deux infinis, un livre où s'épanouissent et ressuscitent tant d'admirables figures qui témoignent contre les sceptiques en faveur de l'humanité, et transmettent aux générations le flambeau de l'idéal,

---

1. Sainte-Beuve, *Port-Royal*, 7 vol., Hachette. — *Mémoires* de Fontaine. — *Mémoires* de d'Andilly. — *Mémoires* du P. Rapin. — De Bausset, *Histoire de Fénelon*. — Victor Cousin, *Mᵐᵉ de Sablé*. — Jacqueline Pascal. — *Règlement donné par une dame de haute qualité à sa petite-fille*, 1698. — *Mémoires* de Marolles. — *Mémoires pour servir à l'histoire de Port-Royal*, Utrecht, 1742. — *Mémoires de la Grande Mademoiselle*, de Mᵐᵉ de Motteville, de Retz, de Saint-Simon. — Vigneul-Marville, *Mélanges d'histoire et de littérature*. —

tantôt un peu vacillant, tantôt fulgurant de clarté, jamais éteint. Car c'est un des traits essentiels de Port-Royal : que vous condamniez ou non la grâce et la prédestination, que vous penchiez vers la morale plus accommodante des jésuites ou vers la morale austère de Saint-Cyran et de ses successeurs, que le jansénisme vous semble une doctrine ou une hérésie, que vous teniez enfin pour les persécutés ou pour les persécuteurs, jamais peut-être un parti, une secte religieuse n'a groupé, en un temps si court, pareille quantité de grandes intelligences, de caractères héroïques, de talents virils, d'esprits d'élite. Des hommes de génie, Pascal, Racine; des logiciens de premier ordre, Nicole et le grand Arnauld; des supérieures, des abbés, des religieux tels que la Mère Angélique, la Mère Agnès, Christine Briquet, Eustoquie de Brégy, M. Le Maître; des chrétiens, des pénitents qui s'appellent les Conti, les Luynes, la princesse Marie de Gonzague, les Liancourt, le duc de Roannès, Mme de Sablé, Mme de Longueville, M. de Tréville, Mlle de Vertus; des amis comme Mme de Sévigné, Boileau, Philippe de Champagne (Corneille est un peu de Port-Royal par *Polyeucte*), Domat; des ascètes comme Lancelot, de Saci, Hamon, l'abbé de Pontchâteau; des prédicateurs, des directeurs d'âmes comme du

---

Menagiana, Carpentariana. — *Mémoires* de Gui-Joly. — *Le Nécrologe de Port-Royal.* — Jacques Esprit, *La Fausseté des vertus humaines,* 1678. — Aubineau, *Notices littéraires sur le XVIIe siècle,* 1859. — Œuvres de Segrais. — De Barthélemy, *Les amis de la marquise de Sablé.* — Combes, *Mme de Sévigné historien.* — Comte d'Haussonville, *Mme de Lafayette.* — Chantelauze, *Saint Vincent de Paul et les Gondi.* — *Historiettes* de Tallemant des Réaux. — Charles Giraud, *Œuvres de Saint-Evremond.* — Séché, *Les derniers jansénistes,* 3 vol. — Portefeuilles de Valant. — Voir aussi l'admirable discours prononcé par M. Jules Lemaître, à Port-Royal des Champs, en 1899.

Guet, Singlin, qui font entendre aux fidèles des paroles apprises, non dans les écoles, mais au pied du crucifix, des paroles au poids du sanctuaire ; des serviteurs tels que MM. de la Rivière, de la Petitière, de Bussi, de Beaumont, de Gibron, Renaud de Sévigné, qui commettent des scandales de sainteté, s'instituent les domestiques des religieuses, fabriquent pour elles des souliers, bêchent le jardin, gardent les forêts de l'abbaye (M. de Gibron, entre autres, fait la cuisine des domestiques des religieuses) ; et enfin dans l'épiscopat des patrons tels que Henri Arnauld, M. de Buzanval, M. de Caulet, surtout le saint évêque d'Aleth, Nicolas Pavillon, une de ces figures d'évêque primitif, « assises sur le roc et plus immuables que Pierre, » dont le crédit moral auprès des peuples, bien plus grand que celui de Bossuet, forçait les ministres et Louis XIV lui-même à compter avec lui ; tant de personnages composent à Port-Royal une auréole de grandeur morale presque unique, et comme une physionomie spéciale dans notre histoire religieuse. « Qui ne connaît pas Port-Royal ne connaît pas l'humanité, » a prononcé Royer-Collard. Vous voyez que j'ai toutes les audaces. Citer ce philosophe après *Le monde où l'on s'ennuie*, quelle témérité [1] !

---

[1]. « Cette vallée de Port-Royal, dit magnifiquement M. Jules Lemaître, est un des coins de la France les plus augustes, les plus imprégnés d'âme. C'est une terre sacrée. Car, d'abord, cette vallée a abrité la vie intérieure la plus intense peut-être qui ait été vécue dans notre patrie. Là ont médité et prié les âmes les plus profondes, les plus repliées sur elles-mêmes, les plus obsédées par le mystère de leur destinée spirituelle. Nulles, dans ce vertige de l'esprit attentif à son propre gouffre, n'ont paru douter davantage de la liberté humaine, et n'ont pourtant montré une volonté plus

Écoutez cependant ses ennemis. D'après eux, la Fronde est venue du jansénisme, et c'est l'hérésie la plus subtile que le diable ait tissue ; saint Augustin a engendré Calvin, Calvin a engendré Jansénius, Jansénius Saint-Cyran, Saint-Cyran Arnauld et ses frères. Richelieu ne dit-il pas de Saint-Cyran : « Il est plus dangereux que six armées ? » Et ce thème remplit des bibliothèques, de même que la thèse adverse ; car on écrit énormément à Port-Royal, l'on y répète volontiers le mot de Pascal : « Le silence est la plus grande des persécutions; les saints ne se sont jamais tus. »

Ce qui semble surtout incontestable, c'est que la querelle des jansénistes et des jésuites, ces deux ailes de l'armée catholique, découvre la religion, la décrie dans la personne de ses défenseurs les plus zélés ; c'est que le dogme restrictif de la prédestination, destructeur du libre arbitre, fait de ce Christ,

> Lui dont les bras cloués ont brisé tant de fers,

un Christ aux bras étroits, qui ne nous embrasse plus, ne nous recueille plus tous; c'est « qu'en tenant les

---

forte. Et ces solitaires ont gagné la sympathie même des personnes les plus éloignées de croire, de sentir et de concevoir la vie comme eux, parce que leur humilité et leur anéantissement devant Dieu n'empêcha point ces excessifs théologiens de la grâce d'opposer les plus fières résistances aux entreprises injustes des pouvoirs publics, et de ce que l'un d'eux appelait les « grandeurs de la chair.... »

« Et enfin le plus doux paysage français, fleurs, ombrages, eaux légères. courbes du sol et ondulations caressantes, ciel tendre et souvent mélancolique, enveloppe ces souvenirs de religion et d'art qui sont entre les plus grands de notre tradition nationale. Ces feuillages sont « bien nés. » Ces arbres sont les petits-fils de ceux qui ont ombragé les deux têtes merveilleuses et chères où sont écloses les *Pensées* de Pascal et les tragédies de Racine.... »

consciences captives, en ne supportant aucune faiblesse, en trouvant partout des crimes nouveaux, en faisant si escarpés les sentiers de la pénitence, cette doctrine un peu hautaine décourage l'esprit de piété, le détruit presque autant que ces casuistes aimables qui portent des coussins sous les coudes des pécheurs, et cherchent des couvertures à leurs passions. « Elle fit paraître la vertu trop pesante, l'Évangile excessif, le christianisme impossible. » Dieu est bon, dit saint Vincent de Paul ; Dieu est terrible, répond Saint-Cyran. Et ceci explique, en partie du moins, l'aversion profonde de Louis XIV qui renouvelait les mœurs de l'Olympe, pourquoi il frappa les jansénistes plus durement encore que Richelieu. Les jansénistes sont sincèrement royalistes, mais leur morale excellente rompt en visière aux scandales de la cour, et le roi dut applaudir hautement l'observation de l'archevêque de Péréfixe sur les religieuses de Port-Royal : « Pures comme des anges, orgueilleuses comme des démons » ; les vers de La Fontaine se faisant l'interprète des rancunes de la cour :

C'est à bon droit que l'on condamne à Rome
L'évêque d'Ypre, auteur de vains débats ;
Ses sectateurs nous défendent en somme
Tous les plaisirs que l'on goûte ici-bas.
En Paradis allant au petit pas,
On y parvient, quoi qu'Arnauld nous en die.
La volupté, sans cause il l'a bannie.
Veut-on monter sur les célestes tours,
Chemin pierreux est grande rêverie :
Escobar fait un chemin de velours.

Ces hommes que Mme Cornuel appelait plaisamment des importants spirituels, que Napoléon eût traités d'idéologues, sont des Alcestes chrétiens, et comme les aînés de Corneille : l'autorité, trait saillant de ces caractères, éclate sans cesse, joint à un vigoureux esprit de spiritualité qui ne s'en laisse guère imposer, à une conviction qui devient aussi de l'entêtement. Rappelez-vous le cri de Saint-Cyran à propos de la bulle d'Urbain VIII contre Jansénius : « Ils en font trop, il faudra leur montrer leur devoir; » celui de Domat dans une autre circonstance : « N'aurai-je jamais la consolation de voir un pape chrétien dans la chaire de saint Pierre ? » Marie de Gonzague, reine de Pologne, avait répondu à des amis qui lui conseillaient de modérer ses aumônes : « Non, je ne veux rien amasser, car quelque peu que j'aie de bien, si je devenais veuve, j'en aurais toujours assez pour être reçue par la Mère Angélique à Port-Royal des Champs. » Le propos ayant été répété à celle-ci, elle dit à son neveu M. Le Maître : « Je ne sais si nous devons désirer qu'elle soit religieuse céans ; car, à moins qu'une reine soit toute sainte, il est difficile qu'elle ne cause de l'affaiblissement et du relâchement dans une maison religieuse.... Les rois et les reines sont des néants devant Dieu, et la vanité de leur condition attire plutôt son aversion sur eux que son amour. Ils naissent doublement enfants de sa colère, n'y ayant presque aucune princesse en qui l'esprit et la grâce de Dieu se fasse paraître. »

« Théologiquement, Port-Royal est une espèce de réforme en France [1], une tentative de retour à la sainteté de la primitive Église sans rompre l'unité, la voie étroite dans sa pratique la plus rigoureuse, un essai de

---

1. Les lettres de la Mère Angélique ont été conservées malgré elle : ses religieuses en tiraient copie avant de les faire partir, la Mère Agnès était du complot; elle finit par s'en apercevoir et s'en plaignit. Elle y traite la reine comme une de ses sœurs. « Il

l'usage en français des saintes Écritures et des Pères, un dessein formel de réparer et de maintenir la science, l'intelligence et la grâce. La tentative échoua, l'Église catholique romaine y mit obstacle, déclarant égarés ceux qui prétendaient à toute force, et tout en la modifiant, lui demeurer soumis et fidèles…. Le janséniste, loin d'être un commencement de déiste, est un redoublement de chrétien [1]…. Mais les doctrines du pélagianisme et du semi-pélagianisme, qui, s'appuyant de la bonté du Père et de la miséricorde du Fils, tendaient toutes à placer dans la volonté et la liberté de l'homme le principe de son salut, leur parurent pousser à de prochaines et désastreuses conséquences, à l'inutilité du Christ-Dieu, d'une rédemption surnaturelle. Ils lancèrent donc un cri d'alarme et d'effroi. Au lendemain du xvie siècle, cent ans avant les débuts de Montesquieu et de Voltaire, ils devinèrent toute l'audace de l'avenir, voulurent, par un remède absolu, couper court à ces tendances. Il semblait qu'ils lussent, dans les définitions de la liberté et de la conscience par le moine Pélage, les pages éloquentes du *Vicaire savoyard*, et qu'ils les voulussent abolir.

« Port-Royal fut aussi l'entreprise de l'aristocratie de la classe moyenne en France : on peut y voir l'essai anticipé d'une sorte de tiers état supérieur, se gouvernant lui-même dans l'Église, une religion, non plus romaine, non plus aristocratique et de cour, non plus

---

ne nous est point échappé de lettres à la reine pendant que notre Mère était à Port-Royal des Champs : je crains que nous ne puissions faire *notre coup* si aisément à présent, parce qu'elle écrit tard. Il y a plusieurs surveillantes établies pour cela. »

1. Je résume les conclusions de Sainte-Beuve.

dévotieuse à la façon du petit peuple, mais plus libre des vaines images, des cérémonies, et plus libre aussi au temporel en face de l'autorité, une religion sobre, austère, indépendante, qui eût fondé véritablement une réforme gallicane. L'illusion fut de croire qu'on pouvait continuer d'exister dans Rome en substituant un centre si différent, que Richelieu et Louis XIV toléreraient la hardiesse de cet essai. »

En étudiant l'histoire de l'ancien régime, on distingue, parmi tant d'autres, un phénomène social fort curieux : la pénétration perpétuelle du monde et des couvents, leurs rapports permanents, leur influence. Ce phénomène se reproduit ici, et d'une manière d'autant plus originale que, Port-Royal ayant à plusieurs reprises enduré la persécution, dut chercher un moyen d'en prévenir le retour, d'en adoucir l'effet, et mit naturellement à profit le crédit des nombreux personnages qui partageaient ses doctrines et lui offraient leurs services : services de toute sorte, services de polémique, de protection persévérante, services d'esprit comme la repartie si maligne du chanoine Boileau à un Jésuite qui soutenait que Pascal lui-même avait fait des sabots et des souliers pour les dames de Port-Royal : « Je ne sais pas s'il a fait des souliers, mais convenez, mon Révérend Père, qu'il vous a porté de fameuses bottes; » ou celle de Boileau le satirique, quand on lui annonça que le roi menaçait de nouvelles rigueurs les religieuses : « Et comment fera-t-il pour les traiter plus durement qu'elles ne se traitent elles-mêmes ? » De ces liaisons si étroites, de ces sympathies si pures de goûts et de croyances, je voudrais nommer quelques héros; leur esprit, leur caractère éclairent de nouveaux rayons l'histoire de la société française au XVIIe siècle.

Jeanne de Schomberg, mariée en premières noces au comte de Brissac (le mariage fut rompu juridiquement), épousa, à l'âge de vingt ans, le duc de Liancourt, qui était beau, bien fait, galant ; trop galant même, car sa femme eut à souffrir de ses légèretés. Mais, sans leur opposer d'autres armes que l'affection, sans répéter le mot d'une autre grande dame : « Qu'importe que mon mari promène son cœur toute la journée, s'il me le rapporte le soir ? » elle se contente d'attendre, usant de la diplomatie la plus délicate, embellissant avec une magnificence ingénieuse et un luxe presque royal sa terre de Liancourt en Beauvoisis ; en faisant ainsi, elle entrait dans ses inclinations à lui, s'appuyait sur les unes pour vaincre les autres. Dans une maladie contagieuse de son mari, elle s'enferma avec lui pour le soigner ; elle gagnait petit à petit son cœur, et acheva de le conquérir au cours d'une grave maladie qui faillit elle-même l'emporter. La lutte avait duré dix-huit ans, et je ne sache pas d'exemple plus touchant à citer aux femmes délaissées. Vers l'âge de quarante ans, M. de Liancourt adopta une vie régulière qui peu à peu devint une vie demi-pénitente et sainte, à laquelle MM. d'Andilly, Arnauld, le Père des Maures, l'abbé de Bourzeis, se mêlèrent de plus en plus. Cette réunion des époux chrétiens dura encore trente-six ans, pendant lesquels ils eurent toujours les mêmes maximes, sentiments, désirs, amis.

M. de la Rochefoucauld, l'auteur des *Maximes*, souriait un peu du duc de Liancourt, et disait de lui : « Il dépense tout son bien en médecins, et il est toujours malade ; en conseils de gens d'affaires, et il a toujours des procès qu'il perd; en bonnes œuvres, et on lui refuse l'absolution à sa paroisse. » En effet, malgré sa parfaite piété et sa douceur, il eut un incident assez désagréable avec le curé de Saint-Sulpice, M. Olier. A Paris, il logeait chez lui le Père des Maures et l'abbé de Bourzeis ; sa petite-fille, Mlle de la Roche-Guyon, était pensionnaire à Port-Royal, et il s'était fait arranger un petit bâtiment au désert des Champs, où, lorsqu'il passait quelque temps, il édifiait tout le monde par son extrême courtoisie, faisait sourire par son ingénuité, saluant chapeau bas les moindres personnes et le vacher lui-même, «tout à fait poli comme M. de Lacépède. » Or, s'étant présenté, le 31 janvier 1655, à son confesseur ordinaire, celui-ci observa après avoir entendu sa confession détaillée : « Vous ne me parlez point d'une chose de conséquence qui est que vous avez chez vous un janséniste, un hérétique; vous ne me parlez point non plus d'une petite-fille que vous faites élever à Port-Royal, et du commerce que vous avez avec ces messieurs. » Le confesseur exigeant un *mea culpa*, une rétractation publique, le pénitent refusa et sortit paisiblement du confessionnal. C'est sur ce refus de sacrement qu'Arnauld écrivit sa *première lettre à une personne de condition*, lettre qui passionna le public mondain et savant, provoqua une foule de réponses et le fit rayer de la Sorbonne; le jugement de la Sorbonne, obtenu par des artifices plus ou moins réguliers, engendra les premières *Provinciales*. A la majorité du dedans, oppressive ou servile (il est bien plus facile de trouver des moines que des raisons), Pascal opposera Monsieur le docteur tout le monde. Les belles dames devinrent les apôtres de cet Évangile nouveau,

que Chateaubriand appelle un « mensonge immortel ; »
de Maistre : « un fort joli libelle ; » Sainte-Beuve : « le Cid
de la prose ; » Racine, dans un jour de colère et d'ingratitude : « des comédies ; » qui fit dire à Voltaire : « Pascal,
le premier des satiriques français, car Boileau ne fut
que le second : » elles en envoyaient des exemplaires
dans toutes les villes du royaume. Le cercle de
Mme de Sablé, l'hôtel de Nevers où brillait la marquise
du Plessis-Guénégaud, vingt autres salons à la mode
devinrent des foyers de lecture, de distribution, de
propagande ; Mmes de Chevreuse, de Guéménée, amies
intimes de M. d'Andilly, déployaient le plus grand
zèle. « Autour des États généraux factieux de 1593, il
y eut la satire Ménippée ; autour des assemblées vio-
lentes de Sorbonne, de 1655-1656, il y a les *Provinciales*. »

On a imprimé en 1698, sous ce titre : *Règlement
donné par une dame de haute qualité à sa petite-fille,*
les conseils de Mme de Liancourt à Mlle de la Roche-
Guyon, avec un autre règlement que cette dame avait
dressé pour elle-même, et une préface de l'abbé Boileau. J'y rencontre des traits, des préceptes de conduite
qui font un peu sourire et sentent la janséniste, mais
dévoilent une âme très suave, fort circonspecte devant
les dangers du monde. Dans les procès par exemple, si
elle trouve des preuves défavorables, elle en avertit la
partie adverse et les juges, retranche des mémoires
tout ce qui lui paraît trop vif et peu mesuré, se-
court ses ennemis, travaille sans cesse à tenir son
cœur dans sa main, se montre si jalouse du devoir que
la nuit, quand il lui vient l'idée d'une bonne chose
à faire, elle ne se rendort pas avant qu'elle l'ait

écrite pour le lendemain sur des tablettes : et ceci la réveillait souvent plusieurs fois. Quinze jours avant sa mort, elle sentit que sa fin approchait ; comme elle était à la Roche-Guyon et non à Liancourt, elle dit à une personne de sa confidence : « Il est temps de porter mon corps à sa dernière demeure ; il y aura moins de cérémonies à l'y conduire vivant que mort. » Un ecclésiastique de ses amis, étant accouru au-devant d'elle : « Je suis venue ici, observait-elle, afin que vous m'aidiez à aller aux noces de l'Agneau. » Environ deux heures avant sa mort (14 juin 1674), elle appela son concierge, et lui fit promettre qu'il prendrait soin de faire couvrir ceux de ses portraits qui, selon l'usage du temps, avaient la gorge découverte. Parmi les recommandations qu'elle adresse à sa petite-fille, je vous confie celle-ci sans aucun commentaire : « Ne souffrez point chez vous de visites d'hommes qui soient d'âge et de sorte à pouvoir être suspects ; et s'il y en vient durant que vous n'aurez point d'autre compagnie, ne faites aucune difficulté de faire mettre vos chevaux au carrosse, et de les quitter en leur faisant excuse de ce que vous avez affaire à sortir. » Cette petite-fille, si pudiquement élevée, mariée à l'émule du duc d'Antin, à la Rochefoucauld-Marsillac, ce quasi-favori de Louis XIV, ce courtisan accompli qui pendant quarante ans se fit une loi de ne manquer ni un lever ni un coucher du roi, ni un changement d'habit, ni une partie de chasse, cette petite-fille passa sa courte vie dans une telle innocence qu'elle ne voulut jamais voir les comédiens du roi qu'on avait mandés exprès pour elle ; ayant lu un roman, elle en eut tant de douleur qu'elle fit vœu de n'en lire jamais. Elle mourut très jeune, n'ayant pas encore vingt-quatre ans accomplis. De telles existences font songer à cette admirable épitaphe d'Élisabeth Ranquet, par le grand Corneille :

Ne verse point de pleurs sur cette sépulture,
Passant : ce lit funèbre est un lit précieux
Où gît d'un corps tout pur la cendre toute pure ;
Mais le zèle du cœur vit encore en ces lieux.

Avant que de payer le droit à la nature,
Son âme, s'élevant au delà de ses yeux,
Avait au Créateur uni la créature,
Et, marchant sur la terre, elle était dans les cieux.

Les pauvres bien mieux qu'elle ont senti sa richesse :
L'humilité, la peine, étaient son allégresse,
Et son dernier soupir fut un soupir d'amour.

Passant, qu'à son exemple un beau feu te transporte,
Et, loin de la pleurer d'avoir perdu le jour,
Crois qu'on ne meurt jamais quand on meurt de la sorte.

Le duc de Liancourt ne survécut que six ou sept semaines à la duchesse ; ils laissèrent par testament mille livres de pension viagère à M. de Saci, et dix mille livres chacun à la maison de Port-Royal.

On peut en dire autant de cette exquise duchesse de Luynes qui, avec son mari, fait bâtir le petit château de Vaumurier sur les terres mêmes de Port-Royal des Champs, voulant participer de plus près à cet esprit de silence et de solitude, regrettant spirituellement que le tabouret ne se pût vendre, car elle eût aimé rester debout devant la reine lorsque tant de malheureux n'ont pas de quoi s'asseoir, mourant à l'âge de vingt-sept ans. Son mari marche d'abord sur ses traces, recueille pendant la Fronde tous les solitaires, ce qui fait dire à la Mère Angélique : « Nous avions ci-devant des gentilshommes pour cordonniers, à cette heure nous avons un duc et pair pour chasse-avant. » Même il établit des réunions où l'on agitait le système de Descartes et les tourbillons, la question de savoir si les bêtes sont des horloges ; car les solitaires s'occupent fort des automates, raisonnent comme Malebranche, et, sans remords, dissèquent des chiens pour observer la circulation du sang. E puis le duc se consola selon le monde, épousa Mlle Anne de Rohan, sa propre tante, se maria encore une troisième fois en 1685, *vir uxorius*, aimant tendrement chacune de ses femmes, aimant surtout le mariage, demeurant à distance en fort bons termes avec Port-Royal.

Tout autre nous apparaît Madeleine de Souvré, femme de Philippe-Emmanuel de Laval-Montmorency, seigneur de Bois-Dauphin, fils du maréchal de Bois-Dauphin et marquis de Sablé. Élève de l'Astrée, type de la parfaite précieuse, elle contribuera beaucoup à répandre le goût de ces sentiments à la fois passionnés et purs, ou ayant la prétention de l'être, qui régnèrent dans la littérature et le beau monde jusqu'à Louis XIV. « Elle avait, dit Mme de Motteville, conçu une haute idée de la galanterie que les Espagnols avaient apprise des Maures. Elle était persuadée que les hommes pouvaient sans crime avoir des sentiments tendres pour les femmes, que le désir de leur plaire les portait aux plus grandes et aux plus belles actions, leur donnait de l'esprit, leur inspirait de la libéralité et toutes sortes de vertus ; mais que, d'un autre côté, les femmes, qui étaient l'ornement du monde, et étaient faites pour être servies et adorées, ne devaient souffrir que leurs respects. » Elle soutint cette orgueilleuse maxime avec beaucoup d'esprit, de vertu, de beauté, et lui donna crédit pendant quelque temps. M. de Montmorency, celui qui monta sur un échafaud à Toulouse [1], le 3o octobre i632, l'homme à la mode de son temps, l'aima de cette façon, et il ne lui était pas indifférent. Mais, au bout de quelque temps, Montmorency ayant paru lever les yeux sur la reine, Mme de Sablé rompit aussitôt, ne pouvant recevoir agréablement les respects qu'elle avait à partager avec la plus grande princesse du monde. D'ailleurs, les autres mourants de la marquise ne manquèrent pas de lui laisser entendre que Polydamas (ainsi s'appelle-t-il dans le *Grand Cyrus*) avait trop peu d'esprit pour la comprendre, n'aimant que la moitié de la belle Parthénice, et la regardant plus qu'il ne l'écoutait.

Tranchons le mot, cet amour d'elle-même, cette gloriole de galanterie, ce goût des adorations, des hommages, ne la quittèrent jamais; même lorsqu'elle semble convertie, qu'elle habite une maison communiquant au monastère de Port-Royal de Paris, elle a sa manière de cour, son tourbillon, dit Sainte-Beuve. L'abbé de la Victoire la compare au soleil; sa grande amie, la comtesse de Maure, l'appelle *Mamour;* à l'âge de soixante-dix-sept ans, elle a besoin qu'on lui en conte, et la comtesse de Brégy lui adresse des billets ainsi conçus : « 29 octobre i677. Je vous vis hier, Madame, si belle et si charmante, que si le fameux Pâris vous eût rencontrée

---

1. Voir les ouvrages de du Chesne, Desormeaux, Decrue de Stoutz, sur la maison et les connétables de Montmorency; — Mémoires de Castelnau, additions de Le Laboureur; — *L'exécution du duc de Montmorency, et la duchesse de Montmorency à Moulins,* Paris, i889; — Amédée Rénée, *Madame de Montmorency,* i858; — Simon du Cros, *La Vie du duc de Montmorency;* — Garreau, Cotolendi, Vies de la duchesse de Montmorency. — La maison de Montmorency a fourni à la France six connétables, douze maréchaux, sept grands officiers de la Couronne, deux grands maîtres.

de même en son chemin le jour qu'il donna la pomme, elle eût été pour vous; et par la justice qu'il vous aurait faite contre les déesses, il eût évité le fatal présent du cœur d'Hélène, qui lui coûta tant de maux, dont peut-être il se repentit.... »

« La voilà donc voisine de Port-Royal, vers 1653, professant pour ces dames une amitié ombrageuse, inquiète, compliquée, subtile, une amitié qui eut quelques éclipses, mais qui, dans son ensemble, est sincère, agissante, efficace, conservant la passion d'un certain crédit pour soi, pour ses amis, dirigeant un hôtel de Rambouillet en miniature, un pied dans le monde, un œil sur le cloître. Elle met à la mode les maximes, les sentences, comme Mlle de Scudéry y mettra la littérature légère, la Grande-Mademoiselle les Portraits et Caractères. Elle ne saurait se passer du monde, car il faut, pense-t-elle, une grâce pour le quitter, mais il n'en faut point pour le haïr. Elle entend tout, elle est à l'affût de tout, elle se fait le centre du bel esprit le plus sérieux; Arnauld lui soumet le *Discours préliminaire de la logique*, elle fait la fortune du livre de M. Esprit, alors retiré à Béziers; la Rochefoucauld la consulte sans cesse sur le fond et la forme de ses pensées; on assiste chez elle à leur élaboration, et elle en travaille le succès : « Vous savez, lui écrit-il, que je ne crois que vous sur de certains chapitres, et surtout sur les replis du cœur [1]. »

« Elle intéresse à elle et à son salut des solitaires, des docteurs, la fleur du désert; elle a sous la main son confesseur austère et ne congédie pas son cuisinier; elle

---

1. Je résume ici Victor Cousin et Sainte-Beuve.

consulte son médecin et son casuiste sur ses migraines et ses scrupules; se sent assistée des prières de la communauté en ses jours de communion, le lui rend par ses eaux merveilleuses, ses élixirs, et si les religieuses avaient voulu les accepter, par ses gelées et ses confitures; car elle est la reine des gourmets, et la personne de Paris qui entend le mieux la confection des potages. » M. de Pisani dira d'elle qu'elle a beau faire, qu'elle ne chassera point le diable de chez elle, qu'il s'était retranché dans sa cuisine. Une autre précieuse de qualité lui écrit « qu'elle quitterait volontiers tous les mets et les ragoûts du plus magnifique repas, pour une écuelle, non pas de lentilles, mais de son potage, « rien n'étant si délicieux, ajoute-t-elle, que d'en manger en vous écoutant parler. » Mme de Sablé tient école de friandise, devance Brillat-Savarin, et, comme son génie est le goût et la politesse, elle transporte l'esprit aristocratique et précieux jusque dans la cuisine; la Rochefoucauld, un de ses meilleurs élèves, lui demande sans cesse des leçons et des recettes. D'après elle, manger est chose infiniment délicate, et une redoutable épreuve pour les amoureux; c'est assez de la moindre grimace pour tout gâter : il convient d'abandonner aux bourgeoises les gros repas faits pour le corps, de prendre quelque nourriture pour se soutenir seulement et se divertir; peu de plats, mais exquis.

Dans cette société mondaine de Port-Royal, où les femmes sont représentées par la comtesse de Maure, Mlle de Vandy, Anne de Rohan princesse de Guéménée, Mme de Brégy, Marie de Hautefort duchesse de Schomberg, Mmes de Sévigné, de La Fayette, Mme de Longueville, on cultive de préférence la théologie, la métaphysique, la morale : c'est chez Mme de Sablé que se tiennent en 1663 des conférences sur le calvinisme dont une sorte de procès-verbal est venu jusqu'à nous. Le cartésianisme, qui faisait l'objet des entretiens de toute la France, occupe fort ses intimes; on s'y échauffe pour et contre, on y lit des discours sur Descartes. Les portefeuilles de Valant, qui sont en quelque sorte les archives du salon de la marquise, contiennent deux billets de Mme de Brégy sur une vie de Socrate et une traduction d'Épictète, des lettres du marquis de Sourdis sur l'amour (car l'amour est un des thèmes ordinaires de conversation), des pensées sur la guerre, sur l'esprit, des lettres de Domat. Qui se serait attendu à trouver sous la plume du jurisconsulte Domat des réflexions telles que celles-ci : « Toutes les sottises et les injustices que je ne fais pas m'émeuvent la bile. — Cinq ou six pendards partagent la meilleure partie du monde et la plus riche. — On doit plus craindre d'avoir trop à l'heure de la mort que trop peu pendant la vie. — Nous voulons tellement plaire que nous ne voulons pas déplaire aux autres, lorsque nous nous déplaisons à nous-mêmes, et que nous voulons plaire à ceux qui nous déplaisent. — Les louanges, quoique fausses, quoique ridicules, quoique non crues, ni par celui qui loue, ni par celui qui est loué, ne laissent pas de plaire; et si elles ne plaisent pas par un autre motif, elles plaisent au moins par la dépendance et par l'assujettissement qu'elles marquent de celui qui loue. C'en est assez pour nous faire juger quel bien c'est devant Dieu que les richesses. — Un peu de beau temps, un bon mot, une louange, une caresse me tirent d'une profonde tristesse, dont je n'ai pu me tirer par aucun effort de méditation. Quelle machine que mon âme; quel abîme de misère et de faiblesse ! » Victor Cousin suppose que Pascal aurait composé mainte de ses pensées, celles sur le gravier de Cromwell et le nez de Cléopâtre, en vue ou en souvenir de ce salon. Mme de Sablé elle-même s'essayait aux maximes, mais, disons-le franchement, les siennes ne dépassent pas une médiocrité décente; là comme ailleurs, elle provoque, elle inspire; elle fait plus par les autres que par elle-même [1].

J'ai lu quelque part qu'une dame de l'ancienne société, Mme de Montbreton, était si peureuse qu'elle n'allait point l'été à la messe, de peur d'y être mordue par des puces enragées. Nous touchons ici au ridicule de Mme de Sablé, type fort curieux de malade imaginaire, si agaçant par instants que Sainte-Beuve l'appelle *une maniaque de qualité*. Et d'apprendre que la grande condition de l'entrée et de l'installation à demeure de la marquise à Port-Royal était qu'on ne lui

---

1. Parmi les femmes moralistes, quatre seulement me paraissent tout à fait originales et hors de pair : la marquise de Lambert, Mme Swetchine, la comtesse de Beaussacq, Mme Barratin. Voici quelques maximes de cette dernière, tirées du volume qu'elle a publié en 1895 sous ce titre : *Chemin faisant :* « Les heures nous restent pour pleurer les instants. — Le duo a été créé par la nature, le trio par la société. — J'aime beaucoup la politesse pour elle-même, et pour tout ce qu'elle contient d'ironie. — Le piano a beaucoup augmenté la valeur du silence. » Mme de Beaussacq a publié trois volumes : *Les Maximes de la vie, les Glanes de la vie, le Livre d'or de la comtesse Diane,* pleins de pensées fines et profondes, et qui prouvent une fois de plus que les diamants ne pèsent jamais lourd. Comme pour Mme Barratin, il faudrait beaucoup citer, et je rappellerai seulement deux ou trois réflexions : « La femme aime, souffre, pardonne ; l'homme se laisse aimer, fait souffrir, se le pardonne. — Les années qu'une femme se retranche ne sont jamais perdues; elle les ajoute à une amie. — La senteur d'une aubépine fait revivre tous les printemps. »

cacherait jamais le nombre des malades ni le genre de maladie, qu'on avait beau s'y engager de la façon la plus solennelle, qu'elle ne s'y fiait pas, s'informait sous main par ses gens, que c'était là un sujet perpétuel de zizanie amicale; de constater par les lettres de Mme de Longueville, que celle-ci se garde bien de lui écrire, de la voir, de la recevoir lorsqu'elle est souffrante ou qu'elle a quelqu'un de malade dans sa maison ou ses domaines, une telle pusillanimité justifie amplement l'épithète. Mais n'est-ce pas le lot habituel de l'humanité : les âmes grandes ou délicates soumises à mille petitesses, l'héroïsme obscurci par maint ridicule, comme le fer par la rouille, le mélange éternel du tragique et du comique, du rire et des larmes, la difficulté de rester conséquent avec soi-même dans l'ordre de la beauté morale et intellectuelle ?

Après la composition des *Maximes*, l'affaire la plus considérable abordée par Mme de Sablé est la défense de Port-Royal ; elle se montra fort active pour la paix de l'Église, elle a surtout servi Port-Royal en lui donnant Mme de Longueville, qui par ses traditions domestiques, par toutes les habitudes de son enfance et de sa jeunesse, semblait appartenir bien plus à la famille de sainte Thérèse.

Un autre pénitent laïque de Port-Royal, le comte de Tréville, eut trois grands peintres : Bourdaloue, la Bruyère, Saint-Simon, fut peut-être le causeur le plus spirituel de son temps, et n'en est pas moins fort oublié aujourd'hui. Il faisait partie de la société intime de Madame Henriette, duchesse d'Orléans, dont la mort foudroyante le toucha tellement qu'il en quitta le monde, où il avait de rares succès, et prit le

parti de la dévotion. Fils d'un capitaine des mousque-
taires de Louis XIII, élevé auprès de Louis XIV avec
le chevalier de Rohan, MM. de Guiche, de Saulx-Les-
diguières, ils déplurent, ses amis et lui, au maître, en laissant peut-être deviner qu'ils ne lui trouvaient pas grand
esprit : ils se trompaient, et le roi en garda un ressen-
timent fâcheux pour leur fortune. Dès 1666 il se ratta-
che à la société particulière de Mme de Longueville,
alors convertie ; et comme il était savant, qu'il possédait le grec à fond, mieux même que la plupart des
Messieurs de Port-Royal, elle l'initia aux conférences
qui se tenaient chez elle à l'occasion du Nouveau Testament de Mons, en vue d'une seconde édition. « Vouloir
être en tout comme pas un autre, ne ressembler en rien
au commun des mortels, se choisir une dévotion même
qui fût d'une distinction et d'une qualité à part, voilà
sa prétention tacite ou avouée. » D'ailleurs, du Guet,
Bussi-Rabutin, Boileau, Rollin le portent aux nues ;
Nicole préfère son esprit à celui de Pascal ; il est vrai
qu'il appela un jour celui-ci : un ramasseur de co-
quilles. « Arsène, dit La Bruyère, du plus haut de son esprit, contemple les hommes, et, dans l'éloignement d'où
il les voit, il est comme effrayé de leur petitesse ; loué,
exalté par de certaines gens qui se sont promis de
s'admirer réciproquement. » Tréville a l'esprit naturellement hautain, piquant, satirique ; il n'estime pas assez
le public pour se livrer à lui par un ouvrage imprimé,
se contente de faire des lectures dans un cénacle d'élus,
auxquels il explique, rend lumineux et agréables les
systèmes subtils de la grâce et du quiétisme. « Son travail restait une jouissance et une faveur. » Tel un artiste
qui, après les deux ou trois premières épreuves tirées

d'une belle gravure avant la lettre, ferait briser la planche. « J'attends aujourd'hui, écrit Mme de Coulanges à Mme de Sévigné, une compagnie qui ne vous déplairait pas, ma très belle ; c'est M. de Tréville, qui vient lire à deux ou trois personnes un ouvrage qu'il a composé : c'est un précis des Pères qu'on dit être la plus belle chose qui ait jamais été. Cet ouvrage ne verra jamais le jour, et ne sera lu que cette fois seulement. De tout ce qui sera chez moi, je suis la seule indigne de l'entendre. » Avoir de l'esprit comme M. de Tréville, parler comme M. de Tréville, c'était alors la suprême louange dans le monde raffiné. C'est lui qui, par ses objections tirées des Pères grecs, amène Nicole à présenter son système de la grâce générale qui mitige tout le jansénisme. Les docteurs comptent avec ce théologien de salon ; Bossuet le connaît fort, rend bon compte de sa conversion au roi, lui trouve seulement un peu trop de curiosité, un trop grand désir de vérifier les dogmes religieux à leur source. Tréville et les jansénistes discernent fort bien, de leur côté, le faible de l'évêque de Meaux, sa nature de conseiller d'État, son excès de déférence envers les grandeurs et les pouvoirs établis, de tendresse pour les considérations du monde, son manque d'énergie en un mot. Un jour que le prélat consultait un ami sur certaine affaire dont il désirait le succès, cet ami lui conseilla de s'adresser à M. de Tréville, qui y pouvait quelque chose. « C'est un homme tout d'une pièce, objecta Bossuet ; il n'a point de jointures. » Tréville, à qui l'on rapporta le propos, repartit tout d'un trait : « Et lui, il n'a point d'os. »

« Tréville, converti, dans l'état de retraite que saint Augustin appelle un saint loisir, a une première pénitence de douze ans ; puis il recommence à voir le monde, et, dit Saint-Simon, le pied lui glissa parmi les toilettes qu'il fréquenta : de dévot il devint philosophe, et dans cette philosophie on lui reprocha de l'épicurien. Il se remit à faire des vers, à donner des repas recherchés, à exceller par un bon goût difficile à atteindre. Ses remords et ses anciens amis de piété l'y rappelaient par intervalles, et sa vie dégénéra en hauts et en bas, en quartiers de relâchement et de régularité, et le tout en une sorte de problème qui, sans l'esprit qui le soutenait et le faisait désirer, l'eût tout à fait déshonoré et rendu ridicule. Ses dernières années furent plus réglées et plus pénitentes, et répondirent moins mal au commencement de sa dévotion. »

En 1704, il avait consenti à être nommé membre de l'Académie française, mais quand on vint demander l'agrément du roi, celui-ci répondit que cette place ne convenait point à un homme aussi retiré que M. de Tréville, et qu'ainsi il fallait que l'Académie procédât à un autre choix. Avoir quitté Louis XIV, renoncé au métier de courtisan, c'était plus qu'un crime de lèse-majesté ; c'était un crime de lèse-personne. Cette rancune ne désarme pas après un demi-siècle.

Dans cette rapide et incomplète énumération, je dois tout au moins mentionner Mlle de Vertus, qui se rattachait par son père à l'ancienne maison royale de Bretagne, tandis que sa triste mère était fille du marquis de la Varenne-Fouquet, Mercure zélé de Henri IV dans ses intrigues galantes, ancien cuisinier de Catherine de Navarre, qui lui dit un jour : « La Varenne, tu as plus gagné à porter les poulets du roi mon frère, qu'à piquer les miens. » Elle était sœur cadette de la trop célèbre duchesse de Montbazon. Son odieuse mère ne lui ayant rien donné, elle dut chercher un asile, d'abord chez la comtesse de Soissons, puis chez Mme de Rohan, enfin, vers 1654, chez Mme de Longueville. C'est une demoiselle de compagnie en très grand, un aide de camp mondain; sa beauté, sa position un peu subalterne rendirent le monde aisément léger sur son compte. Confirmait-elle peu ou prou la médisance, ou faut-il ne voir qu'une hyperbole de remords chrétien dans des paroles comme celle-ci : « Ma vie a été si terrible, que je n'ose espérer d'autre souffrance que celle que mes misérables péchés méritent? » Prenons une moyenne entre ce repentir prosterné et les hommages rimés de Segrais, qui lui dédie sa troisième églogue, *Amire* :

> Daignez prêter l'oreille à ma muse rustique,
> Digne sang de nos dieux et des dieux d'Armorique,
> Dont toutes les vertus ont le grand cœur orné,
> A qui, jusqu'à leur nom, elles ont tout donné....
> O les discours charmants, ô les divines choses,
> Qu'un jour disait Amire en la saison des roses !

Mlle de Vertus a de l'esprit, et, ce qui vaut mieux, un bon esprit ; une de ses plus belles parties est la bonté et la sagesse du conseil, elle s'entremet sans cesse pour le bien, avec succès : c'est elle qui, de concert avec Mme de Sablé, conduit, ménage les entrevues de M. Singlin, cet admirable directeur de Port-Royal, et de Mme de Longueville, « avec autant de mystère que si, au lieu de sauver une âme malade, il se fût agi de la perdre de nouveau. » A ce moment même, l'élite des jansénistes, de Saci, de Rebours, Fontaine, du Fossé, se tenaient cachés, et il fallait des précautions infinies pour dépister la police. M. Singlin ne l'admit elle-même parmi ses pénitentes qu'après la princesse, et il l'adjoignit à celle-ci pour être sa consolation dans son veuvage et sa compagne dans tous ses exercices spirituels. Dans les négociations pour la paix de l'Église, en 1669, elle est l'âme et la prudence de l'hôtel Longueville. Puis elle entre, ou plutôt elle court se réfugier à Port-Royal des Champs, objet de sa pieuse ambition depuis longtemps, en sort de temps en temps entre 1669 et 1672, une fois entre autres, pour annoncer à son amie la mort de son fils, le duc de Longueville, tué au passage du Rhin ; elle prend le petit habit blanc de novice, mais sans faire de vœux à cause de sa mauvaise santé, vit encore dix-huit ans dans de grandes infirmités, passe les onze dernières sans se lever de son lit, redisant quelquefois et s'appliquant avec humilité cette pensée de Saint-Cyran : « Les malades doivent regarder leur lit comme un autel où ils offrent continuellement à Dieu le sacrifice de leur vie pour la lui rendre quand il lui plaira ; » ou peut-être encore les vers de François Maynard :

> Mon âme, il faut partir. Ma vigueur est passée,
>   Mon dernier jour est dessus l'horizon.
> Tu crains ta liberté. Quoi ! n'es-tu pas lassée
>   D'avoir souffert soixante ans de prison ?
>
> Tes désordres sont grands, tes vertus sont petites.
>   Parmi tes maux on trouve peu de bien.
> Mais si le bon Jésus te donne ses mérites,
>   Espère tout, et n'appréhende rien.
>
> Mon âme, repens-toi d'avoir aimé le monde
>   Et de mes yeux fais la source d'une onde
> Qui touche de pitié le Monarque des Rois.
>   Que tu serais courageuse et ravie
> Si j'avais soupiré durant toute ma vie,
>   Dans le désert, sous l'ombre de la croix !

On trouve dans Fontaine, Sainte-Beuve, Victor Cousin, les détails de la conversion de Mme de Longueville; M. Singlin et M. de Saci ayant mené à bonne fin l'entreprise, la sœur de Condé devint peu à peu janséniste, et très ardente théologienne. Port-Royal a pour elle tout l'attrait d'une cause persécutée : son instinct, son goût du grand y trouvent les plus dignes objets, et, comme ses affections la dirigent, elle se transforme dans les sentiments de ceux qu'elle aime au point de ne plus reconnaître les siens [1]. Sa nature exaltée lui montre aussi toutes choses sous un jour tragique. A propos d'un arrêt du conseil sur un livre de Port-Royal, elle s'écrie : « Voilà donc le roi qui se constitue juge de tout le droit ecclésiastique ! Je ne crois pas que le roi d'Angleterre Henri VIII ait fait pis dans le commencement de son hérésie. » Comme Polyeucte accuse Néarque, elle est tentée de reprocher à son amie Mme de Sablé sa modération, prêche la résistance, se joint de toute son âme à Pavillon, évêque d'Aleth, qui vient d'écrire une lettre très forte contre le *Formulaire* que les Carmélites signent à l'unanimité, que les religieuses de Port-Royal ne signèrent qu'avec bien des distinctions, et dans une agonie de conscience : encore Jacqueline Pascal mourut-elle de chagrin d'avoir donné une signature hérissée de tant de réserves.

Rappelons, en passant, que le Formulaire était une profession de foi élaborée dans une assemblée générale du clergé, et désavouant les doctrines de Jansénius.

Mme de Longueville ne s'en tient pas là, ne se préoccupe point si, dans certain monde, on l'appelle en secret : le

---

[1]. Il sera question de Mme de Longueville dans la conférence sur les Héroïnes de la Fronde.

déshonneur du sang royal ; elle prend cocarde de jansénisme, se déclare hautement pour ses amis persécutés,
et, tandis qu'on les recherche pour les mettre en prison,
elle les recueille dans son hôtel et ses châteaux. C'est
ainsi que Nicole, Arnauld, d'autres encore, y trouvent
un asile pendant plusieurs années. Quelle que fût la
rage des ennemis de Port-Royal, leur audace n'allait
point jusqu'à forcer la porte d'une princesse du sang [1].
A l'ombre de cette protection, ses amis continuent,
achèvent la traduction du Nouveau Testament, qui ne
put paraître à Paris, et qu'on imprima en fait à Ams-
terdam sous le nom d'un libraire de Mons, en 1667 ; il
eut, non seulement parmi les personnes pieuses, mais
dans le monde même, un succès éclatant. Mme de Longueville donnait le ton à la piété comme jadis elle avait
été la reine du bon goût, des élégances, au temps où,
dans la querelle des deux sonnets entre Benserade et
Voiture, elle ramenait la cour à son opinion. Avoir
sur sa table, dans sa ruelle, ce Nouveau Testament,
orné d'une belle reliure, était, en 1667, le dernier genre
spirituel, le dernier cri, dirait-on maintenant ; les dé-
fenses de certains prélats ne réussirent qu'à lui donner
un nouveau ragoût.

Sainte-Beuve, analysant le jansénisme de notre duchesse, observe qu'en choisissant la religion de Port-
Royal, elle se prenait encore à ce qu'il y avait de
meilleur air et de plus attrayant en matière d'austérité,
à une religion de première qualité, qu'elle raffinait dans
l'ascétisme, comme jadis elle avait fait dans la galan-

---

1. Le duc de la Feuillade, fort irrité contre les jansénistes, parlait de leur couper le nez. « Ah ! Monsieur, dit le prince de Condé
en passant, je vous demande grâce pour le nez de ma sœur. »

terie et dans l'intrigue. « Se tourner du côté de Dieu, se convertir résolument, ajoute-t-il, était le seul moyen, long, pénible, mais efficace, pour retrouver tôt ou tard la considération, le respect, pour être traitée un jour par le roi comme elle le sera, pour recouvrer l'entière tendresse et l'estime des belles amies, de ses chères et anciennes amies du cloître, pour occuper de soi toute une légion de saints et de justes, pour s'occuper soi-même à l'infini et se donner toutes les satisfactions inverses des premières, en croyant se mortifier, et en se séparant. Ce calcul, Mme de Longueville ne le fit pas, et, en général, les âmes qui se convertissent ne le font pas ; mais les instincts le font sourdement en elles ; la sensibilité, jusque dans son bouleversement, a sa logique secrète à laquelle elle obéit ; les inclinations cachées se retournent, se redressent, se dirigent du côté qu'elles peuvent, le seul qui leur soit laissé ; les souvenirs pieux, long-temps étouffés, se dégagent de dessous les autres ; ils se remettent à s'émouvoir et à conspirer. »

Les bonnes actions sont un peu comme les sirènes, il ne faut voir ni les motifs des unes, ni la queue des autres ; c'est déjà beaucoup de bien agir, et c'est plus encore si les motifs intimes restent cachés à leur auteur. Il ne faut pas non plus trop raffiner en psychologie, sous peine de tomber du côté de la Rochefoucauld, et de tout embrouiller. Ce qui semble bien exact, c'est que dans cette lutte nouvelle, Mme de Longueville respirait un peu l'ivresse belliqueuse des années de la Fronde et revivait celle-ci, c'est que tout aboutit pendant plusieurs années à son hôtel, qu'il est le haut cabinet du parti, qu'elle concerte tout avec M. de Gondrin, archevêque de Sens, et plusieurs évêques, qui, d'après ses conseils, se portaient médiateurs. Les circonstances devinrent favorables en 1668 : Alexandre VII, tout dévoué aux jésuites, venait de mourir ; son successeur Clément IX annonçait l'intention de pacifier au dedans la chrétienté, et de la réunir contre les musulmans. Mme de Longueville écrivit deux lettres au pape et à son secrétaire d'État le cardinal Azzolini, expliquant avec clarté et modération le différend qui divisait l'Église de France, peignant avec force les vertus, la sainteté, la bonne foi et la misère des religieuses de Port-Royal. Elle définissait avec esprit le groupe janséniste : « Ce que j'en puis dire avec vérité, c'est que c'est le plus grand et le plus petit parti du monde, le plus fort et le plus faible : » le plus faible et le plus petit, parce que, d'après elle, il se compose d'une douzaine de théologiens pieux et habiles, qui ont toujours été près de cesser d'écrire, ou de ne plus écrire que pour défendre la foi de l'Église contre les calvinistes ; le plus fort, parce qu'il comprend presque tous les habiles gens de France, non seulement parmi les théologiens, mais même parmi les évêques.

D'ailleurs, Port-Royal persécuté continuait de paraître un parti très redoutable ; on se plaisait à y voir, depuis les *Provinciales*, quantité de gens d'esprit, d'autant plus terribles qu'ils étaient inconnus. « Il en cuisait, dans ces guerres de plume, de s'attaquer à eux. Avoir Port-Royal pour ennemi, cela signifiait, même à l'oreille des indifférents du monde, avoir l'esprit et la vertu contre soi ; et au contraire, retirer de l'oppression tant d'honnêtes gens et de personnes de mérite, était devenu le vœu général. » Louvois, jeune alors, et qui avait épousé une nièce de Mme de Sablé, son frère surtout, l'abbé le Tellier, se montraient hautement du parti de la modération. Colbert marquait peu de goût pour les jésuites. Les négociations se menèrent très secrètement, à l'insu de tous ; la lettre qui allait être la pièce fondamentale de la paix fut dressée à l'hôtel de Longueville, par Arnauld et Nicole, d'accord avec les deux prélats médiateurs, MM. de Gondrin et Vialart ; le texte communiqué à MM. Le Tellier, de Lyonne, Colbert, au roi même, puis au nonce ; il fallut la croix et la bannière pour obtenir l'assentiment de Pavillon, évêque d'Aleth. Les jésuites n'apprirent la paix que quand elle était faite, qu'après la bulle du pape et l'édit du roi. Le Père Annat, confesseur de Louis XIV, reprocha au nonce « d'avoir détruit, par la faiblesse d'un quart d'heure, l'ouvrage de vingt années. » Il dit aussi au roi que c'était la ruine de la religion et de l'État, mais il s'attira cette réplique : « Pour ce qui est de la religion, c'est l'affaire du pape : s'il est content, nous le devons être, vous et moi ; pour ce qui est de mon État, je ne vous conseille pas de vous en mettre en peine, je saurai bien faire ce qu'il faudra. »

Mme de Longueville, surtout après la mort de son second fils, aurait voulu se retirer tout à fait du monde : on ne le lui permit point. Ce n'était pas la méthode de Port-Royal avec les princes et les princesses convertis : on les obligeait à rester en partie dans le monde, pour y remplir certains devoirs de leur état, et réparer de grandes injustices. Mme de Longueville a pour mission d'être auprès de la cour l'organe des doléances ou des apologies de ses amis de Port-Royal, de maintenir la paix de l'Église.

Elle passe une grande partie de sa vie aux Carmélites

du faubourg Saint-Jacques, à Port-Royal des Champs, où elle a un petit hôtel, et, par un article de son testament, réclame qu'on l'enterre à l'église de celui des deux monastères où elle sera morte, et qu'on porte son cœur à l'autre. Voici un portrait anonyme qui montre que sa retraite même admit un cercle et une cour de visiteurs choisis, les mêmes sans doute qui fréquentaient chez Mme de Sablé.

« C'était une chose à étudier que la manière dont Mme de Longueville conversait avec le monde.

« On y pouvait remarquer ces qualités également estimables selon Dieu et selon le monde : elle ne médisait jamais de personne, et elle témoignait toujours quelque peine quand on parlait librement des défauts des autres, quoique avec vérité.

« Elle ne disait jamais rien à son avantage, cela était sans exception.

« Elle prenait, autant qu'elle pouvait, sans affectation, toutes les occasions qu'elle trouvait de s'humilier.

« Elle disait si bien tout ce qu'elle disait, qu'il aurait été difficile de le mieux dire, quelque étude qu'on y apportât.

« Il y avait plus de choses vives et rares dans ce que disait M. de Tréville ; mais il y avait plus de délicatesse, autant d'esprit et de bon sens dans la manière dont Mme de Longueville s'exprimait.

« Elle parlait sensément, modestement, charitablement et sans passion.

« On ne remarquait jamais dans ses discours de mauvais raisonnements.

« Elle écoutait beaucoup, n'interrompait jamais, et ne témoignait point d'empressement de parler.

« L'air qui lui revenait le moins était l'air décisif et scientifique, et je sais des personnes, très estimables d'ailleurs, qu'elle n'a jamais goûtées, parce qu'elles avaient quelque chose de cet air.

« C'était au contraire faire sa cour auprès d'elle que de parler de tout le monde avec équité et sans passion, et d'estimer en eux tout ce qu'ils pouvaient avoir de bon.

« Enfin tout son extérieur, sa voix, son visage, ses gestes étaient une musique parfaite ; et son esprit et son corps la servaient si bien pour exprimer tout ce qu'elle voulait faire entendre, que c'était la plus parfaite actrice du monde. »

« Cependant, ajoute notre pieux portraitiste, quoique je sois persuadé qu'elle était un excellent modèle d'une conversation sage, chrétienne et agréable, je ne laisse pas de croire que l'état d'une personne qui n'aurait rien de tout cela, et qui serait sans esprit et sans agrément, mais qui saurait bien se passer de la conversation du monde, et se tenir en silence devant Dieu en s'occupant de quelque petit travail, est beaucoup plus heureux et plus souhaitable que celui-là, parce qu'il est moins exposé à la vanité et moins tenté par le spectacle des jugements favorables qu'on attire par ces belles qualités. »

Cette page est sans doute de Nicole, le plus terne et le plus attristé des moralistes, parce que les femmes se sont retranchées de son regard, qu'elles ne se jouent pas au fond de ce qu'il observe et de ce qu'il écrit. Cependant il les connaît, les devine, les redoute, il a même formulé sur elles ces réflexions assez pénétrantes :

« Un ecclésiastique qui voit des femmes est à demi marié, parce que, quelque pures que soient ces liaisons de part et d'autre, elles ne sont pas exemptes de ces complaisances réciproques qui sont toujours un peu différentes de celles qui se trouvent entre des personnes du même sexe ; l'on se repose toujours un peu tendrement sur l'esprit l'un de l'autre.

« Les femmes ne sont pas seulement affaiblissantes par ces tendresses qu'elles excitent, par les amusements qu'elles causent ; mais elles sont toutes, où pour la plupart, ennemies de la pénitence, au moins pour les autres.

« Avoir une femme pour conseiller, c'est avoir une double concupiscence.

« Les femmes sont semblables à la vigne ; elles ne sauraient se tenir debout ni subsister par elles-mêmes ; elles ont besoin d'un appui, encore plus pour leur esprit que pour leur corps ; mais elles entraînent souvent cet appui et le font tomber.

« Il y a une galanterie spirituelle aussi bien qu'une sensuelle, et, si l'on n'y prend garde, le commerce avec les femmes s'y termine d'ordinaire. »

Mme de Longueville, qui se dégoûtait si vite des gens après s'en être engouée, trouvait Nicole plus poli qu'Arnauld et plus à son gré. Il avait des histoires extraordinaires à raconter pour la divertir, disait à merveille les exquises aventures de sainteté de Port-Royal : M. de Sainte-Marthe, pendant les années de persécution, montant dans un arbre assez près du mur du monastère au pied duquel se rangeaient les religieuses venues du côté des jardins, auxquelles il faisait en plein hiver des petits discours pour les consoler ; la Mère Agnès dénouant sa ceinture devant la communauté réunie au réfectoire pour lui apprendre la mise en liberté de Saint-Cyran, en 1642, sans enfreindre la loi du silence. « Il était un autre homme et bien plus habile dialecticien, la plume à la main, que dans la conversation. De vive voix il cédait aisément, était surtout aimable, tombait d'accord avec les gens, racontait plutôt qu'il ne discutait. C'est lui qui disait de certain docteur qui avait sur lui l'avantage dans la dispute : « Il me bat dans le cabinet, mais il n'est pas encore au bas de l'escalier que je l'ai confondu. »

Mᵐᵉ de Longueville meurt le 15 avril 1679. On n'attendait que sa fin pour entamer la persécution définitive : persécution sourde pendant longtemps, hypocrite avec des semblants d'intermittence, mais qui désormais, sous une forme ou sous une autre, ne cessera plus. « De 1679 à 1709 l'histoire de Port-Royal est celle d'une place assiégée, bloquée, qu'on veut anéantir par la disette, par l'inanition. » Toutes proportions gardées, cela fait penser au plan méthodique de persécution dressé dès 1648, dans une instruction dont l'exécution, poursuivie pendant quarante ans avec une persévérance de plus en plus envahissante, devait avoir pour couronnement la révocation de l'Édit de Nantes. M. le duc d'Orléans partant pour l'armée d'Espagne, en 1708, nomma au roi, parmi ceux qui devaient le suivre, Fontpertuis, homme de débauche et de plaisir. « Comment, mon neveu ! le fils de cette janséniste, de cette folle qui a suivi M. Arnauld partout ! Je ne veux point de cet homme-là avec vous ! — Ma foi, Sire, répond le duc, je ne sais pas ce qu'a fait la mère, mais pour le fils, il n'a garde d'être janséniste, et je vous en réponds, il ne croit pas en Dieu ! — Est-il possible, mon neveu ? réplique le roi en se radoucissant. — Rien de plus certain, Sire, je puis vous en assurer. — Puisque cela est, il n'y a point de mal, vous pouvez le mener. » Ainsi Louis XIV, très ignorant sur les questions religieuses, préfère l'athée au janséniste, et il le fait bien voir de 1679 à 1709. On mit à la tête de Port-Royal de Paris Mme de Harlai, qui donna un bal à son parloir, et, comme elle réclamait sans cesse les dépouilles du monastère des Champs, l'archevêque opina : « Il n'est pas juste que Port-Royal de Paris donne le bal, et que Port-Royal des Champs paie les violons. — Que voulez-vous, remarquait finement l'avocat des religieuses de Paris, ce sont les vierges folles qui, n'ayant plus d'huile dans leur lampe, en demandent aux vierges sages, qui leur répondent d'aller en acheter. » Les religieuses des Champs se défendent comme des lionnes : raisonneuses, obstinées, plaideuses, contentieuses, en même temps que martyres, elles épuisent en vain tous les degrés de juridiction ; leur sort est décidé. On les empêche de recevoir des novices, on enlève systématiquement leurs biens sous prétexte qu'elles ne se renouvellent pas. Enfin, en 1707, le cardinal de Noailles les prive de communion, comme M. de Péréfixe avait fait quarante ans auparavant ; une bulle du pape de 1708 supprime le titre de l'abbaye des Champs, applique ses biens à la maison de Paris. L'exécution fut brutale : l'expulsion de vingt-deux filles, dont la plus jeune avait cinquante ans, quelques-unes quatre-vingts et au delà, eut un caractère si odieux qu'elle scandalisa beaucoup d'honnêtes gens religieux. Un arrêt du conseil ordonnait la démolition des bâtiments ; l'église, d'abord exceptée, fut comprise ensuite dans cette mesure, qui rendit nécessaires les exhumations et donna lieu à d'horribles scènes. Des milliers de corps, des cœurs, que la piété des fidèles avait depuis tant d'années envoyés reposer aux Champs comme en une terre plus sacrée, durent être exhumés barbarement. Pour quelques-uns, que la religion des héritiers ou des amis vint revendiquer et choisir, combien de hasard et de chaos ! Cette profanation de la vallée sainte par excellence, de la cité des tombeaux, réalisait en novembre et décembre 1709 le songe d'Athalie, devançait la violation des tombes royales à Saint-Denis en 1793.

Des chasseurs qui traversèrent alors le vallon durent écarter, du bout de leurs fusils, des chiens acharnés à des lambeaux humains. Plusieurs tombes des religieuses furent trouvées dans des auberges, à quelques lieues aux environs, servant de pavés ou même de tables à boire dans la cour. On exhuma des corps tout entiers et reconnaissables au visage, entre autres celui du frère Laisné, domestique de la maison, et, moins philosophes que le fossoyeur d'Hamlet, ceux de Port-Royal dirent en le déterrant : « Ah ! te voilà donc, Laisné ! » Et même l'un deux, voyant que sa chemise était bonne, l'en dépouilla pour la garder. Les pierres du cloître démoli furent numérotées, transportées à Pontchartrain, non pas à titre de reliques, mais on en bâtit des écuries et des communs pour le château.

De telles scènes portent avec elles de grandes et terribles leçons, puisqu'elles enseignent la vanité des institutions humaines, et qu'à toutes les époques de despotisme, que celui-ci vienne d'en haut ou d'en bas, on rencontre à peu près la même somme de brutalité, de fanatisme : la forme, le décor, la procédure diffèrent, le fond reste sensiblement le même. Elles montrent le prix de la tolérance, sentiment divin qui apprend à respecter, à aimer la liberté du prochain, sentiment bien rare autrefois, dont le progrès, trop lent encore, honore notre siècle à l'égal de la science, permet d'espérer le triomphe de Prospéro sur Caliban, la victoire définitive contre le déchaînement des forces bestiales, contre les bandes anarchiques qui se ruent à l'assaut de la civilisation.

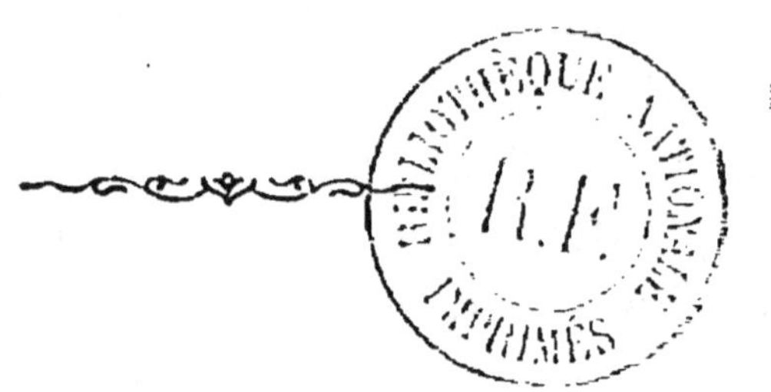

TABLE DES MATIÈRES

Préface.

Utilité, domaine propre d'une histoire de la société française. —
Définition de la société française. La politique, l'art, la littérature
empiètent sans cesse sur elle, et sont aussi pénétrés par elle. —
Objections contre le monde : réponse. — Influence des salons
sur la littérature : tous les grands sujets y ont été traités, causés.
— Les salons se sont multipliés au xixᵉ siècle : la démocratie,
l'exotisme les ont atteints, ont diminué leur prestige. — C'est
par eux que s'est formé et maintenu le sentiment de la nuance.
— Défense de la sociabilité. Il y a encore de vrais salons. —
Plan général de cet ouvrage. — Conclusion. . . . . . vii à xxix

I. — La Société au XVIᵉ siècle. Les Amadis.

Éloge de la société française. Ses détracteurs. Arguments vivants pour l'immortalité de l'âme. — La vie de société a été l'épanouissement de la vie de cour. — Les cours des comtes de
Provence, de Toulouse, de Gaston Phébus. — Cours d'amour. —
La vie sociale en France commence réellement au xviᵉ siècle. —
Louis XII et Thomassine Spinola. — Les femmes embellissent la
cour des Valois. — Charmes et défauts de cette société naissante. Grossièreté des mœurs et du langage. — Comparaison
avec la cour de Louis XIV. Traits communs aux deux époques.
— Distinction originale. — Grand seigneur indiscret. — La balance mystique du bien et du mal. Réponse aux prophètes de
malheur. — Contrastes et antithèses. — Théories du sire de
Brantôme . . . . 1 à 16

La Fête des Innocents. Modes étranges. — La pudeur avant et
après 1789. — Précocité des jeunes gens au xviᵉ siècle. — La petite cour de Saint-Germain. — Danses d'autrefois. — Mellin de
Saint-Gelais. — Satire du poète courtisan par du Bellay. — Com-

bats singuliers, duels, tournois, carrousels, assauts. — Passion des Valois pour la chasse. — Fêtes italiennes. — Vers de Maurice Scève, poète décadent du XVIᵉ siècle. — Superstitions : alchimie, astrologie, sciences occultes, envoûtement. — Catherine de Médicis prêche l'étiquette, fait la police de la cour, enseigne à Charles IX le secret d'être roi. Son cercle ; elle corrige ses filles d'honneur. . . . . 16 à 30

Prologues des Contes de la reine de Navarre. — Les quinze principaux motifs d'amour. — Définition du parfait amant. — Les conversations dans les Prologues de l'Heptaméron. — Une réflexion de Mˡˡᵉ de Scudéry. — Royauté de la beauté. — Marguerite de Navarre, reine du platonisme, sa coquetterie cérébrale. Comment elle se défend de Bonnivet. Sa curiosité universelle ; elle a le sens de la pitié et de la tolérance ; dévouement exalté pour son frère. — A-t-elle composé seule tous ses livres ? — Son habileté aux affaires de ce monde. — Les faubourgs de la mort . . 30 à 41

Les Amadis. La trame ordinaire des romans de chevalerie. Les Amadis furent longtemps la bible mondaine des courtisans. — Le roman peint l'idéal amoureux de chaque siècle. — Amadis et Oriane : l'amour chevaleresque. — Galaor et l'amour volage. L'Amour quasi légitime. — Carmelle et Gradafilée : deux héroïnes de l'amour malheureux et résigné. . . . . . . 41 à 51

II. — L'Académie de Charles IX et de Henri III. Les femmes du XVIᵉ siècle.

Il n'y a pas de génération spontanée en histoire : celle-ci a ses devoirs et sa grandeur spiritualiste. — L'Académie française créée de toutes pièces par les derniers Valois. — Ni le nom ni la chose n'étaient nouveaux au XVIᵉ siècle. — Antoine de Baïf et Ronsard. — L'Académie de poésie et de musique de 1570. — Passion de Charles IX pour les lettres. — Lettres patentes et statuts ; opposition du parlement. — Travaux, programmes de l'Académie. — Elle tombe en langueur après la Saint-Barthélemy : du Faur de Pibrac la restaure sous le nom d'Académie du Palais. — Culture littéraire de Henri III. . . . . . 51 à 66

Les femmes font partie de cette Académie. Leur prestige, leurs auxiliaires au XVIᵉ siècle : l'amour platonique, la beauté sociale, l'esprit, la religion, la science. « Une petite fille doit apprendre le latin ; cela met le comble à ses charmes. » — Le XVIᵉ siècle est un siècle d'éducation féminine. — Demi-vierges du temps passé. — Les femmes de la Renaissance et la religion. — Conseil hé-

roïque d'Ève à Adam. — Semonce d'une châtelaine à son curé.
— Luther, Calvin hostiles au féminisme littéraire. — Les huit
qualités de la jeune fille. — Femmes illustres du xvi⁰ siècle.
Brocards et satires contre elles. La duchesse de Retz : conversation chez elle. — Vers de Pontus de Thyard. — M⁰ᵉ de Lignerolles ; son esprit caustique ne craint pas de s'attaquer au cardinal de Lorraine. Poésie de Nicolas Rapin. — Les dames de
Rohan. — Éloge et critique de Henri IV. — La comtesse de Simier. — Sonnet de la Roque. — Élégies de M⁰ᵉ de Simier : son
teinturier poétique. — « J'ai vu le roi, je ne vois pas Sa Majesté. »
— Duchesse d'Uzès : ses boutades et espiègleries. — Lettres de
Charles IX, de Henri III à la duchesse d'Uzès. — Sonnet de
Ronsard. . . . .   66 à 87

Henri III et M⁰ᵉ de Senneterre. — M⁰ᵉ de Villeroy. — Les sœurs
Morel et le chancelier de l'Hospital : la vertu n'est plus qu'une
risible dot. — M¹¹ᵉ de Brissac. — Serment d'amour de Ronsard
à Hélène de Surgères. Les Sonnets à Hélène : leur succès à la
cour; ils racontent l'histoire de cet amour. — Platonisme et
quasi-platonisme. — Vers de Corneille à la du Parc. .   87 à 96

La mode des surnoms et anagrammes. — Grandes coquettes. Madrigaux poétiques et leur récompense. — Une petite duchesse
crottée. — Femmes de la haute bourgeoisie. — La Toulousaine
Paule. — Louise Labé, la belle Cordière. — Les dames des Roches.
— M¹¹ᵉ de Gournay; son culte pour Montaigne, sa chatte, sa haine
des courtisans, sa conversation avec le cardinal de Richelieu;
elle est une féministe déterminée ; les épigrammes à la grecque.
— Décadence rapide de l'Académie du Palais. Mort de Pibrac.
Conclusion. . . . .   96 à 111

III. — Le roman de l'Astrée.

Le merveilleux des poèmes de l'antiquité et le merveilleux de
la chevalerie. L'*Astrée*, chef-d'œuvre du genre pastoral, sert
la politique de Henri IV, prêche la paix sociale : manuel de la
bonne compagnie, trésor de spiritualité politique à l'usage de la
noblesse; rapports avec l'*Introduction à la vie dévote*; son immense succès. — Qualités du roman : le sentiment de la nature.
— L'Académie des vrais amants. — Plaidoyers galants dans l'*Astrée* : ressouvenirs des cours d'amour. — Honoré d'Urfé. Diane
de Châteaumorand. — L'*Astrée* est-elle un roman à clef? Patru
voit d'Urfé à Turin. — Les bergers et les bergères de l'*Astrée*. —
Diverses sortes d'amour dans l'*Astrée*. — Céladon. — L'Académie
des amoureux transis. — La Fontaine de vérité d'amour. — Cou-

plet ironique. — Autres personnages de l'*Astrée*. — Galatée représente l'amour capricieux, égoïste, violent. — Un type de philosophe mondain : Bélisard ; sa conversation avec Circéine. — Hylas,
praticien et théoricien de l'amour frivole et volage. — Diane et
Sylvandre. — Discussion entre Dorinde et Sylvandre : les hommes sont-ils capables d'aimer ? — D'Urfé moraliste. — Opinion
de MM. Émile Montégut et Brunetière sur l'*Astrée*. — Raisons
qui expliquent le succès universel de ce roman . . . . iii à 144

IV. — La cour de Henri IV et de Marguerite de Navarre.

Aspects multiples du personnage de Henri IV : cadre de cette
étude. — Passion de Henri IV pour la chasse. Sully danseur. — Le
goût de la comédie est en progrès sous ce prince. — Comédiens
italiens et anglais en France. — Les ballets. — L'habit de toile
d'or violette de Bassompierre. Sa galanterie se communique à ses
domestiques. — Politesse héroïque.—Henri IV et le jeu.—Ripostes
de Bassompierre. — Premier ballet dansé par le dauphin.—Ballets
bouffons. — Henri IV et Charlotte de Montmorency ; son teinturier poétique, Malherbe. — Mots de la marquise de Verneuil. —
Les ballets sous la Régence.—Henri IV aime la musique, la danse,
les lazzis, les mystifications, joue volontiers sur les mots. Semonce aux députés de Paris. — Comment il se met en tutelle :
l'épée au côté. Supporte les mercuriales de ses compagnons
d'armes. — La galanterie de nos rois n'a jamais nui à leur popularité. — Caractère nomade de la cour de Henri IV : il aime la
simplicité, vit avec ses entours dans une sorte de familiarité
féodale. — D'Aubigné, type de courtisan rabroueur, un Alceste à
la quatrième puissance : le sonnet du chien Citron. . 144 à 164

Liberté extrême de langage et de mœurs à cette cour. — L'institution des filles de joie suivant la cour sous les Valois. —
Question de Catherine de Médicis à sa fille. — Présentation
d'Henriette d'Entragues à Marie de Médicis. Conseil unique du
grand-duc à celle-ci. — *Journal* de Jean Héroard. — Enfance,
éducation singulière de Louis XIII : il déteste les bâtards du
roi qu'on élève pêle-mêle avec lui. — Précocité d'esprit, curiosité
universelle du dauphin, ses calembours . . . . 164 à 170

Beauté, esprit de Marguerite de Navarre, enthousiasme des
poètes, des princes et courtisans pour elle. Ses toilettes. Partout
où elle passe, elle fait la mode. — Sacrifiée à la raison d'État, elle
épouse le Béarnais la mort dans l'âme. — Marguerite à Nérac et

à Pau ; se console des infidélités de son mari, dérouille les esprits et rouille les armes. Sa métaphysique de l'amour. — Diplomatie couronnée de roses. — Boutade amère de Henri III sur sa sœur Marguerite. — Elle passe dix-sept ans à Usson. Ce château devient le centre le plus élégant de la France. La reine protège, sait comprendre, attirer, retenir savants, poëtes et artistes. — Son secrétaire Maynard. — Tient un grand état de maison à Usson. Visites qu'elle y reçoit. — Elle gouverne la causerie, fait prévaloir la conversation générale à sa table. — Poulets en papier et poulets en fricassée. — Marguerite accueille les lettrés bourgeois. — Réplique de M¹¹ᵉ Loiseau à la duchesse de Retz. — La reine consent en 1599 à l'annulation de son mariage. — Vers à Aubiac, à Chanvalon ; lettres d'amour. — Rentre à Paris en 1605; se concilie les bonnes grâces de Marie de Médicis et du dauphin. — Son salon, ses fêtes à Paris ; elle mérite une place d'honneur dans l'histoire de la société polie. — La marquise de Verneuil, la mauvaise et fatale maîtresse. — Préciosité de Marguerite. — Coquetterie automnale : elle a jusqu'au bout des favoris. Vermond et Saint-Julien. Franchise du Père Suffren. — Mélange de galanterie et de pratiques religieuses. — Marguerite demeure malgré tout un personnage sympathique. — Son besoin d'anxiété; fait partie du chœur des grandes enchanteresses . . . . 170 à 193

V. — L'Hôtel de Rambouillet et la Préciosité.

Importance de l'Hôtel de Rambouillet. — Qu'est-ce que la préciosité ? Il y a eu des précieux à Athènes et à Rome. — Théorie littéraire, corruption du langage, tournure d'esprit spéciale. — Caractère, vie, qualités très rares de la marquise de Rambouillet. — Elle est elle-même son propre architecte : la Chambre Bleue. — La conversation française. — Donner n'est pas seulement un plaisir de roi, c'est un plaisir de dieu. — La marquise amie parfaite. — Mystifications aimables. — Les nymphes de la *Marmite de Rabelais;* les champignons du comte de Guiche; la visite à Pomponne. — Partie de campagne chez Mᵐᵉ du Vigean. — Voiture. — Licence trop réelle des mœurs au xviiᵉ siècle : différence entre la cour et l'hôtel de Rambouillet . . . . 193 à 207

Les habitués de la Chambre Bleue. — Mˡˡᵉ Paulet. — La comédie de société chez la marquise. — La Guirlande de Julie. — Arnauld de Corbeville. Un pont-neuf. — Les littérateurs admis sur le pied d'égalité : leur condition précaire auparavant. — La famille de Mᵐᵉ de Rambouillet : l'abbesse d'Yères, Angélique d'Angennes ; Mᵐᵉ de Montausier. — Vers de Malherbe. — Les mourants de Julie. — L'amour n'est pas, à cette époque, considéré comme une faiblesse. — Défauts de Julie : elle devient cabaleuse et sert les amours du roi . . . . 207 à 216

Montausier : ses vertus, ses faiblesses; il a la tournure et le langage du Misanthrope. — Gouverneur du dauphin ; frappe son élève; le conduit dans une cabane de paysan. Excellente leçon de choses. — Riposte à Louis XIV. La lettre sur la prise de Philippsbourg. — La farce des bonnets de nuit. — Mlle de Montausier : ses reparties. — Déclin de l'hôtel de Rambouillet. — Le cercle de Mme d'Auchy. — Salons précieux. — La bonne et la fausse préciosité. — Conversations, goûts des précieuses; leur influence en bien et en mal. — Elles ont créé quelques genres littéraires, amélioré les âmes, répandu l'instinct des nécessités sociales et mondaines, développé l'art de la conversation; mais elles ont détourné les auteurs de l'étude de l'humanité moyenne. — La vie de salon a commencé de domestiquer la noblesse. — La préciosité constitue un caractère fondamental de l'esprit français . . . . 216 à 230

VI. — La Société intime du cardinal de Richelieu.

Les ouvrages de MM. Hanotaux et d'Avenel. — Politique de Richelieu : inconvénients payés au centuple par les bienfaits. — Indiscipline des seigneurs. La fureur des duels. Traits de caractère. — Deux sociétés intimes autour du cardinal. — L'entourage politique; le Père Joseph. — Le pauvre homme! — Le groupe des lettrés, des amuseurs. — Guillaume Bautru, comte de Serrant, et son frère le comte de Nogent, le Plutarque des laquais. Comment celui-ci gagne les bonnes grâces de Louis XIII. — Esprit de facétie, de raillerie et de repartie. — Bautru en Espagne. — Maugars joue du violon devant un valet habillé en roi d'Espagne. — Épigramme à un évêque. — Les donneurs d'étrivières du duc d'Épernon. — Rôle considérable du bâton sous l'ancien régime. Gens de lettres passés par les verges. — Frappe, mais va-t'en ! — Boissat, Dulot obtiennent satisfaction. — Querelle entre le duc de Nevers et le cardinal de Guise. — Règlement des maréchaux de France en 1653. — Axiomes sur la bastonnade. — Duel au bâton sous Charlemagne. — La canne de la maréchale de Luxembourg. . . . . 230 à 240

La fortune de Bautru. — Le quatuor des diseurs de bons mots du temps. — Boutades de Bautru : les bronchites de Balzac; conseil à un ministre. Satire contre l'Ambigu. — Conversation entre l'évêque du Mans, Bautru et Nogent pour et contre les bonnes lettres. — Bautru raillé et mystifié. — L'Angely et Bautru. — Bouffons volontaires et bouffons officiels. — Fous et bouffons sont un legs domestique de l'antiquité. Psychologie du fou. — Rosen et son roi. — Cette institution correspond à un état de civilisation peu avancée. — Talents et éducation des fous. Brusquet, Triboulet, Chicot. — Réponse de Triboulet à François Ier. — Les nains de Catherine de Médicis. — Maître Guillaume et le cardinal du Perron. — Reproche de Sully à Louis XIII. — Richebourg. — Peinture de la cour pendant la première journée de la Fronde. — L'extrême-onction du Coadjuteur. — Bautru chez Ménage. — Il meurt sur un bon mot . . . . 246 à 260

Bois-Robert : talent de conteur et dons comiques ; ses pièces de théâtre, ses débuts. Surnommé le favori de campagne de Son Éminence. — Lui est utile et agréable. Intermédiaire entre Richelieu et l'Académie française. — La pléiade des cinq auteurs. Six vers bien payés. — Colletet. — Richelieu met à la mode le goût du théâtre, la comédie de société. — Vers de Corneille. — La parodie du Cid. — La farce des trois Racans. — Ballet au Palais Cardinal : les évêques à la comédie et les saints en prison. — Mirame. — Disgrâce de Bois-Robert ; retour de faveur. — Le théâtre de Bois-Robert. — Réponse au cardinal de Retz. — Nouvel exil en province. — Richelieu se sert de ses amuseurs. — Un caractère de l'esprit français . . . . 260 à 273

VII. — La Société et Port-Royal.

Le livre de Sainte-Beuve. — Nombre considérable de grands talents et de grandes âmes groupés autour de Port-Royal. — « Qui ne connaît pas Port-Royal ne connaît pas l'humanité. » — Ses ennemis, ses détracteurs, ses erreurs. — Aversion profonde de Louis XIV pour cette secte. — Des Alcestes chrétiens. — Port-Royal au point de vue théologique et social. — Pénétration perpétuelle du monde et des couvents sous l'ancien régime. — Réplique du chanoine Boileau à un jésuite. — Le duc et la duchesse de Liancourt : l'épouse modèle. — Un confesseur rigoriste ; origine des *Provinciales*. — Conseils de Mme de Liancourt à Mlle de la Roche-Guyon. — L'épitaphe d'Élisabeth Ranquet. — Duc et duchesse de Luynes. — Madeleine de Souvré, marquise de Sablé : sa conception de l'amour. Le goût des adorations et des hommages. — Mme de Sablé voisine de Port-Royal : met à la mode les maximes, les sentences, ne peut se passer du monde. — Ses manies ; tient école de friandise. Manger est une redoutable épreuve pour les amoureux. — Société mondaine de Port-Royal : on y cultive surtout la théologie, la métaphysique, la morale . . 273 à 290

Pensées de Domat. — Les femmes moralistes en France. — Le comte de Tréville : Bourdaloue, la Bruyère, Saint-Simon, ont fait son portrait. Esprit hautain, piquant, satirique ; sa science, ses lectures chez Mme de Coulanges ; admiration des contemporains : son mot sur Bossuet. Tréville et l'Académie. — Mme de Vertus et Mme de Sablé amènent Mme de Longueville à Port-Royal. — Ver. de François Maynard. — Pensée de Saint-Cyran sur les malades. — Mme de Longueville, janséniste et ardente théologienne, recueille Nicole, Arnauld, donne le ton à la piété comme jadis aux élégances. — Les bonnes actions sont comme les sirènes. — Il ne faut pas trop raffiner en psychologie. — *La Paix de l'Église*, 1669. — Lettres de Mme de Longueville au pape. — Réponse du roi au P. Annat . . . . . 290 à 302

Dernières années de la duchesse. — Sa conversation. — Une page de Nicole sur les prêtres qui fréquentent la société des femmes : galanterie spirituelle et galanterie sensuelle. — Les anecdotes de Nicole. — Sourde persécution contre Port-Royal. — Louis XIV plus hostile aux jansénistes qu'aux athées. — Sa conversation avec le duc d'Orléans en 1708. — Mme de Harlai donne un bal au parloir de son couvent. — Vierges folles et vierges sages. — Mesures draconiennes contre Port-Royal des Champs en 1709-1711. — Profanation des tombes, scènes horribles. — Nouvel argument en faveur du sentiment de la tolérance . . 302 à 310

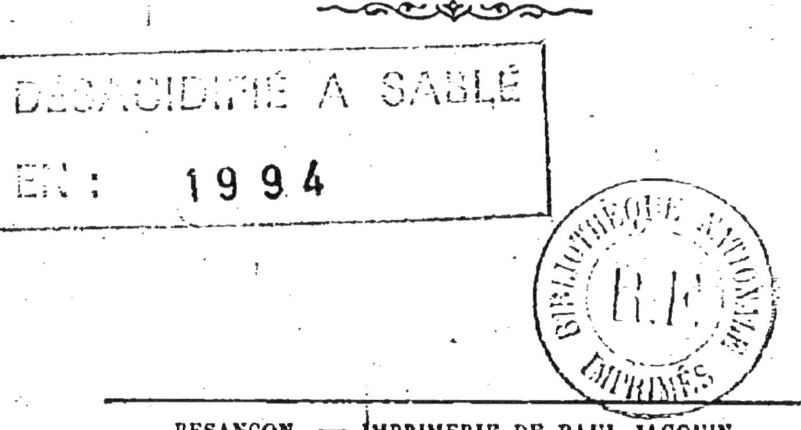

BESANÇON. — IMPRIMERIE DE PAUL JACQUIN

www.ingramcontent.com/pod-product-compliance
Lightning Source LLC
Chambersburg PA
CBHW051232050726

47594CB00001B/132